受江苏省社会科学基金资助出版（项目编号：23HQBO11）

U0455874

碳中和背景下环境规制

对中国经济低碳转型的影响研究

周茜　著

南京大学出版社

图书在版编目(CIP)数据

碳中和背景下环境规制对中国经济低碳转型的影响研
究 / 周茜著. -- 南京 : 南京大学出版社,2025.5.
ISBN 978 - 7 - 305 - 29225 - 5

Ⅰ. F120.3

中国国家版本馆 CIP 数据核字第 2025B3Z905 号

出版发行　南京大学出版社
社　　址　南京市汉口路 22 号　　　邮　编　210093
书　　名　碳中和背景下环境规制对中国经济低碳转型的影响研究
　　　　　TANZHONGHE BEIJING XIA HUANJING GUIZHI DUI ZHONGGUO JINGJI DITAN
　　　　　ZHUANXING DE YINGXIANG YANJIU
著　　者　周　茜
责任编辑　武　坦　　　　　　　　　　编辑热线　025 - 83592315
照　　排　南京开卷文化传媒有限公司
印　　刷　苏州市古得堡数码印刷有限公司
开　　本　718 mm×1000 mm　1/16　印张 15.5　字数 254 千
版　　次　2025 年 5 月第 1 版　2025 年 5 月第 1 次印刷
ISBN　978 - 7 - 305 - 29225 - 5
定　　价　68.00 元

网　　址:http://www.njupco.com
官方微博:http://weibo.com/njupco
官方微信:njupress
销售咨询热线:025 - 83594756

＊版权所有,侵权必究
＊凡购买南大版图书,如有印装质量问题,请与所购
　图书销售部门联系调换

前　言

　　本书遵循"问题提出—理论分析—实证检验—对策建议"的逻辑框架展开。首先,从阿玛蒂亚·森可行性理论、马斯洛需求层次理论、熊彼特创新理论、庇古税理论、生态效率理论和可持续发展理论这六个方面阐述环境规制的理论基础。其次,基于文献综述,从企业、生态和居民三个角度分析环境规制政策对经济低碳转型带来的影响。再次,通过实证检验分析,从企业、生态和居民三个层面进行测度,并进一步测算经济高质量发展水平,为我国环境规制政策的实施提供建议与参考。此外,还测度了环境规制政策的协同效应,考察政策组合的效果,以及多重政策协同对经济低碳转型的影响,以求优化政策体系,提高政策效率,促进环境治理和经济低碳转型。现有研究主要得出以下结论:

　　第一,环境规制与企业低碳转型研究。选取绿色全要素生产率(GTFP)作为衡量企业经济绩效的指标,探究三种环境规制政策工具的影响,运用 EBM 模型,结合 Malmquist‐Luenberger 指数对各省工业企业的绿色全要素生产率进行测算,探究环境规制如何作用于企业经济绩效,发现长、短期内环境规制均可对企业经济绩效产生影响,企业经济绩效短期内受到命令控制型、市场激励型环境规制政策的显著积极影响,但市场型环境规制长期影响为负向显著,趋势形同倒"U"形;而自愿型环境规制政策具有短期显著负向作用,不利于绿色全要素生产率的增长,长期影响为正且显著,整体上呈"U"形。此外,为了进一步探究环境规制对企业经济绩效的影响机制,引入交互项构建调节效应模型后发现,三类环境规制政策均可通过作用于产业结构优化或其中某一方面进而影响企业经济绩效,但长短期内具体作用方式有所差异。

第二,环境规制与生态质量低碳转型研究。采用 Tobit 模型分别探究三种不同类型的环境规制如何影响生态质量绩效,研究表明,市场激励型环境规制显著提高了生态质量绩效且作用较灵敏,命令控制型环境规制对生态质量绩效产生负向作用但有一定时滞性,自愿参与型环境规制则降低了生态质量绩效,且三种不同类型的环境规制的生态质量绩效影响具有区域异质性。此外,引入 SDM 模型后发现我国生态质量绩效呈现较强空间集聚性与依赖性和空间差异性,环境规制对生态质量绩效的影响存在空间溢出效应。

第三,环境规制与居民生活质量低碳转型的研究。通过构建居民生活质量水平指标体系,借助面板固定效应模型对环境规制如何影响居民生活质量水平进行实证分析,发现环境规制与居民生活质量之间呈倒"U"形关系,我国目前整体上还未跨过拐点,且我国环境规制的居民生活质量影响在不同受教育程度地区、产业水平以及区域间均表现出异质性的特点。此外,进一步引入空间杜宾模型(SDM)探究是否存在空间溢出效应,发现中国各省份居民生活质量存在较强的空间集聚性与依赖性,居民生活质量的空间协同效应正在形成。所以当下中国需要进一步加强环境规制强度,有利于地区绿色发展和居民生活质量低碳转型。

目　录

第1章

导 论

　　环境规制是政府和组织为减少环境污染、对企业污染排放行为进行的有效干预措施。自改革开放以来,伴随着中国经济由高速发展转向高质量发展,环境规制的范围逐渐扩大,体系也逐渐完善。当前,不仅需要依靠市场机制有效约束环境污染,还需要政府部门实施相关政策来推动生态环境治理。此外,环境规制政策的多领域性和复杂性,使得过分强调使用单一政策会影响环境治理效果。政策间的相互掣肘和抵触现象,同样会降低环境治理效果,不利于经济高质量发展。因此,协同使用多种政策就成为促进经济高质量发展的必然与必须。多重政策协同对经济高质量发展的影响如何? 政策组合的效果如何? 在不同经济高质量发展水平地区,政策协同对经济高质量发展的影响是否存在异质性效应? 相关研究甚少。厘清并回答上述问题,不仅有助于优化政策体系,提高政策效率,对环境治理和经济低碳转型也具有重要的现实意义。

　　本章作为导论,首先阐述环境规制的研究背景,从理论和现实两方面引出研究意义,并概述本研究中采用的研究方法;其次,阐明本研究遵循的技术路线,构建起相应的研究框架;最后,指出可能的创新之处与存在的不足,以便让读者有一个宏观的把握与了解。

第一节　研究背景、意义及方法

一、研究背景

　　中国共产党第二十次全国代表大会报告重申"高质量发展"是全面建

设社会主义现代化国家的首要任务,强调发展必须坚持"以人民为中心",加快发展方式绿色转型,深入推进环境污染防治。环境污染通常是指由人类活动造成的空气污染、土地污染和水污染,而光污染、噪声污染与塑料污染等特定类别的污染在当今社会也逐渐受到关注。随着经济的发展,环境问题日益严重,环境污染不仅有损居民健康、降低社会经济质量,从长远角度来看,还不利于经济的可持续发展。因此,全社会低碳转型发展将拓展到包括经济、政治、文化、社会、生态文明在内的"五位一体"的发展。联合国环境署 2021 年发表报告称:"全世界 99% 的人都暴露在空气污染中,其中每年约有 700 万人因此过早死亡。"因此,空气污染被称为是第一大环境问题杀手。但是死亡并不是环境污染对人体产生的唯一影响,在存活的公众中,数以百万计的人因此承担了健康问题,如增加了心血管疾病、呼吸系统疾病和癌症等疾病的患病风险。清洁健康的环境可以减少全球近 1/4 的疾病负担(世界卫生组织)。COVID - 19 的大流行更是进一步揭示了我们人类与地球之间的微妙关系。所以,清洁绿色的环境能够显著改善人们的健康问题,促进经济的可持续发展,使经济、社会与环境三大系统相辅相成。

改革开放以来,中国工业经济粗放型增长,由于其高污染、高能耗,引发了一系列雾霾天气频发、水质污染、土地沙漠化严重等环境问题。当前,中国经济正处于转型升级的关键时期,在此背景下,如何降低环境污染、促进经济高质量发展,构建环境友好型社会,是一个亟待解决的难题。研究发现,环境规制政策的实施通常具有立竿见影的效果,其作为国家治理的重要工具,是促进现代社会资源合理分配、市场体系有效完善和构建社会公平正义的有效手段[1]。

1973 年,中国颁布了第一个环境保护文件,中国的环保事业正式开始起步,经过几十年的学习与实践,环境规制手段由最初的"三同时"、排污许可证等发展到了如今的公众绿色消费数据监测、公开企业环境信息等类型。统计数据显示,中国 2015 年的环境保护投资额达到 9 575.5 亿元,环保机构数量达到 14 812 个,空气质量检测点共有 3 360 个。环境规

---

① 贾俊雪、罗理恒、顾嘉:《地方政府环境规制与经济高质量发展》,《中国工业经济》2023 年第 5 期,99—117 页。

制政策工具的类型也随着环境保护力度的加强而愈发完善与多样化,中国政府逐渐构建起命令控制型、市场激励型与自愿参与型"三维一体"的环境规制政策体系。环境规制政策的法定程序为中央制定、地方实施,根据实施环节又分为末端治理型与过程管控型。末端治理包括排污权交易试点、污染治理投资额以及综合绩效治理指标等,而对于清洁生产目录这一过程型管控指标的研究较少。2003—2010 年,环境保护部发布的重点行业清洁生产标准目录共有 56 个,其中,2008—2010 年还出台了 31 项修订标准,逐渐扩展了环境规制的范围。由于经济发展初期中国实行的排污收费制度存在征收范围窄、管控标准低等问题,2016 年 12 月,按照"税费平移"原则,中国政府用环境保护税代替了原先的排污收费制度,并从 2018 年 1 月开始实施。2017 年 9 月之后,为全面加强挥发性有机物(VOCs)污染防治工作,强化重点地区、重点行业、重点污染物的减排,遏制臭氧上升势头,促进环境空气质量持续改善,《"十三五"挥发性有机物污染防治工作方案》等一系列环境政策出台,针对长三角地区、汾渭平原、京津冀及周边地区等发布行动方案。2019 年 9 月,为充分发挥生态文明建设示范市县和"绿水青山就是金山银山"实践创新基地的平台载体和典型引领作用,《国家生态文明建设示范市县建设指标》《国家生态文明建设示范市县管理规程》和《"绿水青山就是金山银山"实践创新基地建设管理规程(试行)》等政策得到修订与发布。为坚持以人民为中心的发展思想,创新和完善生态环境信访投诉工作机制,探索推进生态环境治理体系和治理能力现代化,助力打好污染防治攻坚战,同年 11 月,生态环境部出台了《关于改革完善信访投诉工作机制 推进解决群众身边突出生态环境问题的指导意见》。为稳步推进"无废城市"建设,2021 年 12 月,《"十四五"时期"无废城市"建设工作方案》等措施颁布。治理农业农村污染也是深入打好污染防治攻坚战的重要任务,2022 年 1 月,《农业农村污染治理攻坚战行动方案(2021—2025 年)》出台,旨在加快解决农业农村突出环境问题。噪声污染防治与人民群众生活息息相关,是最普惠民生福祉的组成部分,也是生态文明建设的重要内容,2023 年 1 月,出台了《"十四五"噪声污染防治行动计划》。同时,坚持精准治污、科学治污、依法治污,健全完善危险废物生态环境风险防控技术支撑体系,加快补齐特殊类别危险废物处置能力短板,着力提升危险废物生态环境风险防控和利用处置能力,兼顾提升新污染物、新兴固体废物等环境治理能力。2023 年 5 月出台了《危险废物重大工程建设总体实施方案(2023—2025 年)》。综上可见,环境规制政策体系的建立与完善,在保证经济可持续发展的条件下改善生态环境,是实现中国低碳转型的重要之路。然而,现有研究对环境规制政策的实施效果尚未达成一致,有待进一步探究。

二、研究意义

环境污染问题现已成为大家关注的焦点,在众多环保举措中,环境规制政策作为目前应对环境问题的强有力工具,是当下的研究热点,然而现有研究大多停留在理论分析层面,或是只对环境规制带来的某一方面影响单独进行研究,没有切入实际情境中进行全面而深刻的分析,因此也未能对我国环境规制政策体系的完善提供切实有效的建议与参考。此外,由于我国在环境保护方面政策的制定与实施起步较晚,现有的相关环境规制研究主要集中在对西方发达国家的政策介绍上,而缺乏对我国环境规制政策的相关研究。基于此,本书从经济高质量发展视角切入,立足中国国情,分别从企业、生态、居民三个主体出发分析环境规制对其影响,在此基础上测算经济低碳转型发展水平,并考察环境规制的政策协同效应,为我国环境规制的优化路径提供一些参考和建议,具有一定的理论及现实意义。

第一,从理论意义来讲,首先,本书具有宏观与微观两个层面的理论分析,既有庇古税理论和生态效率理论等微观理论的分析,也有熊彼特创新理论、马斯洛需求层次理论与可持续发展理论等宏观层面的理论升华;其次,本书将理论与实践相结合,在从经济学角度进行机理分析的基础上,运用现有数据做了大量的实证研究,通过数据分析从而对环境规制的优化路径提出参考建议。

第二,从现实意义来讲,当今社会的环境污染问题日益严重,而我国经济正处于向高质量发展转型的关键时期,因此,借助更有约束力且合理的环境规制政策工具以实现切实有效的经济高质量发展是当下亟须重视的问题。本书立足于中国国情,结合当今社会实际情况对我国环境规制政策的实施效果与经济高质量发展水平进行研究,从企业、生态、居民三重主体层面,寻找环境规制政策有效的优化路径,有利于更全面地完善我国环境规制政策体系,以实现经济高质量发展。

三、研究方法

本书通过宏观与微观、理论与实证相结合,系统地分析了我国环境规制的企业经济绩效影响、生态质量绩效影响与居民生活质量影响,在此基础上进一步测算分析环境规制政策协同效应对经济高质量发展的影响,为我国环境规制的优化路径提供建议与参考。本书主要选择了以下几种方法:

第一,定性分析法。首先,以大量文献为基础,立足于阿玛蒂亚·森可行性理论、马斯洛需求层次理论、熊彼特创新理论、庇古税理论、可持续发展理论、生态效率理论等理论,定性分析了环境规制影响企业、生态、居民三个主体的内在逻辑。

本书通过模型推导厘清了环境规制对企业、生态、居民的作用路径与内在机理。首先,引入古诺模型,从微观企业的视角考虑环境规制所带来的经济高质量发展影响;其次,针对环境规制对生态质量绩效的影响,利用空间杜宾模型分析环境规制对生态质量绩效是否存在正向促进或负向的空间溢出效应;最后,在居民层面设定了中介模型与柯布-道格拉斯生产函数以进行健康和就业两个视角的影响研究。

第二,比较分析法。该方法可以从四个方面体现。首先,梳理了有关环境规制与经济高质量发展的概念及关于企业、生态、居民的相关理论,通过对比不同学者在不同时代的定义和涉及的理论综述,从根本上理解环境规制政策的内涵,以及该政策的实施可能带来的影响。其次,在细分环境规制对企业、生态、居民的影响时,通过理论推导与实证分析发现,其影响作用路径与实施效应是不同的。通过比较分析,我们可以更为全面地概括环境规制对不同社会层面的影响。再次,进一步基于不同类型的环境规制,探究其影响效力的不同,比较命令控制型环境规制、市场激励型环境规制和自愿参与型环境规制的不同特点与影响程度,找出环境规制政策的优化重点,从而提出更加合理的实施方案。最后,在探究环境规制的异质性时,除了对全国层面的情况进行实证,基于我国东、中、西部地区的经济发展水平差异,还按照国家统计局所公布的标准将全国划分为东、中、西三大地带,通过实证研究发现环境规制的影响具有地区异质性和空间溢出效应。

第三,实证分析法。本书在分析环境规制对企业、生态、居民的影响时,均使用了实证分析的方法来探究环境规制的经济高质量发展作用路径,基于分年度、分地区的经验数据和交互项面板回归模型、固定效应模型、空间杜宾模型等计量方法,检验我国环境规制的经济高质量发展效应。首先,在企业层面构建了绿色全要素生产率(GTFP)测算指标体系,以企业 GTFP 作为主要被解释变量,受数据限制,仅测算了2003—2017 年中国 30 个省级行政区(不包括香港、澳门和台湾;西藏自治区因部分数据缺失而剔除;下同)GTFP 水平,探究不同类型环境规制如何影响我国企业经济绩效。其次,在环境规制对生态的影响层面,建立了三种环境规制的指标体系及生态质量绩效指标体系,并测算了 2005—2019 年中国 30 个省级行政区命令控制型环境规制、市场激励型规制、自愿参与型环境规制的强度及生态质量绩效水平,以此探究环境规制工具对生态质量绩效的影响。最后,在分析环境规制对居民生活质量的影响时,建立了包含就业指数、收入差异指数、健康指数、居住环境指数在内的居民生活质量指标体系,并采用熵权法测算了2005—2019 年中国 30 个省级行政区的居民生活质量水平测度,通过实证检验了环境规制对居民的影响。与定性分析相比,实证分析通过量化每一个统计指标的系数与显著性,能够更客观科学地反映我国环境规制的经济高质量发展格局,从而为我国环境规制政策的实施提供更具参考性的建议与优化路径。

本书分别从我国环境规制对企业、生态、居民三个层面的影响开展了实证研究,以此来探究环境规制的经济高质量发展格局。在考察环境规制对居民与生态的影响时,分别选取了 2005—2019 年中国 30 个省级行政区的数据;在探究环境规制对企业经济绩效的影响时,受数据限制,选取了 2003—2017 年中国 30 个省级行政区的数据进行实证检验。其中,各个年度的样本数据主要来源于中华人民共和国国家统计局(http://www.stats.gov.cn)、各省(区、市)环境保护厅网站、历年《中国统计年鉴》《中国科技统计年鉴》《中国环境统计年鉴》和各省统计年鉴等。

第二节　研究技术路线及内容框架

一、技术路线

本书遵循"问题提出—理论分析—实证检验—对策建议"的逻辑框架展开。首先,在导论中表明研究背景和意义,提出问题并概括相关思路框架。其次,对环境规制及经济高质量发展进行初步的概念界定,并分企业、生态、居民三个层次阐述环境规制与经济高质量发展相关的理论基础,主要包括玛蒂亚·森可行性理论、马斯洛需求层次理论、熊彼特创新理论、庇古税理论、生态效率理论和可持续发展理论,并进一步梳理经济高质量发展的内涵及环境规制与经济高质量发展相关的研究。基于此,进一步探讨环境规制的经济高质量发展路径,即针对环境规制分别对企业、生态、居民的影响进行机制分析。再次,分企业、生态、居民三个层面来展开实证研究,每个层面均先采用综合指标法测算出该层面经济高质量发展水平,再实证分析环境规制对该层面经济高质量发展的影响,主要涉及基准回归、稳健性检验、异质性分析、机制分析、空间效应分析等。具体而言,在环境规制与居民生活质量影响的部分,根据数据特点,采取面板固定效应模型进行基准回归、异质性分析及稳健性检验,并采用空间杜宾模型进一步探究空间效应;在环境规制与企业经济绩效影响部分,结合对数据特点的考量,采用面板 Probit 模型进行基准回归、稳健性检验及异质性分析,并将产业结构优化纳入调节效应模型进一步探究环境规制对企业经济绩效的作用路径;在环境规制与生态质量绩效影响部分,由于因变量受限,故采用面板 Tobit 模型进行基准回归、稳健性检验及异质性分析,进一步采用动态面板 GMM 模型进行时滞性分析,并引用空间杜宾模型探究空间溢出效应是否存在。最后,结合理论与实证部分,总结出研究结论,并针对如何更好地促进环境规制在企业、生态、居民三条路径上的经济高质量发展提出的政策建议。

二、内容框架

本书着眼于包容性绿色视角下环境规制的经济高质量发展格局研

究,包括环境规制的经济高质量发展机理、环境规制的企业经济绩效影响、生态质量绩效影响、居民生活质量影响的研究。本书共含八个章节,分别为导论、概念界定及理论基础、文献综述、环境规制影响经济低碳转型的机理、环境规制与企业经济绩效影响、环境规制与生态质量绩效影响、环境规制与居民生活质量影响、结论与建议。

第一章为导论。首先,提出研究背景和研究意义,鲜有文献研究包容性绿色增长之路下环境规制的经济高质量发展效应。其次,阐述研究思路、研究内容以及研究方法和数据,最后,点明本研究的创新和不足之处。

第二章是概念界定及理论基础。首先对环境规制和经济高质量发展两个概念进行界定,即以时间为脉络梳理环境规制及经济高质量发展的概念演进及在本研究中的界定。其次,从居民生活质量、企业经济绩效和生态质量绩效三个层面概述环境规制经济高质量发展相关的理论基础,包括阿玛蒂亚·森可行性理论、马斯洛需求层次理论、熊彼特创新理论、庇古税理论、可持续发展理论和生态效率理论的主要内容和发展历程,这些学说为研究我国环境规制政策的影响奠定了重要的理论基础。

第三章是文献综述。首先,对环境规制的经济高质量发展格局进行分析,发现主要涉及企业、生态、居民三个层面,接下来便针对居民生活质量、企业经济绩效及生态质量绩效的内涵进行文献梳理并进一步表明在研究中的定义。其次,从健康、就业、收入等方面梳理环境规制与居民生活质量相关的研究。再次,从"遵循成本假说""波特假说"和"不确定性假说"这三种理论观点出发论述环境规制对企业经济绩效的影响。最后,以"遵循成本说""创新补偿说"和"不确定说"三种理论观点总结环境规制与生态质量绩效及效率的关系研究。通过文献梳理发现多数研究都较为片面,针对环境规制对整个居民生活质量、企业经济绩效和生态质量绩效进行系统的实证分析的研究较少。

第四章是环境规制影响经济低碳转型的机理。主要是就环境规制对企业、生态、居民质量绩效的作用机制进行分析。通过模型推导及相关文献梳理分析发现环境规制经济高质量发展的具体路径如下:首先,在居民层面,环境规制主要是通过提升居民身心健康、提供更多就业机会和增加居民收入这三个重要途径来提升居民幸福感;其次,在企业层面,环境规制不仅能增加企业利润,还可直接或通过研发资金投入及政府补贴来推动企业绿色技术创新,这两条路径都可增加企业经济绩效;最后,在生态层面,环境规制可以通过环境效应和经济效应影响生态,即通过提高环境质量以及经济发展质量这两条路径来增进生态质量绩效。

第五章是环境规制与企业低碳转型。首先,归纳梳理环境规制的分类及其对企业经济绩效的影响的相关研究,并构建相应的指标体系,基于2003—2017 年 30 个省级行政区的相关数据测算命令控制型、市场激励型和自愿参与型三类环境规制及企业经济绩效的强度;其次,通过面板 Probit 模型探究三类环境规制对企业经济绩效的作用并进行地区异质性分析,发现三类环境规制对企业经济绩效的长短期作用均存在差异,进一步通过异质性分析发现企业经济绩效受环境规制的影响程度在东中西及不同能源消费结构地区不同;最后,引入产业结构优化进一步探究环境规制对企业经济绩效的影响机制,发现三类环境规制政策均可通过作用于产业结构优化或其中某一方面进而影响企业经济绩效,但长短期内具体作用方式有所差异。

第六章是环境规制与生态质量绩效影响。首先,梳理异质性环境规制及生态质量绩效测算相关的研究,基于此建立三种环境规制的指标体系及生态质量绩效指标体系,并测算 2005—2019 年中国 30 个省级行政区命令控制型环境规制、市场激励型环境规制、自愿参与型环境规制的强度及生态质量绩效水平。其次,采用面板 Tobit 模型分别探究三种不同类型的环境规制对生态质量绩效水平的影响,发现只有市场激励型环境规制显著提高了生态质量绩效,继而通过地区异质性分析发现三种环境规制对生态质量绩效的影响在东中西部地区表现出差异性;再次,引入动态面板 GMM 模型分析环境规制对生态质量绩效水平的时滞效应,发现市场调节较为灵敏;最后,引入空间杜宾模型探究环境规制对生态质量绩效水平的空间溢出效应,证实空间溢出效应的存在,且市场型环境规制产生的直接效应和间接效应最为显著。

第七章是环境规制与居民生活质量影响。首先,梳理居民生活质量水平测度及居民生活质量水平影响因素相关的研究,并构建居民生活质量指标体系,采用熵权法测算 2005—2019 年中国 30 个省级行政区的居民生活质量水平测度;其次,通过面板固定效应模型进行基准回归,发现居民生活质量水平随环境规制强度的提升存在先增加后减少的"倒 U

型"曲线特征,且我国目前还未跨越拐点。再次,进行地区异质性分析,发现环境规制的效应主要体现在高教育水平地区、高第三产业水平地区以及东部地区。最后,引入空间杜宾模型,发现居民生活质量呈现"高高"集聚模式的省份多集中在东部地区,呈现"低低"集聚模式的省份多集中在西部地区,且环境规制的居民生活质量影响不存在空间溢出效应。

第八章是结论和政策建议,主要是对前述章节的结论及建议系统地进行汇总。最后,为更大程度地促经济低碳转型,提出了几点建议:第一,注重环境规制类型的选择和实施力度;第二,落实环境规制政策应充分考虑地区异质性;第三,充分发挥空间溢出效应,加快区域协同发展。

第三节 创新与不足

一、创新之处

以往有关环境规制经济高质量发展的研究甚少,仅少数文章讨论了环境规制对绿色全要素生产率或生态质量绩效的影响,但多局限于某一方面且实证部分几乎不涉及空间效应分析。综上,以往有关环境规制影响的文章主题和内容都较为片面,本书则是对环境规制整体上的经济高质量发展进行了全面而系统的研究。在理论部分,通过相关学说及文献梳理分析或模型推导等详尽地论述了环境规制下经济高质量发展的格局和具体机制;在实证部分,单设章节分析了环境规制与每个层面影响的关系,涵盖基础回归、异质性分析、稳健性检验、机制分析、时滞性及空间溢出效应分析等方面,与以往研究相比较为全面。

二、不足之处

本书的不足之处主要是数据方面的问题。受限于统计资料,相关指标对应的数据未更新,并未获得新近几年的数据,实证部分中环境规制对企业、生态、居民影响的研究期限分别截至 2017 年、2019 年、2020 年。在今后的研究过程中,在保证数据可靠性和有效应的基础上,仍然需要密切关注统计年鉴、普查公报等统计部门发布的权威统计资料,及时更新数据,以期提高分析结果的准确性,拓展研究的深度和广度。

第2章

概念界定及理论基础

　　本章阐述了环境规制与企业经济绩效相关的熊彼特创新理论和庇古税理论、与生态质量绩效相关的可持续发展理论和生态效率理论、与居民生活质量相关的阿玛蒂亚·森可行性理论和马斯洛需求层次理论的发展历程和主要内容,分析环境规制对经济高质量发展分别在企业、生态、居民三主体上的影响。

第一节　环境规制与企业低碳转型相关理论

一、熊彼特创新理论

　　19世纪下半叶,随着社会经济的高速发展,社会生产力与科技水平不断提高,自由资本主义开始逐步转向于垄断资本主义,各种社会经济矛盾随之出现。在此背景下,1912年,经济发展理论中现代创新理论首次提出,也称熊彼特创新理论。熊彼特创新理论认为,"企业家"是创新的主体,创新是一种革命性的变化,是经济发展的本质,其内生于生产过程中,会创造出新的价值,创新的同时也会伴随着毁灭。该理论还指出,创新即是"建立一个新的生产函数",在生产体系中重新组合生产要素与生产条件,实现以往从未出现的"新组合"。"企业家"作为创新的主体,资本主义的"灵魂",其最主要的职能就是在生产体系中引入"新组合",进而实现创新,不断的创新推动了资本主义的经济发展。在生产体系中引入"新组合"以实现创新的根本目的其实就是谋求最大限度的潜在超额利润。创新过程中的非均衡性与非连续性导致了经济的周期性波动,并且创新的类型不同、形式不同等会对经济发展产生异质性的影响,经济周期的时间难以统一。据此,熊彼特认为,资本主义经济增长与发展的动力就是创新,脱离了创新,资本主义无法顺利发展。在此基础上,熊彼特对创新的情况进一步进行了概括,认为创新主要可分为五种情况,即新的产品(产品创新)、新的生产方法(技术创新)、新的市场(市场创新)、新的供应来源(资源配置创新)与新的组织(组织创新或制度创新)。

受限于时代发展背景,在创新理论诞生初期,其并没有得到学术界的广泛关注,直到 20 世纪四五十年代第三次工业革命到来,各类创新活动不断涌现,电子计算机技术、航天技术、微电子技术等不断创新,向前发展。创新现象开始受到学者们的关注,熊彼特创新理论也得到了系统性研究,在其基础上进一步形成了新熊彼特主义,并产生两个分支:其一是技术创新经济学,主要核心是技术变革与技术扩散;其二是制度创新经济学,主要核心是制度变革与制度形成。尽管这两类创新经济学的侧重视角不同,但是仍然以创新作为其研究的核心主题,并且两者相互交织,不能抛离其中一方进行片面的创新分析。此后,各类创新模型页不断涌现,如创新双螺旋体系、技术推动模型、技术创新模型等,创新理论不断发展、完善。

二、庇古税理论

庇古税最早由经济学家阿瑟·塞西尔·庇古(Arthur Cecil Pigou)提出,针对市场运行中出现的外部性进行补贴或征税。庇古在"外部经济"的基础上发展了"外部不经济"的概念,从经济高质量发展经济学的角度对理论进行了再扩充。1920 年,庇古在《经济高质量发展经济学》(*The Economics of Welfare*)中,对外部性概念进行了阐释,认为外部性分为正外部性(科学研究)和负外部性(环境污染),就是一个经济行为主体的经济活动对另一主体的经济高质量发展产生的效应。外部性会导致市场对资源的配置缺乏效率,因此通过补贴或征税调整私人成本,使其与社会成本相等以矫正外部性,即"庇古税"方案。

从造成的影响而言,外部性可分为"正外部性"和"负外部性",也称"外部经济"和"外部不经济"。例如,企业的生产活动可能会对环境造成污染,此时的社会成本除了企业的私人成本以外,还包括用于治理环境污染的费用,因此社会成本大于企业私人成本,即产生了负外部性。与之相反则称为正外部性,经济主体的社会收益小于私人收益,而社会得到的额外收益不一定能够通过一定途径转移到该经济主体,因此经济主体并不能够完全利用社会资源;而对于负外部性,经济主体的私人成本大于社会成本,该企业使用社会资源过度。无论是正外部性还是负外部性,都会导致社会资源的分配不合理,无法达到帕累托最优,从而影响社会经济高质量发展水平。

庐古认为,仅仅依靠自由市场不能够调节外部性所导致的资源分配失衡现象,必须政府介入,改变市场失灵的局面。因此,他提出,应以边际社会成本作为节点,对边际私人成本小于这个节点的部门征税,反之则提供津贴奖励,这种政策便称为"庐古税"①。庐古税是一种"先污染、后治理"的方法,提倡"谁污染,谁付费",这也是我国征收排污费、环境税的政策思想。作为一种主要依靠政府权威性强制实施的命令控制型环境规制手段,庐古税在发生紧急污染事件时效果明显。但命令控制型环境规制的治理效果受到政府部门工作效率影响,易出现"政企合谋"现象,使环境收益大打折扣。

但庐古税并不是毫无争议,它存在一定的局限性。首先,政府作为"看不见的手",需要及时干预影响公共利益的外部性经济活动,但公共决策会受到诸多因素影响,难以及时发挥出政府干预的最大作用。其次,依据庐古税理论,政府在制定税率、计算补贴时,需要掌握引起外部性和受其影响的所有边际个人成本和收益,以及实现帕累托资源最佳配置的相关信息,而在现实中,政府几乎无法获得所有的信息,在实际生活中庐古税的实施效果难以达到预期。第三,信息的收集、公共政策的执行等,需要投入较多的成本,当成本投入过多甚至超出外部性所导致的损失,就会产生经济低效。最后,庐古税作为一种显性的命令控制型措施,其激励作用较小,无法从根本上解决外部性②。尽管庐古税具有以上局限性,但是它搭建了外部性理论的基本框架,成为通过政府干预消除外部性的有力举措,让后来的学者能够或继承、或批判地在外部性的论题上继续研究。

① Pigou A C. The economics of welfare. Beijing: China Social Science Publishing House, 1999.
② 刘细良、申华冉、李华京:《发展绿色交通的环境规制工具创新——基于外部性理论的分析》,《湖南大学学报(社会科学版)》2016年第5期,79—84页。

第二节 环境规制与生态质量低碳转型相关理论

一、可持续发展理论

从最初人类环境宣言首次涉及可持续理念到《21 世纪议程》,可持续发展思想在理论上趋于成熟,并逐渐在全世界得到认可。

不少国内外学者开展了相关研究,Caldwell 认为政治因素对可持续发展的实施影响最大[1]。Reiger 认为其还受宏观环境与微观条件相互博弈的影响[2]。Repetto 将可持续发展作为一种发展策略,他认为这一策略对所有物力、人力以及自然资源全面综合管理,从而使得社会的财富和经济高质量发展得到增加[3]。Redclift 将其定义为可持续发展要平衡经济发展与生态保护之间的关系[4]。国内学者曹利军指出可持续发展是不断寻求后代人生存发展的同时满足当代人需求的过程[5]。叶文虎认为可持续发展是经济、社会、资源、人口和环境协调共同发展的过程[6]。胡涛从资源和环境的角度出发进行研究,认为自然资源和环境的承载力是经济社会发展的一项重要影响因素[7]。包庆德认为可持续发展要实现的目标是多方面的,如生态资源改善,经济持续发展,生活质量提高,社会全面进步,人口素质提高等[8]。牛文元在对可持续发展理论研究之后,指出我国可持续发展战略的主题,大致分为保护自然资源,满足"以人为本"需求,经济的理性增长,发展与环境的平衡,挖掘经济增长潜力,关注科技进步,

---

[1] Caldwell L K. Political Aspects of Ecologically Sustainable Development. Environmental Conservation,1984,11(4):299-308.

[2] Reiger H A, Baskerville G L. Sustainable redevelopment of regional ecosystems degraded by exploitive development. USDA Forest Service—General Technical Report PNW,1996(370):21-44.

[3] Repetto R C. World enough and time:successful strategies for resource management. Yale University Press,1986.

[4] Redclift M R. Sustainable Development:Exploring the Contradictions. Journal of Neurologic Physical Therapy Jnpt,1987,77(2008):044908.

[5] 曹利军:《可持续发展评价理论与方法》,北京:科学出版社 1999 年版。

[6] 叶文虎:《可持续发展引论》北京:高等教育出版社 2001 年版。

[7] 胡涛:《加强宏观调控立法促进可持续发展》,《当代法学》2003 年第 8 期,14—15 页。

[8] 包庆德:《理想与现实:可持续发展观分类与比较》,《自然辩证法研究》2001 年第 5 期,37—41 页。

提高人口素质,调控人口等①。

二、生态效率理论

随着经济社会的发展,人们逐渐开始关注环境和资源的生产效率(即生态效率)。

19 世纪 70 年代加拿大科学委员会首次提出生态效率这一概念,德国学者 Schaltegger 和 Sturm 首次定义生态效率为经济增量与环境影响的比值②。Allenby 认为经济要实现可持续发展必须兼顾环境和经济,而生态效率正是生态优化和经济发展这二者的结合。生态效率就是力求实现以最少的资源和环境投入,创造更多的经济价值③。Hellweg(2005)④针对原材料选择等单一问题提出生态效率是相关费用(资源投入)与环境影响因子的比值。Scholz 和 Wickl(2008)⑤将生态效率划归到企业环境管理的范畴。国外学者对于生态效率的理解多为以最少的生态投入来获得最多的产出。

中国研究起步较晚,生态效率的概念最早是由 Claude Fussler 引入中国,并由李丽平引入生态效率的思想。之后,国内学者基于国外的研究基础开展了研究,提出了各自的观点。吕彬认为生态效率是环境效率与经济效率二者的统一⑥,甘永辉等认为生态效率既是一种理念、管理思想,又是能够付诸实践的具体方法⑦。苏芳、闫曦认为物质循环再利用率、能源利用率和环境效率三者综合反映了生态效率⑧。陈琪等认为生态效率将经济绩效与环境绩效结合,是以营利为目的的企业走可持续发展道路

---

① 牛文元:《可持续发展理论的内涵认知——纪念联合国里约环发大会 20 周年》,《中国人口・资源与环境》2012 年第 5 期,9—14 页。

② Schaltegger S, Sturm A. kologische Rationalitt. Die Unternehmung, 1990, 4(4): 273 – 290.

③ Allenby B, Yasui Itara, Lehni M, et al. Ecometrics' Stakeholder Subjectivity: Values, Issues, and Effects. Environmental quality management, 1998, 8(1): 11 – 18.

④ Hellweg S, Doka G, Finnveden G, et al. Assessing the Eco-efficiency of End-of-Pipe Technologies with the Environmental Cost Efficiency Indicator. Journal of Industrial Ecology, 2005, 9(4): 189 – 203.

⑤ Scholz R W, Wiek A. Operational Eco-efficiency: Comparing Firms' Environmental Investments in Different Domains of Operation. Journal of Industrial Ecology, 2008, 9(4): 155 – 170.

⑥ 吕彬、杨建新:《生态效率方法研究进展与应用》,《生态学报》2006 年第 11 期,3898—3906 页。

⑦ 甘永辉、杨解生、黄新建:《生态工业园工业共生效率研究》,《南昌大学学报(人文社会科学版)》2008 年第 3 期,75—80 页。

⑧ 苏芳、闫曦:《云南省循环经济发展的生态效率测度研究》,《武汉理工大学学报(信息与管理工程版)》2010 年第 5 期,791—794 页。

的有效切入点[①]。综上，我们可以发现国内学者与国外学者对于生态效率的理解有些不同，国内学者多把可持续发展与生态效率联系起来，认为生态效率是可以衡量可持续发展的一项重要指标。但是，国内与国外学者对于生态效率的理解也有共同之处，就是考虑经济与环境资源两个方面，力求减少环境资源的消耗和对环境的破坏从而获取更多的经济价值。也可简单概括成少投入、多产出。

第三节　环境规制与居民生活质量低碳转型相关理论

一、阿玛蒂亚·森可行性理论

1998 年，阿玛蒂亚·森以其在福利经济学研究上的突出贡献获诺贝尔经济学奖。基于约翰·罗尔斯"正义总表示着某种平等"的观点，阿玛蒂亚·森提出能力、权利平等的正义观，抨击了以庇古为代表的经济学家的功利主义观点，认为他们只关注社会总体福利而忽视了总体福利在个人之间如何合理分配。他还强调自由在社会福利方面的作用，认为社会发展的最终目标是人获得全面的实质性的自由，指出福利得到保障的根本在于人的权利，只有人权得到保障，才能够在实现人的平等中发挥福利的最大作用。他认为福利的内涵具有模糊性与多维度两大特点，福利的创造是基于个人能力基础上的机会与活动，因此应当对居民的"功能性活动"进行分析，即居民生活中所处的状态、拥有的机会和选择的自由。同时，他还强调，居民的"功能性活动"还会受到个人特征等因素的影响，要承认并正视个体间的差异性，可行性理论就此提出。

与旧福利经济学相同的是，阿玛蒂亚·森仍然将福利视为一个主观概念，不同之处在于他强调了自由和公正，并在《论经济不平等》一书中对如何测度福利水平提出思路——使用实数表示个人享有的功能性活动的水平，使用功能性活动向量表示个人的实际成就，个人的可行能力就由这些功能性活动向量组成。能力与功能并不是等同的，它们分别用于衡量

---

① 陈琪：《生态效率与企业可持续发展——基于宝钢 2006—2011 年度可持续发展报告的解析》，《华东经济管理》2014 年第 3 期，39—44 页。

潜在的与已经实现的福利水平。能力是指个人拥有的机会,功能则是指个人选择的自由,在进行福利水平测度时,应当同时兼顾到这两个方面。

阿玛蒂亚·森的可行性理论进一步丰富了福利的内涵,为如何界定居民生活质量水平以及如何测度居民生活质量水平提供了理论依据。

二、马斯洛需求层次理论

马斯洛需求层次理论(Maslow's Hierarchy of Needs)是亚伯拉罕·马斯洛提出的一个行为科学理论,揭示了激励人类行为的内在动机。马斯洛需求层次理论阐述了动机是由多种不同性质、不同层次的需求所构成,且需求呈阶梯状,从生理需求到自我实现需求由低到高排列。不同层次的需求是同时存在的,只是哪一种更占优势(优势需求)而已。在不同阶段,人的需求是不一样的。一般来讲,需求的呈现也是逐级升高的。通常是当一种需求得到部分满足后,个体就会转向其他方面的需求,即出现更高层次的需求,这种高级需求就会占据主导地位成为新的优势需求,并转化为动机,从而激励人的行为。

在所有需求中,生理需求(如水、食物、空气等)占据绝对优势,维持着人的生存。在公众的生理需求得到一定程度满足后,公众才会进一步对更高层次的需求展开追求,诸如安全需求、归属和爱的需求,甚至尊重、自我实现等更高层次的需求。高级需求激励人产生积极性行为,行为决定结果,如生活在更健康的环境,意味着更长寿、更少生病等。高级需求的满足亦能带来更深刻的满足感和幸福感,乃至更高的成就感。

第四节　本章小结

本章梳理了环境规制与经济高质量发展相关的理论基础。在环境规制与企业经济绩效相关理论部分,先梳理了熊彼特创新理论,强调创新是经济增长和发展的动力;进一步阐述了庇古税理论,表明应当对市场运行中出现的外部性(包括正外部性如科学研究和负外部性如环境污染)进行补贴或征税。

在环境规制与生态质量绩效相关理论部分,先以时间为脉络梳理了可持续发展理论的发展历程,强调应实施可持续发展战略,平衡经济发展与自然资源,继而归纳梳理了国内外学者对生态效率的看法,发现存在一些共同之处,即考虑经济与环境资源两个方面,力求减少环境资源的消耗和对环境的破坏从而获取更多的经济价值。

在环境规制与居民生活质量相关理论部分,首先阐述阿玛蒂亚·森可行性理论,强调自由和公正在社会经济高质量发展方面的作用。其次,阐述马斯洛需求层次理论,表明人的需求呈阶梯状,由低到高分别为生理需求、安全需求、情感和归属需求、尊重需求以及自我实现需求,且高级需求的满足可带来较深刻的满足感、幸福感和成就感。

第 3 章

文献综述

　　基于国内外现有文献,本章对环境规制如何影响企业经济绩效、生态质量绩效、居民生活质量以及经济低碳转型等方面进行较为详细的阐述,发现一些问题值得进一步深入研究。

第一节　环境规制对经济低碳转型的影响研究

　　中国已进入新发展阶段,"十四五"规划明确了中国的经济社会发展要以高质量发展为主题,必须贯彻"创新、协调、绿色、开放、共享"的新发展理念以满足人民日益增长的美好生活需要。当前,随着经济的快速发展,环境污染问题已成为大家关注的焦点。环境是一种生产要素,过度使用这种生产要素造成环境污染[①]。在解决环境问题的众多措施中,环境规制是目前一项最有力的工具,它是指为保护环境而制定和实施的一系列政策和措施[②]。

　　已有学者对环境规制的影响进行了相关的研究。一些学者从居民健康的角度解释了环境规制决定的居民幸福感。杨宏伟等(2007)[③]为探究

---

① 杨继生、徐娟:《环境收益分配的不公平性及其转移机制》,《经济研究》2016年第1期,155—167页。

② 李毅、胡宗义、何冰洋:《环境规制影响绿色经济发展的机制与效应分析》,《中国软科学》2020年第9期,26—38页。

③ 杨宏伟、宛悦、增井利彦:《中国环境政策及其健康效应对国民经济的影响:综合环境评价对环境决策的意义》,《环境保护》2007年第6期,52—57页。

环境规制政策对健康效益的影响,构建了综合环境评价框架,发现环境规制政策能够促进居民健康效益的提升。李梦洁等(2018)[1]也对公众健康展开了研究,借助 CFPS 调查数据,构建健康生产函数,研究发现,环境规制强度的提高能够改善环境质量,进而提升居民健康。有部分学者从企业的角度证实了环境规制对企业经济效益的影响,Jaffe 等(1997)[2]、邓慧慧等(2019)[3]研究发现环境规制可以促进企业产生创新激励效应,有利于企业提高生产率。绿色技术创新是促进绿色发展的重要支撑[4],环境规制引导的绿色技术创新实现了技术创新与生态系统的整合,不仅为企业带来了经济效益,而且还带来了环境效益[5]。任胜钢等(2016)[6]认为合理有效的环境规制政策是促进区域生态效率提升的关键因素,对环境规制工具类型进行了划分,并通过省际面板数据进行实证检验,探索环境规制如何影响不同区域的生态效率,发现优化调整环境监管工具组合有利于提高区域生态效率。

综上所述,可以把环境规制的影响分为企业、生态、居民三个层面。环境规制可以改善环境污染,清洁的环境被投入经济活动中,其带来的经济收益主要以工资、利润和税收的形式在居民、企业、政府间进行分配。考虑到政府具有公共性的特点,主要从生态角度对以政府为主体的经济高质量发展分配进行探讨。因此,本书分别从企业、生态、居民三个层面对环境规制的经济高质量发展分配进行分析。

一、企业低碳转型的内涵

以效用理论为基础的传统经济学认为,任何能够增加消费者剩余的方案都可以成为帕累托最优状态,从而体现了提高资源配置效率的思想[7]。

---

① 李梦洁、杜威剑:《空气污染对居民健康的影响及群体差异研究——基于 CFPS(2012)微观调查数据的经验分析》,《经济评论》2018 年第 3 期,142—154 页。

② Jaffe A B, Palmer K. Environmental regulation and innovation: a panel data study. Review of Economics and Statistics, 1997, 79(4): 610 - 619.

③ 邓慧慧、杨露鑫:《雾霾治理、地方竞争与工业绿色转型》,《中国工业经济》2019 年第 10 期,118—136 页。

④ 张德涛、张景静:《地方政府的行为选择与企业绿色技术创新》,《中国人口·资源与环境》2022 年第 3 期,86—94 页。

⑤ 张江雪、张力小、李丁:《绿色技术创新:制度障碍与政策体系》,《中国行政管理》2018 年第 2 期,153—155 页。

⑥ 任胜钢、蒋婷婷、李晓磊等:《中国环境规制类型对区域生态效率影响的差异化机制研究》,《经济管理》2016 年第 1 期,157—165 页。

⑦ 宋马林、金培振:《地方保护、资源错配与环境经济高质量发展绩效》,《经究》2016 年第 12 期,47—61 页。

一方面,环境规制可以提高企业环保积极性,促进企业对环保进行投入[①]以及直接参与环境治理[②],减少环境污染行为,但这些措施往往会增加企业的额外成本,使股东从企业中得到的财务回报减少[③],给企业造成一定的损失。环境规制对企业施加的压力可以有效克服组织的惰性,与企业内部治理机制形成互补关系[④][⑤],将外部压力转化为推动企业创新活动的激励因素,从而激发创新补偿效应[⑥],企业将绿色创新的成果应用到生产过程中,可以减少对原有污染生产方式的依赖,有效规避环境监管成本[⑦],提高技术水平和全要素生产率,最终对企业成本、利润率、财务水平以及企业创新等产生影响,且影响结论差异较大,与制度差异、经济发展、企业特征以及时间动态因素密切相关[⑧][⑨][⑩]。

综上,鉴于学术界目前尚未对"企业经济绩效"进行统一的概念界定,此研究认为,环境规制会产生"创新补偿效应",在该效应激励下,企业为转变高污染高能耗的生产方式,将持续加大对绿色技术创新的研发投入,优化资源配置,从而通过减少企业成本、提高生产率与产品质量,提升企业绩效,在市场上获得更大的竞争优势。

① 张琦、郑瑶、孔东民:《地区环境治理压力、高管经历与企业环保投资——一项基于〈环境空气质量标准(2012 期)〉的准自然实验》,《经济研究》2019 年第 6 期,183—198 页。
② 范子英、赵仁杰:《法治强化能够促进污染治理吗? ——来自环保法庭设立的证据》,《经济研究》2019 年第 3 期,21—37 页。
③ Clarkson P M, Li Y, Richardson G D. The Market Valuation of Environmental Capital Expenditures by Pulp and Paper Companies. Accounting Review, 2004, 79(2): 329 - 353.
④ Ambec S, Barla P. A Theoretical Foundation of the Porter Hypothesis. Economics Letters, 2002, 75(3): 355 - 360.
⑤ 上官绪明、葛斌华:《科技创新、环境规制与经济高质量发展——来自中国 278 个地级及以上城市的经验证据》,《中国人口·资源与环境》2020 年第 6 期,95—104 页。
⑥ 李雪松、周敏、汪成鹏:《地方政府环境政策创新与企业环境绩效——基于长三角地区河长制政策的微观实证》,《中国人口·资源与环境》2023 年第 3 期,77—90 页。
⑦ Berrone P, Fosfuri A, Gelabert L, et al. Necessity as the mother of 'green' inventions: Institutional pressures and environmental innovations. Strategic Management Journal, 2013, 34(8): 891 - 909.
⑧ 张三峰、卜茂亮:《环境规制、环保投入与中国企业生产率——基于中国企业问卷数据的实证研究》,《南开经济研究》2011 年第 2 期,129—146 页。
⑨ 董敏杰、梁泳梅、李钢:《环境规制对中国出口竞争力的影响——基于投入产出表的分析》,《中国工业经济》2011 年第 3 期,57—67 页。
⑩ Ambec S, Cohen M A, Elgie S., et al. The Porter Hypothesis at 20: Can Environmental Regulation Enhance Innovation and Competitiveness?. Review of environmental economics and policy, 2013, 7(1): 2 - 22.

二、生态质量低碳转型的内涵

最初,经济发展是指人们所拥有的物质财富,但随着人类发展和社会进步,经济发展不仅仅局限于物质,更多是指精神财富。改革开放四十余年来,中国在环境改造上取得了重大成就,但同时也造成了环境的严重污染和能源的高额损耗,生态环境受到了很大的影响。工业革命之后,人类的劳动技能水平不断提升,对大自然的改造频率更加频繁、强度也不断增强,但是,一段时间以来,环境的自愈能力和资源量是相对确定的,生态环境受到了前所未有的冲击,出现了环境恶化和资源枯竭的趋势。当生态问题限制了人类的生存和发展,人们对良好生态环境的需求愈发迫切,生态质量绩效概念逐渐步入公众视野。

国内学者对生态质量绩效提出了自己的看法。樊雅丽(2009)[①]认为,生态质量绩效是在社会经济高质量发展基础上延伸开来的,是社会经济高质量发展的重要组成部分。生态环境在社会经济高质量发展中占据基础性的地位,人们的日常生活所需是建立在良好的生态环境基础上的,如果环境遭到破坏,那么人们的幸福和经济高质量发展也会消失。张军(2009)[②]认为,生态环境与经济高质量发展之间存在一定内在关联,生态质量绩效的实质是精神经济高质量发展、未来经济高质量发展,生态质量绩效实质上是人与自然、社会相统一。同时,生态质量绩效还是生态运动普及的结果。正是因为经济高质量发展内涵的延伸,生态运动的普及使传统的经济高质量发展发生了转变,从原来的追求财富的经济发展转变为人与自然和谐共生的生态质量绩效观念。冯伟林(2013)[③]认为,生态系统提供的服务并不是完全均等的,它并不能够将利益分配给弱势群体,生态利益的分配与消费会受到诸多因素影响。同时为保障生态系统的有序运行,我国开展了诸如退耕还林等生态保护措施,并出台了一系列法律

---

① 樊雅丽:《生态经济高质量发展的引入与社会化——一个社会政策的研究视角》,《河北学刊》2009 年第 6 期,132—135 页。
② 张军:《生态经济高质量发展观念的兴起与医疗保障模式的转型》,《生态经济》2009 年第 1 期,90—92 页。
③ 冯伟林、李树苗、李聪:《生态系统服务与人类福祉——文献综述与分析框架》,《资源科学》2013 年第 7 期,1482—1489 页。

法规,在不同尺度上产生了一定的影响[1][2]。臧正等(2016)[3]认为,生态系统就是自然环境的有机组合,为人类生存发展奠定基础。

邓禾等(2014)[4]对生态质量绩效的概念展开了探究,认为其发展与"生态利益"这一概念紧密相关,生态质量绩效具有普惠性、政府主导性、不均衡性等特点,是一种新型公共社会福利。相较于其他传统经济福利,生态质量绩效还具有整体性与非排他性特征。从管理学的角度出发,刘茜(2018)[5]强调,生态质量绩效是政府无偿或低价向全体社会成员提供优质生态环境的一种经济高质量发展形式,是一个长期过程。政府通过建设国家公园、修复非环境污染区等生态举措,供给生态福利。而中国的生态质量提升制度仍存在一定缺陷,如立法目的不明确、立法内容不协调等,完善生态质量提升制度道阻且长。上述研究从不同的视角对生态质量绩效进行了定义,但较为片面。

研究应从狭义和广义两个不同层面探索生态质量绩效的内涵。从狭义层面来看,生态质量绩效特指生态环境资源,主要是由大自然供给的原生态的自然风景,包含森林资源、草原资源、沼泽资源等,良好的生态环境能够给公众带来主观上的良好感受,强调环境带来的主观效用。从广义层面来看,生态质量绩效内涵广泛,不仅包括生态环境,还包含社会环境,由全体社会成员共享,其客体是生态系统。

生态质量绩效作为一种新型公共福利,其"新"主要表现在,它不仅和其他公共福利一样具有政府主导性、普惠性等特征,还具有新型特点。生态质量绩效的新型特点主要包括整体性与非排他性。第一,普惠性。生态质量绩效作为公共福利,受益对象是全体的社会成员,从理论层面来说,各社会成员所享有的生态质量绩效应该等同,但从实际层面来说,很

---

① 姜渊、陈子琦:《强化个体规制必然能减少污染总排放吗? ——来自〈环境保护法〉的经验证据》,《中国人口·资源与环境》2023 年第 2 期,19—29 页。
② 史丹、李少林:《排污权交易制度与能源利用效率——对地级及以上城市的测度与实证》,《中国工业经济》2020 第 9 期,5—23 页。
③ 臧正、邹欣庆:《基于生态系统服务理论的生态福祉内涵表征与评价》,《应用生态学报》2016 年第 4 期,1085—1094 页。
④ 邓禾、蒋杉秋:《生态经济高质量发展制度探索》,《重庆大学学报(社会科学版)》2014 年第 1 期,126—130 页。
⑤ 刘茜:《论我国生态经济高质量发展供给制度的完善》,《广西社会科学》2018 年第 5 期,158—162 页。

难实现生态质量绩效的均等性。第二,政府主导性。即在生态质量绩效体系的建设过程中,主要由政府承担义务,发挥主导作用。生态质量绩效作为公共福利,属于政府的基本职能建设,要求政府协调各方关系,实现生态质量绩效良好提升。第三,整体性。生态质量绩效具有不可分割性,相较于其他传统公共福利,生态质量绩效的受益无法给予个人,只能够向这一生态区域内的整体统一赋予,这一特性主要受限于生态的系统性特征。第四,非排他性。生态利益作为一种公共利益,可以为多人同时享有,这也是生态质量绩效的一个重要特征。

生态质量绩效受到了众多学者的广泛研究。Daly(1997)[1]最早提出生态质量绩效,使用它来衡量各个国家的可持续发展状况,计算单位自然消耗决定的经济高质量发展水平增长。在 Daly 的基础上,学者们对相关研究不断完善。诸多团队在国内首先对生态质量绩效概念进行了界定,认为这一指标主要反映的是自然消耗向经济高质量发展水平转化的效率,能够对区域的发展状况与可持续发展的能力进行衡量。或者说生态质量绩效是生态效率的升级版,生态效率(生态文明水平)是生态资源满足人类需求的效率,是产出与投入的比值。生态效率旨在平衡环境保护与经济发展,力求在经济发展的同时将对环境的影响降到最低,充分体现了科学发展、和谐发展的思想内涵。生态质量绩效有效衔接生态环境、社会发展和经济增长三大系统,更加关注发展质量和人类社会内在素质。臧漫丹等(2013)[2]认为,生态质量绩效能够反映生态资源对经济高质量发展的改善程度,即生态资源的消耗能够产生多少社会经济高质量发展,并且,该指标也能够体现出生态"公平",对弱可持续理论展开了抨击;认为可以根据生态资源消耗量与经济高质量发展价值产生量的比值对生态质量绩效展开研究。

提升生态质量绩效的路径,一方面,可以通过减少生态投入而不减少经济高质量发展来实现,这决定了物质减量化转型的思路和行动;另一方面,摒弃现行的纯 GDP 主义,以社会整体经济高质量发展和人类的全面发展为根本目的,追求经济高质量发展最大化。

---

① Daly G C. Nature service: Societal dependence on nature ecosystem. Washington: Island Press, 1997.

② 臧漫丹、诸大建、刘国平:《生态经济高质量发展绩效:概念、内涵及 G20 实证》,《中国人口·资源与环境》2013 年第 5 期,118—124 页。

三、居民生活质量低碳转型的内涵

改革开放后,中国经济快速发展,但经济增长并没有提高人民的幸福感,出现了"幸福停滞"的现象①。世界各国政府谋求经济增长的最终目的就是促进居民生活质量水平的提高②。居民生活质量是城市社会经济发展总体状况的直接反映,居民生活质量具有多元性、层次性、差异性,受到多种因素影响。环境恶化是造成"幸福停滞"的重要原因之一③④。2023 年 2 月,全国生态环境保护大会强调,要深刻把握建设人与自然和谐共生现代化的使命任务,更加自觉地将生态环境保护工作放在推进中国式现代化、全面建设社会主义现代化国家的大局中去考量,更加自觉地投身建设人与自然和谐共生现代化的伟大实践。研究环境规制如何影响居民生活质量具有一定现实意义。

国外主要使用"welfare"与"well-being"这两个单词来表示居民幸福。周弘(1997)⑤认为,可以将 welfare 拆解为 fare well,认为居民生活质量水平就是使得居民生活幸福的条件,并且该条件随着时代发展不断变化。杨缅昆(2008)⑥认为"welfare"是主观范畴,而"well-being"则是客观范畴,将促进居民幸福感产生的客观事物定义为客观生活质量,将居民的心理满足感定义为主观生活质量。戴建兵等(2012)⑦认为"welfare"意思是良好的生活状态,并根据国外学者观点,主张从广义与狭义两个层面进行分析,广义上主要是指政府向居民普遍提供的教育、医疗、住房等,狭义上则主要是关注特殊的社会群体,服务主体通常是慈善机构、宗教等。

① 黄永明、何凌云:《城市化、环境污染与居民主观幸福感——来自中国的经验证据》,《中国软科学》2013 年第 12 期,82—93 页。
② 方福前、吕文慧:《中国城镇居民福利水平影响因素分析——基于阿马蒂亚·森的能力方法和结构方程模型》,《管理世界》2009 年第 4 期,17—26 页。
③ 李晓春、董哲昱:《污染消费与污染治理技术水平的进步:环境、失业和经济高质量发展》,《中国经济问题》2017 年第 6 期,34—43 页。
④ 张国兴、张婧钰:《黄河流域资源型城市高质量发展的时空演变》,《中国人口·资源与环境》2023 年第 2 期,124—133 页。
⑤ 周弘:《分解经济高质量发展——经济高质量发展国家研究的角度》,《欧洲》1997 年第 4 期,39—49 页。
⑥ 杨缅昆:《论国民经济高质量发展核算框架下的经济高质量发展概念》,《统计研究》2008 年第 6 期,72—77 页。
⑦ 戴建兵、曹艳春:《社会经济高质量发展研究述评》,《浙江社会科学》,2012 年第 2 期,82—90+157—158 页。

关于居民生活质量的定义,不同学者有不同的阐释,但有着共通性——都关注人更好地生存与发展。本研究居民生活质量主要指居民的客观生活质量水平,从多维度进行分析。

第二节　环境规制与企业经济绩效相关研究

环境规制与企业经济增长的关系一直是经济学领域的热门话题。目前,我国已经进入高质量发展阶段,中央出台了一系列有针对性的环境规制政策。然而,从众多研究结果来看,虽然环境规制政策的实施能够带来"立竿见影"的治理效果,但企业经济绩效研究结果不一致,关于环境规制对企业成本上升、利润率、企业技术创新等因素的影响,结论大相径庭。这与企业特征、制度差异、经济发展以及时间动因等关系密切。其中,在环境规制对企业经济绩效的影响方面,目前主要有三种观点:"遵循成本假说""波特假说"和"不确定性假说"。

一、"遵循成本假说"

"遵循成本假说"认为环境规制对企业经济绩效有抑制作用。理论上,环境规制存在遵循成本效应[1][2],环境规制带来了企业污染治理成本和制度遵循成本等额外成本[3],这导致企业的生产性投资及创新活动等减少,间接阻碍企业的绿色生产率提升[4],抑制了企业的技术创新,使得企业的生产绩效、利润率受到抑制[5][6]。有研究表明这样的负面影响会随

---

① 韩国高:《环境规制能提升产能利用率吗?》,《财经研究》2017年第6期,66—76页。
② 郑加梅:《环境规制产业结构调整效应与作用机制分析》,《财经研究》2018年第3期,21—29页。
③ Clarkson P M, Li Y, Richardson G D. The Market Valuation of Environmental Capital Expenditures by Pulp and Paper Companies. The Accounting Review, 2004, 79(2): 329 - 353.
④ Gray W B, Shadbegian R J. Environmental Regulation, Investment Timing, and Technology Choice. The Journal of Industrial Economics, 1998, 46(2): 235 - 256.
⑤ Gray W B. The cost of regulation: OSHA, EPA and the productivity slowdown. American Economic Review, 1987, 77(77): 998 - 1006.
⑥ 张三峰、卜茂亮:《环境规制、环保投入与中国企业生产率——基于中国企业问卷数据的实证研究》,《南开经济研究》2011年第2期,129—146页。

着时间而减弱①②。

国内外许多实证研究都验证了环境规制抑制企业经济绩效这一观点。通过研究污染治理费、环保质量标准、环境税等常用的环境规制工具对企业的影响发现,环境规制会对企业的技术创新、经济增长数量及质量等产生抑制作用③④,这种抑制效应随着环境规制强度的增加而增加⑤⑥,且不存在地区差异④。其主要原因就是前文所提到的环境规制会给企业带来额外成本,在一定程度上减少了企业在生产研发方面的投入,使得创新补偿效应不能够有效发挥,导致企业生产率低下,不利于经济增长④。除此之外,在"逐底竞争假说"作用下,为了实现经济增长和政治提升,地方政府为增加本地区的产出,并减少其他地区的产出,同时吸引外资或其他流动性资源投入,不得不降低本地区的环境规制强度。这种"竞争到底"的环境规制策略性互动同样不利于企业的长期技术创新与利润增长⑦。环境规制手段或环境规制强度不当同样会抑制企业经济绩效,不仅环境污染不能有效治理,环境质量无法得到优化,还会导致资源的错误分配,从而导致生产效率与社会经济高质量发展的损失,并且通常来说该损失极为可观⑧。

二、"波特假说"

"波特假说"认为环境规制对企业经济绩效有促进作用。许多学者认为环境规制不仅不会对企业产生负面影响,一定程度上,也会激发企业的

---

① 徐彦坤、祁毓:《环境规制对企业生产率影响再评估及机制检验》,《财贸经济》2017 年第 6 期,147—161 页。

② 赵振智、程振、吴飞等:《中国环境保护税法对企业劳动雇佣的影响》,《中国人口·资源与环境》2023 年第 1 期,61—73 页。

③ 黄清煌、高明:《环境规制对经济增长的数量和质量效应——基于联立方程的检验》,《经济学家》2016 年第 4 期,53—62 页。

④ 孙玉阳、宋有涛、李皓芯等:《中国环境规制领域研究热点及进展分析——基于 Citespace 和 Spss 图谱量化分析》,《干旱区资源与环境》2019 年第 11 期,135—142 页。

⑤ 王彦皓:《政企合谋、环境规制与企业全要素生产率》,《经济理论与经济管理》2017 年第 11 期,58—71 页。

⑥ 王勇、李雅楠、俞海:《环境规制影响加总生产率的机制和效应分析》,《世界经济》2017 年第 2 期,97—121 页。

⑦ Christainsen G B, Haveman R H. Public regulations and the slowdown in productivity growth. American Economic Review 1981, 71(2): 320-325.

⑧ 范庆泉、张同斌:《中国经济增长路径上的环境规制政策与污染治理机制研究》,《世界经济》2018 年第 8 期,171—192 页。

绿色创新行为①,提高资源配置效率,抵消环境监管带来的额外成本,从而促进经济增长,提高企业竞争力②③④⑤⑥⑦⑧。这一观点源于"诱导创新性假设",即随着一种生产要素的相对价格上升,该要素资源稀缺性对经济增长的约束将被其他要素替代所造成的生产率提高所补偿。波特随后基于这一假说提出了"波特假说",认为由环境规制引起的要素相对价格的上升将被由规制决定的生产率提高和经济增长所取代,即适当的环境保护政策短期内会增加企业的生产成本,压缩企业在其他方面的投入,导致企业利润率出现一定程度的下降;但是,从长期来看,最终能够提升企业的生产效率,增强企业竞争力。目前,已有大量实证研究证实了"Porter 假说"的存在性和可信性⑨⑩⑪。不仅如此,环境规制还有利于经济增长质量的改善⑫,且对经济增长质量的促进作用在中西部地区更加明显⑬。此外,环境规制对经济增长质量的提升仍有门槛效应,如果环境规制强度未能突破某一特定强度门槛,环境规制不会对经济增长质量产生显著影响,只有在跨越门槛后,才开始显现出显著促进效应,

① 李豫新、程洪飞、倪超军:《能源转型政策与城市绿色创新活力——基于新能源示范城市政策的准自然实验》,《中国人口·资源与环境》2023 年第 1 期,137—149 页。
② Porter M E. America's Green Strategy. Scientific American,1991,264(4):193 - 246.
③ Berman E,Buiand L T. Environmental regulation and labor demand:evidence from the South Coast Air Basin. Journal of Public Economics,2001,79(2):265 - 295.
④ Brunnermeier S B,Cohen M A. Determinants of environmental innovation in US manufacturing industries. Journal of environmental economics and management,2003,45(2):278 - 293.
⑤ Johnstone N,Haščič I,Popp D. Renewable energy policies and technological innovation:evidence based on patent counts. Environmental and resource economics,2010,45(1):133 - 155.
⑥ 涂正革、谌仁俊:《排污权交易机制在中国能否实现波特效应》,《经济研究》2015 年第 7 期,160—173 页。
⑦ Feng C,Shi B,Kang R. Does Environmental Policy Reduce Enterprise Innovation? — Evidence from China. Sustainability,2017,9(6):872.
⑧ 任胜钢、郑晶晶、刘东华等:《排污权交易机制是否提高了企业全要素生产率——来自中国上市公司的证据》,《中国工业经济》2019 年第 5 期,5—23 页。
⑨ Lanoie P,Patry M,Lajeunesse R. Environmental Regulation and Productivity:Testing the Porter Hypothesis. Journal of Productivity Analysis,2008,30(02):121 - 128.
⑩ 张平、张鹏鹏:《不同类型环境规制对企业技术创新影响比较研究》,《中国人口·资源与环境》2016 年第 4 期,8—13 页。
⑪ 刘金科、肖翊阳:《中国环境保护税与绿色创新:杠杆效应还是挤出效应?》,《经济研究》2022 年第 1 期,72—88 页。
⑫ 何兴邦:《环境规制与城镇居民收入不平等——基于异质型规制工具的视角》,《财经论丛》2019 年第 6 期,104—112 页。
⑬ 陶静、胡雪萍:《环境规制对中国经济增长质量的影响研究》,《中国人口·资源与环境》2019 年第 6 期,85—96 页。

伴随着环境规制强度不断加强,其对经济质量的改善程度也不断提升[①]。

如前文所述,环境规制带来的合规成本压力激发了企业的创新补偿效应,提升了在污染治理方面的研发,以弥补因环境规制产生的费用,提高了企业生产率和竞争力[②③④⑤⑥]。也有研究认为,环境规制与技术创新存在"棘轮效应"互动,一方面,环境规制通过对企业施加新的规则来驱动企业创新;另一方面,创新之后的企业又会促进规制内容的变化,使两者相互促进,企业技术创新得以持续[⑦]。

三、"不确定性假说"

根据以上两类理论研究,环境规制既会通过"遵从成本效应"增加企业的合规成本,降低其生产效率与利润水平[⑧],也能通过"波特效应"激发企业创新补偿效应,鼓励企业进行技术创新,改善资源配置,优化生产路线,从而提高企业的全要素生产率,促进经济增长[⑨⑩]。因此,张嫚(2004)[⑪]、李小平等(2020)[⑫]、张海玲等(2023)[⑬]提出,环境规制对企业产生的影响具有不确

① 何兴邦:《环境规制与中国经济增长质量——基于省际面板数据的实证分析》,《当代经济科学》2018 年第 2 期,1—10+124 页。
② Jaffe A B, Palmer K. Environmental regulation and innovation:a panel data study. Review of Economics and Statistics, 1997, 79(4):610 - 619.
③ Brunnermeier S B, Cohen M A. Determinants of environmental innovation in US manufacturing industries. Journal of environmental economics and management, 2003, 45(2):278 - 293.
④ Hamamoto M. Environmental regulation and the productivity of Japanese manufacturing industries. Resource & Energy Economics, 2006, 28(4):299 - 312.
⑤ Johnstone N, Haščič I, Popp D. Renewable energy policies and technological innovation:evidence based on patent counts. Environmental and resource economics, 2010, 45(1):133 - 155.
⑥ Feng C, Shi B, Kang R. Does Environmental Policy Reduce Enterprise Innovation? — Evidence from China. Sustainability, 2017, 9(6):872.
⑦ 黄平、胡日东:《环境规制与企业技术创新相互促进的机理与实证研究》,《财经理论与实践》2010 年第 1 期,99—103 页。
⑧ Gray W B. The cost of regulation:OSHA, EPA and the productivity slowdown. American Economic Review, 1987, 77(77):998 - 1006.
⑨ Christainsen G B, Haveman R H. The contribution of environmental regulations to the slowdown in productivity growth. Journal of environmental economics and management, 1981, 8(4):381 - 390.
⑩ 张华:《地区间环境规制的策略互动研究——对环境规制非完全执行普遍性的解释》,《中国工业经济》2016 年第 7 期,74—90 页。
⑪ 张嫚:《环境规制对企业竞争力的影响》,《中国人口·资源与环境》2004 年第 4 期,128—132 页。
⑫ 李小平、余东升、余娟娟:《异质性环境规制对碳生产率的空间溢出效应——基于空间杜宾模型》,《中国软科学》2020 年第 4 期,82—96 页。
⑬ 张海玲、李漫兮:《低碳城市试点政策对出口企业绿色创新的影响》,《中国人口·资源与环境》2023 年第 3 期,23—33 页。

定性,二者之间的关系需要结合企业本身及具体的规制工具来进行判断。

　　首先,随着时间的变化,环境规制会对企业的技术创新发展水平产生非线性影响。环境规制在短期内会增加企业生产成本,对创新有一定抑制,但长期来看则是有益的[1],两者之间呈一种正"U"形关系[2][3]。其次,环境规制的强度不同,对企业经济发展的影响也不同。当环境规制的强度较弱时,对企业提升全要素生产率以及经济增长等具有促进作用,但当超过一定阈值后,环境规制就会产生抑制作用[4],两者之间呈现倒"U"形关系[5][6]。也有研究表明,环境规制与企业全要素生产率呈"N"形关系,即当环境规制强度比较弱时,由于环境成本低,不能鼓励企业进行技术创新,从而抑制企业全要素生产率的提高;当环境规制强度适中时,其可以激发企业实施技术创新,产生"创新抵消效应",促进企业整体生产率的提高;而环境规制强度过高时,对企业的负担过重,导致了全要素生产率下降[7][8],并且全要素生产率会受到间接创新效应与直接成本效应的双重作用影响[9]。环境规制对企业技术创新的影响还具有空间异质性,在东部地区最为明显,而在中、西部地区,其对企业技术创新的激励作用不强[10][11][12]。此外,企

---

[1] 蒋伏心、王竹君、白俊红:《环境规制对技术创新影响的双重效应——基于江苏制造业动态面板数据的实证研究》,《中国工业经济》2013 年第 7 期,44—55 页。

[2] 熊艳:《基于省际数据的环境规制与经济增长关系》,《中国人口·资源与环境》2011 年第 5 期,126—131 页。

[3] 刘伟、童健、薛景:《行业异质性、环境规制与工业技术创新》,《科研管理》2017 年第 5 期,1—11 页。

[4] 孙英杰、林春:《试论环境规制与中国经济增长质量提升——基于环境库兹涅茨倒 U 型曲线》,《上海经济研究》2018 年第 3 期,84—94 页。

[5] 刘和旺、郑世林、左文婷:《环境规制对企业全要素生产率的影响机制研究》,《科研管理》2016 年第 5 期,33—41 页。

[6] 钟茂初、姜楠:《政府环境规制内生性的再检验》,《中国人口·资源与环境》2017 年第 12 期,70—78 页。

[7] 王杰、刘斌:《环境规制与企业全要素生产率——基于中国工业企业数据的经验分析》,《中国工业经济》2014 年第 3 期,44—56 页。

[8] 李雪松、周敏、汪成鹏:《地方政府环境政策创新与企业环境绩效——基于长三角地区河长制政策的微观实证》,《中国人口·资源与环境》2023 年第 3 期,77—90 页。

[9] 汤学良、顾斌贤、康志勇等:《环境规制与中国企业全要素生产率——基于"节能减碳"政策的检验》,《研究与发展管理》2019 年第 3 期,47—58 页。

[10] 江珂:《环境规制对中国技术创新能力影响及区域差异分析——基于中国 1995—2007 年省际面板数据分析》,《中国科技论坛》2009 年第 10 期,28—33 页。

[11] 童伟伟、张建民:《环境规制能促进技术创新吗——基于中国制造业企业数据的再检验》,《财经科学》2012 年第 11 期,66—74 页。

[12] 李胜兰、申晨、林沛娜:《环境规制与地区经济增长效应分析——基于中国省际面板数据的实证检验》,《财经论丛》2014 年第 6 期,88—96 页。

业的创新水平受到环境规制的影响还与创新替代指标①、企业创新策略②、企业生产特征③、环境规制引发的企业支出的性质④⑤等因素相关。

综合以上研究表明,环境规制对企业经济绩效的影响包括"遵循成本假说""波特假说"和"不确定性假说"这三种理论观点。"遵循成本假说"认为环境规制对企业经济绩效有抑制作用,管制政策带来的额外成本降低了企业的生产和研发投入,导致资源错配与较高的生产效率和社会经济高质量发展损失,企业创新的补偿效应没有得到有效发挥;而"波特假说"认为环境规制可以提高企业经济绩效,当环境规制强度适当时,其所带来的合规成本压力可以激发企业创新的补偿效应,提升了其在污染治理方面的技术创新,以弥补因环境规制产生的费用,从而提高了企业生产率和竞争力;但仍有相当一部分学者遵循"不确定性假说",他们认为环境规制对企业经济绩效的影响具有不确定性,二者之间的关系需要结合企业本身特征、时期动态因素、规制强度以及空间异质性等来进行判断。因此,本书将综合多个理论研究视角,通过实证检验环境规制对企业的盈利能力、盈利质量和生产效率等指标的影响,检验环境规制工具强度、企业规模和经济发展水平等异质性特征,以此来缓解规制政策的内生性问题,为综合评估环境规制对企业经济绩效的影响提供保障。

第三节　环境规制与生态质量绩效相关研究

环境规制旨在环境保护、个体或组织为对象、通过有形制度或无形意

① Jaffe A B, Palmer K. Environmental Regulation Innovation: A Panel Data Study. Review of Economics & Statistics, 1997, 79(4): 610-619.
② Kesidou E, Demirel P. On the drivers of eco-innovations: Empirical evidence from the UK. Research Policy, 2012, 41(5): 862-870.
③ Albrizio S, Kozluk T, Zipperer V. Environmental policies and productivity growth: Evidence across industries and firms. Journal of Environmental Economics and Management, 2017, 81: 209-226.
④ 魏楚、黄磊、沈满洪:《鱼与熊掌可兼得么?——对我国环境管制波特假说的检验》,《世界经济文汇》2015 年第 1 期,90—98 页。
⑤ 张平、张鹏鹏:《不同类型环境规制对企业技术创新影响比较研究》,《中国人口·资源与环境》2016 年第 4 期,8—13 页。

识产生作用的约束性力量[①]，包括政府对环境资源直接和间接的干预[②]，除了行政法规外，还包括各类经济手段和社会宣传。生态治理和环境保护是我国可持续发展之路上的重大命题，如何实现生态和经济的"双赢"是我国经济发展中亟须思考的问题。对于我国改善生态环境，提高生态质量绩效，环境规制发挥着重要的作用，是我国经济社会发展中重要的行政经济手段。在环境规制对生态质量绩效的影响研究中，主要存在以下三类观点：

首先，"遵循成本说"提出，环境规制是政府强加给企业的额外负担，一方面，企业为达到政府的环境要求，会增加环境治理方面的投资，减少其他方面的投资，从而形成"挤出效应"；另一方面，环境规制在一定程度上为企业的生产决策增加了新的约束条件，增加了生产管理和销售等环节的难度，进而形成"约束效应"[③]。在这两方面效应的作用下，环境规制导致企业成本上升，市场竞争力下降，最终影响该地区的经济效益，对生态质量绩效产生负面影响。在生态质量绩效研究中，得出"遵循成本说"结论的较少，然而在其他环境投入与产出的研究中，如生态效率等概念，部分学者得出了环境规制负面作用的结论。任海军、姚银环（2016）[④]基于资源依赖视角，探究了环境规制对生态效率的影响，研究发现，就生态效率而言，资源依赖度高的地区低于资源利用度低的地区，验证了我国"资源诅咒"现象的存在，同时研究发现环境规制与生态效率呈负相关关系。陈真玲（2016）[⑤]利用超效率 DEA 模型和空间计量对全国 30 个省级行政区的生态效率进行测算，并分析其影响因素，实证研究结果表明环境规制与生态效率呈负相关关系，其原因可能在于我国环保立法尚未健全，环保部门的收入主要来自高污染企业，使得我国环保措施的效果未尽如

---

① 赵玉民、朱方明、贺立龙：《环境规制的界定、分类与演进研究》，《中国人口·资源与环境》2009年第 6 期，85—90 页。

② 吴金群、游晨、田传浩：《垂直监管改革与空气污染——来自县（市）改区的证据》，《中国人口·资源与环境》2023年第 2 期，11—18 页。

③ 李玲、陶锋：《中国制造业最优环境规制强度的选择——基于绿色全要素生产率的视角》，《中国工业经济》2012年第 5 期，70—82 页。

④ 任海军、姚银环：《资源依赖视角下环境规制对生态效率的影响分析——基于 SBM 超效率模型》，《软科学》2016年第 6 期，35—38 页。

⑤ 陈真玲：《生态效率、城镇化与空间溢出——基于空间面板杜宾模型的研究》，《管理评论》2016年第 11 期，66—74 页。

人意。

环境规制可以调动企业研发积极性,降低生产成本,提升生产率,促进地方经济增长,提高生态质量绩效。波特在 1991 年提出,从短期来看,严厉的环境保护政策对企业会有一定负面影响,会导致企业生产成本的增加,但就长期而言,适当的环境法规可以刺激企业进行技术创新,这有助于企业减少污染活动,优化生产路线,从而提高企业的生产效率,增强产业竞争力[①]。因此,适当的环境规制可以提高企业的创新能力和竞争力,同时加强环境治理,促进该地区的经济增长,实现环境与经济的"双赢",最终提高该地区的生态质量绩效。目前国内关于环境规制对生态质量绩效的影响的研究多集中于地区层面,从生态质量绩效的角度而言,国内学者大多基于 SBM 超效率模型对生态质量绩效进行测算。郭炳南等学者的一系列研究计算了长江经济带省份(2021)及城市(2021)的生态质量绩效,发现长江上游、中游、下游的生态质量绩效存在显著差异,呈依次递减分布,提升环境规制的强度增强了企业的创新能力,促进了企业技术创新和进步,改善了当地的生态环境,提高了该地区的生态质量绩效水平,也验证了"创新补偿说"。邓远建等(2021)[②]基于超效率 SBM 模型,对我国 29 个省级行政区的生态质量绩效进行了测算,从东部地区,到中部、西部地区生态质量绩效逐渐下降,而环境规制对生态质量绩效有着显著的驱动作用,且存在较强的空间溢出效应。韩瑾(2017)[③]以宁波市为研究对象,采用城市污水排放达标率作为环境规制指标,通过 Tobit 回归模型进行分析,实证结果表明环境规制对宁波市生态质量绩效有显著正向关系,强调了增强水污染治理、加强水资源保护对提高地区生态质量绩效的重要作用。此外,第二产业规模、技术进步、城镇化水平等也会对生态质量绩效产生显著影响。

从其他环境投入与产出的角度而言,国内外学者引入了环境绩效[④]、

---

① Porter M E. America's Green Strategy. Scientific American, 1991, 264(4): 193-246.
② 邓远建、杨旭、马强文等:《中国生态经济高质量发展绩效水平的地区差距及收敛性》,《中国人口·资源与环境》2021 年第 4 期,132—143 页。
③ 韩瑾:《生态经济高质量发展绩效评价及影响因素研究——以宁波市为例》,《经济论坛》2017 年第 10 期,49—53 页。
④ 吕峻、焦淑艳:《环境披露、环境绩效和财务绩效关系的实证研究》,《山西财经大学学报》2011 年第 1 期,109—116 页。

碳排放绩效[①]、绿色发展水平[②]等概念,构建相应的指标体系,并探究了环境规制对这些因素的影响。程华等(2011)[③]建立以环境创新资本投入、环境创新人力投入、环境规制投入为环境投入衡量指标,以环境绩效和经济绩效为环境产出衡量指标的环境创新评价体系,并基于数据包络法(Data Envelopment Analysis,DEA)对我国 24 个地区的环境创新绩效进行测算,通过因子分析法和实证回归,得出环境规制对经济绩效有显著促进作用。何爱平等(2019)[④]构建了以资本存量、劳动力、能源要素投入以及 GDP 和碳排放量为指标的绿色发展效率评价体系,基于 DEA - SBM 模型测算 30 个省级行政区的面板数据,并使用 Malmquist 生产指数进行分解。结果显示,在绿色发展效率不断提高的过程中,技术进步的贡献大于规模效率,环境规制所带来的创新补偿大于给企业带来的额外负担,证明了环境规制对于保护环境、促进经济高质量发展有显著推动作用。

此外,部分学者在环境规制对生态质量绩效影响的实证分析中提出"不确定假说",因为在现实生活中,"遵循成本说"中的挤出与约束效应和创新补偿效应有可能是同时存在的,即环境规制既会导致企业生产成本上升从而损害地方经济绩效,进而降低该地区的生态质量绩效,也有可能因倒逼企业进行技术创新,发展清洁生产而促进生态与经济的共同增长,提升该地区的生态质量绩效。环境规制对区域生态质量绩效的影响,实际上是由两方面因素共同作用的。因此,在部分实证研究中,在正、负两方面因素的综合作用下,环境规制对生态质量绩效、生态效率的影响并不显著[⑤]。杨文举(2015)[⑥]基于跨期 DEA - Tobit 两阶段模型测算了我国工业环境绩效并探究其影响因素,实证研究表明,环境规制对工业环境绩

---

① 王群伟、周鹏、周德群:《我国二氧化碳排放绩效的动态变化、区域差异及影响因素》,《中国工业经济》2010 年第 1 期,45—54 页。

② 郝淑双、朱喜安:《中国区域绿色发展水平影响因素的空间计量》,《经济经纬》2019 年第 1 期,10—17 页。

③ 程华、廖中举:《中国区域环境创新绩效评价与研究》,《中国环境科学》2011 年第 3 期,522—528 页。

④ 何爱平、安梦天:《地方政府竞争、环境规制与绿色发展效率》,《中国人口·资源与环境》2019 年第 3 期,21—30 页。

⑤ 方时姣、肖权:《中国区域生态经济高质量发展绩效水平及其空间效应研究》,《中国人口·资源与环境》2019 年第 3 期,1—10 页。

⑥ 杨文举:《中国省份工业的环境绩效影响因素——基于跨期 DEA - Tobit 模型的经验分析》,《北京理工大学学报(社会科学版)》2015 年第 2 期,40—48 页。

效的影响相对模糊。究其原因,一方面,环境规制强度越大,企业越有可能采用清洁技术生产,改善当地的生态环境,提高工业环境绩效;另一方面,若某地区的环境规制水平较高,则说明该地区的企业污染较为严重,环境压力较大,因此环境规制与工业环境绩效存在负相关关系。在两方对立的影响下,环境规制对工业环境绩效的作用变得不再显著。

若进一步考察这两方面因素的时间效应与作用强度,可以看出,环境规制对企业的挤出效应和创新抵消效应并不同步,环境规制给地方经济带来的额外成本负担是现阶段的作用,而且技术创新本身需要一定时间成本,环境规制对地区生态质量绩效的积极作用在长期才能够慢慢显现,因此创新补偿效应往往滞后于挤出约束效应[1]。换言之,在短期内,环境规制对生态质量绩效的负面影响较强,而在长期内,环境规制对生态质量绩效的正面作用将慢慢显现,因此,从时间维度上看,环境规制对生态质量绩效的影响呈非线性的"U"形关系。张子龙等(2015)[2]基于非角度、非径向的 SBM 模型,对我国 30 个省级行政区的生态效率进行了测算,并分析了其时空演变趋势。研究发现,在短期内,环境规制对生态效率的遵循成本大于创新补偿效应;在长期内,环境规制对生态效率的提高起推动作用,且这种推动作用是通过产业结构优化、城镇化进程和技术进步实现的。李斌等(2017)[3]在生态创新视角下探究了环境规制如何影响循环经济绩效,研究发现该影响存在地区异质性,在中西部呈显著的"U"形,企业的污染治理投资与循环经济绩效的关系在东中西部均呈显著的"U"形,验证了环境规制与生态质量绩效的"U"形假说。而张华在环境规制与碳排放绩效的关系研究中得出了相反的结论,在一定程度上也证明了"非线性假说"。环境规制与碳排放绩效呈倒"U"形,即随着时间推移,环境规制的创新补偿效应将逐渐转变为遵循成本效应,且目前我国正处于倒"U"形拐点的左侧。

综上所述,环境规制与生态质量绩效、碳排放绩效、生态效率的关系

① 张成、陆旸、郭路等:《环境规制强度和生产技术进步》,《经济研究》2011 年第 2 期,113—124 页。
② 张子龙、王开泳、陈兴鹏:《中国生态效率演变与环境规制的关系——基于 SBM 模型和省际面板数据估计》,《经济经纬》2015 年第 3 期,126—131 页。
③ 李斌、曹万林:《环境规制对我国循环经济绩效的影响研究——基于生态创新的视角》,《中国软科学》2017 年第 6 期,140—154 页。

研究主要呈现为"遵循成本说""创新补偿说"和"不确定说"三类结论。"遵循成本说"认为环境规制会增加企业负担,影响区域经济,进而对地区生态质量绩效产生负面作用;"创新补偿说"认为环境规制在改善环境的同时能够倒逼企业提升创新能力,增强地区的经济竞争力,从而提升地区的生态质量绩效水平。而相当一部分学者的研究结果表明环境规制与生态质量绩效的关系并不明确,因为生态质量绩效同时受到"遵循成本说""创新补偿说"正反两方面的影响,因此实证结果并不显著。但若考虑这两方面作用的时间效应,则环境规制与生态质量绩效、循环经济绩效等指标呈"U"形或倒"U"形关系,即先减后增或先增后减的非线性关系。由此可见,目前国内对于环境投入与产出的内涵定义不同,研究结论也不同,且学者关于环境规制对碳排放绩效和生态效率的关系研究较为成熟,而对生态质量绩效的实证研究相对有限。

第四节　环境规制与居民生活质量相关研究

参照郑芳等(2012)[1]相关研究,基于环境规制视角,认为居民生活质量包括健康、就业、收入等。

一、健康

"没有全民健康,就没有全面小康。"2007年,《国家环境与健康行动计划(2007—2015年)》出台,这是中国第一个环境与健康领域的纲领性文件。2010年的《中国环境发展报告》指出,中国目前已经进入了环境污染引致各类疾病与死亡的高发期,居民疾病负担中有21％是由环境因素导致的[2]。

环境污染会对居民健康状况产生显著且持续性的负向影响[3][4]。研

---

① 郑芳、侯迎、陈田:《海南省居民经济高质量发展指标体系构建及筛选方法选择》,《统计与决策》2012年第3期,35—38页。
② 《中国环境发展报告(2010)》,中国环境科学研究院2011年版。
③ 李梦洁、杜威剑:《空气污染对居民健康的影响及群体差异研究——基于CFPS(2012)微观调查数据的经验分析》,《经济评论》2018年第3期,142—154页。
④ 宋丽颖、崔帆:《环境规制、环境污染与居民健康——基于调节效应与空间溢出效应分析》,《湘潭大学学报(哲学社会科学版期)》2019年第5期,60—68页。

究发现,随着二氧化硫排放量的增加,人们患呼吸道和肺部疾病的概率大大提高,加重了居民的医疗负担[1],PM2.5 颗粒物有损人体健康,尤其是对患有心血管疾病的人群而言,存在健康隐患[2]。除了影响身体健康外,环境污染对公众的心理健康也存在显著的负面影响,会使人们产生焦虑、不安、抑郁等负面情绪;且随着在污染环境中所处时间的延长,抑郁症患者会有病情加重的倾向[3][4]。研究证实,环境规制政策可通过优化环境质量提高公共健康的水平[5]。此外,环境规制对居民健康的影响具有明显的空间溢出性[6]。

鉴于环境污染具有的"亲贫性"特征,有学者提出了"环境健康贫困"陷阱[7]。空气污染所致的健康损害在不同人群中表现出异质性的特点,收入水平较低的人群更易受其影响;相较而言,空气污染给收入水平较高的人群带来的健康冲击效应较低[8][9][10][11]。

近年来,中国医保已经基本实现全民覆盖,但《第五次国家卫生服务调查》显示,住院患者自付次均住院费用占家庭人均年收入的30%,个人自付费用仍较高。因此,需要控制不合理因素导致的医疗费用支出,医疗

---

① 陈硕、陈婷:《空气质量与公共健康:以火电厂二氧化硫排放为例》,《经济研究》2014 年第 8 期,158—169+183 页。

② Huang W, Cao J J, Tao Y B, et al. Seasonal Variation of Chemical Species Associated With Short-Term Mortality Effects of PM2.5 in Xi'an, a Central City in China. American Journal of Epidemiology, 2012, 175(6): 556.

③ 李卫兵、邹萍:《空气污染与居民心理健康——基于断点回归的估计》,《北京理工大学学报(社会科学版)》2019 年第 6 期,10—21 页。

④ Kim Y, Manley J, Radoias V. Air Pollution and Long Term Mental Health. Atmosphere, 2020, 11(12): 1355.

⑤ 张国兴、张振华、高杨等:《环境规制政策与公共健康——基于环境污染的中介效应检验》,《系统工程理论与实践》2018 年第 2 期,361—373 页。

⑥ 宋丽颖、崔帆:《环境规制、环境污染与居民健康——基于调节效应与空间溢出效应分析》,《湘潭大学学报(哲学社会科学版)》2019 年第 5 期,60—68 页。

⑦ 祁毓、卢洪友:《污染、健康与不平等——跨越"环境健康贫困"陷阱》,《管理世界》,2015 年第 9 期,32—51 页。

⑧ Pun V C, Manjourides J, Suh H. Association of Ambient Air Pollution with Depressive and Anxiety Symptoms in Older Adults: Results from the NSHAP Study. Environmental Health Perspectives, 2017, 125(3): 342 - 348.

⑨ 李梦洁、杜威剑:《空气污染对居民健康的影响及群体差异研究——基于 CFPS(2012)微观调查数据的经验分析》,《经济评论》2018 年第 3 期,142—154 页。

⑩ 孙猛、芦晓珊:《空气污染、社会经济地位与居民健康不平等——基于 CGSS 的微观证据》,《人口学刊》2019 年第 6 期,103—112 页。

⑪ 李志光、贾仓仓:《空气污染对居民健康水平的影响研究》,《现代经济探讨》2021 第 7 期,48—55 页。

费用支出增长的根本原因是居民对健康水平的追求[①]。健康中国和生态文明建设等国家重大战略布局提出时代命题——改善生态环境,实现全人类的健康,从而减轻政府和公民的医疗费用支出负担。

从全国层面来看,空气污染对公共卫生支出的影响具有区域异质性,二氧化硫排放对南方地区公共卫生支出的增长起抑制作用,对北方地区则起促进作用[②]。从居民个人层面展开分析,徐冬林(2010)[③]认为,从短期来看,环境质量负向影响居民医疗费用支出,而从长期来看,环境质量正向影响居民医疗费用支出。从长期来看,相较于空气质量较好的地区,空气质量较差的地区的居民健康状况较差,患慢性疾病概率更大,并且空气污染与居民就医概率和医疗费用支出情况显著相关,空气污染程度越高,就医概率与医疗费用支出越人[④],每年由于二氧化硫排放产生的医疗费用支出超过 3 000 亿元[⑤],医疗支出增加与 PM2.5 排放呈现高度相关性[⑥]。此外,空气污染对不同人群医疗费用支出影响具有异质性,对城市居民、女性居民以及高学历居民影响程度更大[⑦]。方黎明等(2019)[⑧]研究发现,饮用水污染也会增加居民的医疗费用支出,并且对社会经济地位较低的居民影响更显著。李毅(2018)[⑨]研究认为,比起水污染,空气污染对居民医疗支出影响更大。此外,这种影响还具有区域异质性,环境污染对

---

① Grossman M. On the Concept of Health Capital and the Demand for Health. 1972,80(2): 223-255.

② 王逸青、蔡一润、卢蕊:《空气污染对我国公共卫生支出的影响研究》,《中国卫生经济》2019 第 8 期,51—55 页。

③ 徐冬林、陈永伟:《环境质量对中国城镇居民健康支出的影响》,《中国人口·资源与环境》2010 年第 4 期,159—164 页。

④ 关楠、黄新飞、李腾:《空气质量与医疗费用支出——基于中国中老年人的微观证据》,《经济学(季刊)》2021 年第 3 期,775—796 页。

⑤ 陈硕、陈婷:《空气质量与公共健康:以火电厂二氧化硫排放为例》,《经济研究》2014 年第 8 期,158—169+183 页。

⑥ Yang J, Zhang B. Air pollution and healthcare expenditure: Implication for the benefit of air pollution control in China. Environment International, 2018, 120: 443-455.

⑦ 赵强、孙健:《空气污染对我国居民健康支出的影响研究》,《经济经纬》2021 年第 3 期,151—160 页。

⑧ 方黎明、郭静、彭宅文:《环境污染的代价——饮用水污染对居民医疗费用和医保基金支出的影响》,《财经研究》2019 年第 12 期,46—58 页。

⑨ 李毅:《人口结构、环境污染与居民医疗保健需求——基于静态面板数据模型的实证研究》,《湖南理工学院学报(自然科学版)》2018 年第 4 期,55—59 页。

东部地区影响程度更显著①。

　　根据健康需求理论，环境污染对居民健康状况产生负面影响，居民健康水平下降，为满足对健康的需求，居民可能需要医疗保健等服务，从而提高医疗保健支出，增加医疗负担②。

二、就业

　　环境污染日益严重，严重影响了居民日常生活和经济发展。以"污染、资源换经济增长"的发展模式与中国追求的可持续发展观相悖。基于人口增长应与资源、环境共荣共生同向而行原则，政府实施了环境规制政策，以促进产业结构合理化和高级化发展，以期解决中国经济下行和劳动就业压力等问题。

　　基于"污染避难所"假说和波特假说视角，从理论机制分析就业调整，包括负向规模效应和模糊替代效应，即总体而言，环境规制对就业的影响是复杂和模糊的。关于环境规制与就业二者关系的探讨，学者们的研究结果不尽相同，但大多数的研究结果显示环境规制与就业之间并非简单的线性关系。

　　目前，更多研究发现环境规制与就业总量之间呈"U"形关系，即环境规制达到一定程度后（存在门槛效应），可以实现环境改善与稳定就业的双赢。王勇等（2013）③通过构建行业面板数据，在 Morgenstern 理论分析模型上，引入行业污染程度、劳动力成本份额等行业特征参数，实证研究表明，当环境规制强度增加，呈现出先抑制后促进工业行业的影响效应，且中国现阶段还处于门槛值的左侧，较为薄弱的环境监管只带来生产成本的增加，使得企业更容易通过解聘员工来达到降低成本的目的④。陈超等人（2014）⑤将环境规制作为一种生产要素纳入柯布-道格拉斯生产

① 张鹏飞：《环境污染对医疗保险支出的影响及其机制研究》，《现代经济探讨》2019 年第 10 期，28—37 页。
② 徐冬林、陈永伟：《环境质量对中国城镇居民健康支出的影响》，《中国人口·资源与环境》2010 年第 4 期，159—16 页。
③ 王勇、施美程、李建民：《环境规制对就业的影响——基于中国工业行业面板数据的分析》，《中国人口科学》2013 年第 3 期，54—64＋127 页。
④ Walker W R. Environmental Regulation and Labor Reallocation: Evidence from the Clean Air Act. American Economic Review，2011，101(3): 442 - 447.
⑤ 陈超、何凯、尹晓波：《环境规制对我国区域就业影响的实证研究》，《人口与社会》2014 年第 3 期，9—14＋75 页。

函数中,运用分位数回归模型对 2003—2011 年中国 30 个省级行政的面板数据进行回归,结果显示环境规制对总就业有显著促进作用,加入环境规制二次项后,环境规制与就业的关系呈现出先抑制后增加的趋势;同时也注意到,环境规制对就业水平的影响与区域经济发展程度相关,对经济发展水平较低的区域有更高的就业增加趋势和更低的退出趋势。除此之外,还有很多学者亦验证了环境规制与劳动人口就业之间存在门槛效应[1][2],证实了环境规制政策在一定条件下能够同时实现更好的环境质量和更高的就业水平。

环境规制对居民就业影响还存在一定异质性。穆怀中等(2016)[3]基于人力资本水平和劳动力市场分割程度的差异性,研究了环境规制对农民工就业的异质性,结果发现环境规制对农民工群体的就业呈现“两极化”现象:企业吸纳高技能和低技能的就业人口能力大大提升,对中级技能就业劳动力需求显著降低。进一步研究发现,相较于城镇本地劳动力,农民工因较低的人力资本水平和处于二级劳动力市场,环境规制对其就业负面冲击的影响更甚[4]。李珊珊等(2015)[5]根据环境库兹涅茨曲线理论分析,环境规制的就业效应与区域经济发展水平有关,区域经济发展程度又与当地人口受教育程度以及劳动力收入水平密切相关,所以学者基于劳动力收入水平、受教育程度视角考察环境规制对居民就业效应的差异性,结果显示环境规制能够增加低收入地区和低教育水平地区居民的就业机会,对中、高等教育程度地区以及高收入地区的就业效应呈先抑制后促进态势。

三、收入分配

随着中国环境规制强度的不断增加,环境污染得到了一定控制,但是

---

[1] 闫文娟、郭树龙、史亚东:《环境规制、产业结构升级与就业效应:线性还是非线性?》,《经济科学》2012 年第 6 期,23—32 页。

[2] 崔立志、常继发:《环境规制对就业影响的门槛效应》,《软科学》2018 年第 8 期,20—23＋48 页。

[3] 穆怀中、范洪敏:《环境规制对农民工就业的门槛效应研究》,《经济学动态》2016 年第 10 期,4—14 页。

[4] 范洪敏、穆怀中:《环境规制对城镇二元劳动力就业的影响——基于劳动力市场分割视角》,《经济理论与经济管理》2017 年第 2 期,34—47 页。

[5] 李珊珊:《环境规制对异质性劳动力就业的影响——基于省级动态面板数据的分析》,《中国人口·资源与环境》2015 年第 8 期,135—143 页。

导致了环境不公平现象,对居民的收入不平等产生了一定负面影响[1]。国家统计局数据显示,近年来中国基尼系数均高于国际警戒线,表明中国各地区之间发展仍未实现平衡,居民收入差距较大。

现有关于环境与收入差距之间关系的文献,主要分为两大部分:一类是研究收入差距如何影响环境污染,不同学者的研究结论不同。吕力等(2005)[2]认为,收入差距扩大并不会加剧环境污染程度,甚至可能起到正向作用,促进环境质量的提高;钟茂初等(2013)[3]研究认为,收入差距扩大会加剧中国环境污染程度;占华(2018)[4]则认为,收入差距与环境污染之间的关系呈倒"N"形。另一类是研究环境污染如何影响收入差距。秦明等(2019)[5]认为,环境规制对收入分配的影响可以从技能溢价、企业规模和行业性质三个方面进行理论分析,环境规制对不同技能工人、不同规模企业以及不同类型行业的收入分配影响都存在异质性。何兴邦(2019)[6]认为,对不同类型的环境规制展开研究发现,命令控制型环境规制对居民收入不平等存在门槛效应,并且对东部地区影响最大,中部次之,西部最小。洪铮等(2020)[7]研究发现,环境规制与收入不平等呈"N"形关系,并认为环境规制造成收入不平等的原因在于"污染避难理论假说",通过转移污染产业,加重了被转入地区的污染程度,损害了低收入群体的健康,进而扩大收入差距。盛鹏飞(2017)[8]针对城乡居民展开进一步研究发现,环境污染产生的客观损害对不同居民是相同的,由于城乡居民在健康投资方面存在差异,所以会扩大城乡居民相对收入差距。并且环境污染还具有恶性累积的负外部效应,因此城乡居民的收入差距会不

---

① 范庆泉:《环境规制、收入分配失衡与政府补偿机制》,《经济研究》2018 年第 5 期,14—27 页。
② 吕力、高鸿鹰:《我国地区收入差距的环境效应分析》,《中国软科学》2005 年第 4 期,105—111 页。
③ 钟茂初、赵志勇:《城乡收入差距扩大会加剧环境破坏吗?——基于中国省级面板数据的实证分析》,《经济经纬》2013 年第 3 期,125—128 页。
④ 占华:《收入差距对环境污染的影响研究——兼对"EKC"假说的再检验》,《经济评论》2018 年第 6 期,100—112+166 页。
⑤ 秦明、齐晔:《环境规制的收入分配效应研究》,《经济与管理研究》2019 年第 11 期,70—81 页。
⑥ 何兴邦:《环境规制与城镇居民收入不平等——基于异质型规制工具的视角》,《财经论丛》2019 年第 6 期,104—112 页。
⑦ 洪铮、罗雄飞:《环境规制、产业结构对收入不平等的影响研究》,《生态经济》2020 年第 12 期,147—153 页。
⑧ 盛鹏飞:《环境污染与城乡收入差距:作用机制与基于中国经济事实的检验》,《中国人口·资源与环境》2017 年第 10 期,56—63 页。

断加剧①。此外，祁毓等（2015）②提出"环境健康贫困"陷阱，认为环境污染具有"亲贫性"，导致收入不平等性持续发生，即拥有充足资本的群体会经历增长和环境治理的持续改善，而初始条件不利的群体则会陷入"低资本和低收入—低环境质量"的循环中。

在经济增长与环境保护的双重压力下，如何实现在不损害经济或尽量降低产出损失的前提下减少环境污染、提高居民生活质量水平已成为当前我国转变经济增长方式、实现经济转型过程中亟待解决的重大问题之一。但现有学者的研究中，多是基于健康、就业等细分视角考量环境规制对居民的影响，很少有学者基于环境规制对居民生活质量的整体影响进行研究。因此，本书在第 4 章从居民生活质量的整体性视角探讨环境规制究竟怎样影响着居民生活质量。

第五节　本章小结

通过对现有文献的分析和总结，发现国内外学者对环境规制如何影响企业经济绩效、生态质量绩效、居民生活质量已经进行了一定的研究。对企业经济绩效的影响方面，目前主要有三种观点："遵循成本假说""波特假说"和"不确定性假说"，分别认为环境规制对企业经济绩效存在抑制作用、促进作用或不确定性影响；对生态质量绩效的影响也存在"遵循成本说""创新补偿说"和"不确定说"三类结论，对环境规制如何作用于生态质量绩效尚未形成统一的意见；在环境规制对居民生活质量影响方面，现有研究主要聚焦于研究环境规制对居民的健康状况、医疗支出、就业、收入等方面的影响。

通过整理现有研究，发现目前研究已经对环境规制如何影响企业经济绩效、生态质量绩效、居民生活质量做出了较为详细的探讨。基于对现有研究的梳理与思考，发现现有研究存在以下几点不足：

---

① 朱金鹤、张瑶：《环境污染对城乡收入差距的影响效应分析——理论与实证研究》，《工业技术经济》2019 年第 6 期，114—121 页。
② 祁毓、卢洪友：《污染、健康与不平等——跨越"环境健康贫困"陷阱》，《管理世界》2015 年第 9 期，32—51 页。

　　第一,现有研究大多数关注的是环境规制对技术创新或经济发展某一方面的企业经济绩效影响,或单一环境规制产生的影响,少有研究不同类型环境规制对企业经济绩效综合层次的影响并对此进行评估与对比。因此,本书将综合多个理论研究视角,通过实证检验环境规制对企业的盈利能力、盈利质量以及生产效率等指标的影响,检验环境规制工具强度、企业规模和经济发展水平等异质性特征,以此来缓解规制政策的内生性问题,为综合评估环境规制对企业经济绩效的影响提供保障。

　　第二,目前国内对于环境投入与产出的内涵定义不同,研究结论也不同,且学者关于环境规制对碳排放绩效与生态效率的关系研究较为成熟,而对生态质量绩效的实证研究相对有限。因此,本书在第 6 章通过构建三部门生产模型理论分析环境规制对生态质量绩效的影响,从命令控制型、市场激励型和自愿参与型三类环境规制分析其对生态质量绩效水平的影响。

　　第三,现有学者多是基于健康、就业等细分视角考察环境规制对居民的影响,较少有学者研究其对居民生活质量产生的整体影响。因此本书在第五章将收入、交通、就业、环境等多方面因素纳入经济高质量发展指标体系以综合反映居民生活质量,从居民生活质量的整体性视角探讨环境规制如何对居民生活质量产生影响。

第 4 章

环境规制影响经济
低碳转型的机理

环境生产要素理论认为,自然环境作为经济活动的空间载体,实际上与劳动、资本等投入要素有相似之处也有不同之处。相似之处是自然环境也是一种生产要素;不同之处指环境投入的收益具有两个典型的特征是劳动、资本的收益不具有的:① 环境投入的收益没有明确的分配形态;② 环境投入的收益没有明确的归属性,环境消耗带来的经济收益在居民、企业、政府之间进行分配,环境污染则是由于环境这种生产要素被过度使用造成的[①]。在出台的一系列应对环境污染问题的政策法规中,环境规制被认为是目前应对环境问题最有力的工具,它是指以保护环境为目的而制定实施的一系列政策与措施的组合[②]。环境规制最直接的收益是带来清洁的空气、水、土地等,然后清洁的环境又可以被投入经济活动中,因此环境规制的收益也是被居民、企业、政府以工资、利润和税收的形式瓜分了,这也是经济高质量发展的组成部分。

第一节　环境规制对企业低碳转型的作用路径

我国经历了从高速增长阶段到高质量发展阶段的转变。新中国成立初期,国内各产业百废待兴,经济发展作为一个国家实力的重要体现之

---

① 杨继生、徐娟:《环境收益分配的不公平性及其转移机制》,《经济研究》2016 年第 1 期,155—167 页。

② 郭姝:《环境质量、环境规制对主观幸福感的影响研究》,徐州:中国矿业大学,2020。

一,其重要性不言而喻。前期为了快速推动经济发展,国家集中精力进行经济建设,进入高速增长阶段。到 2010 年,我国的 GDP 总量超过了日本,仅次于美国,位居世界第二,并且一直保持到 2020 年。但是,以牺牲环境换来的经济发展,使人民生活水平提高的同时,也带来了环境的污染,为此国家提出了高质量发展。为了加强环境管理,中央出台了一系列环境规制政策,目的在于降低环境污染、增进社会经济高质量发展。企业作为社会经济财富的创造者以及自然资源的索取者[①],环境规制政策给其带来的影响,我们也将从环境规制能否帮助企业提高经济绩效和能否推动企业改进环境绩效两方面来进行衡量[②]。

在经济绩效方面,环境规制带来的社会经济高质量发展体现在实现长期可持续经济增长。具体在企业层面,环境规制给企业带来的影响,已有研究在数理模型推导方面,以企业的目标是利润最大化为出发点,推算出环保政策实施前后不同规模企业的最优产量和最优价格,并进行对比分析,从而测算了不同规模企业在环境规制实施期间所受到的长短期影响[③];龙小宁和万威(2017)[④]分析了清洁生产标准的实施对企业利润率的影响,以此来验证清洁生产标准的实施是否可以实现提高环境质量和带来企业经济效益增加的"双赢",因此本书以企业利润率增长作为企业经济绩效在经济发展方面的体现。

在环境绩效方面,环境规制所带来的经济高质量发展,则主要指其所带来的环境改善。随着创新、协调、绿色、开放、共享发展理念的提出,现代经济增长理论逐渐向绿色方面聚焦,环境经济领域的核心议题是对企业发展与战略决策影响深刻的环境规制对企业绿色技术创新的重要性。绿色技术是指以减少环境污染、减少原材料使用和减少能源使用为目的而采用

① 李维安、郝臣、崔光耀、郑敏娜、孟乾坤:《公司治理研究 40 年:脉络与展望》,《外国经济与管理》2019 年第 12 期,161—185 页。
② 于亚卓、张惠琳、张平淡:《非对称性环境规制的标尺现象及其机制研究》,《管理世界》2021 年第 9 期,134—147 页。
③ 刘智超、吴舜泽、杨姝影、黄德生:《环境管理对企业长短期发展的影响研究》,《技术经济与管理研究》2019 年第 8 期,106—111 页。
④ 龙小宁、万威:《环境规制、企业利润率与合规成本规模异质性》,《中国工业经济》2017 年第 6 期,155—174 页。

的技术、工艺或产品的总称[①]。而绿色技术创新的概念有广义和狭义之分,广义方面指那些能够带来资源节约和环境保护的技术创新行为,狭义方面指企业为保护环境在生产和运营过程中所做技术、工艺和产品等方面的创新[②]。可见,绿色技术创新实现了技术创新和生态系统的融合,有利于节约资源和保护环境,不仅为企业带来了经济效益,还带来了环境效益[③]。关于环境规制能否推动企业绿色技术创新,带来环境效益,已有相关学者研究发现,低碳城市项目、排污收费政策、环保目标责任制的实施可以在一定程度上促使企业进行绿色技术创新[④][⑤][⑥];进一步将企业划分为大、中、小型后研究发现,环境税费使得成本上升会倒逼大中型企业进行绿色技术创新。上述学者通过研究环境规制政策对企业绿色技术的影响,来说明环境规制在环境绩效方面给企业带来的经济高质量发展。综上所述,本研究以企业的绿色技术创新作为企业经济绩效在生态价值方面的体现。

基于以上分析以及文献梳理,猜测环境规制主要通过以下路径,影响企业经济绩效:

一是环境规制政策通过增加企业的利润,进而增加企业经济绩效。

二是环境规制政策通过推动企业绿色技术创新而提升企业的生产率和竞争力,从而增加企业经济绩效。

一、环境规制对企业利润率的影响

理论上,环境规制提高了企业平均成本和加总合规成本,即遵从成本效应,降低了企业的利润率[⑦][⑧]。进一步研究发现,环境规制对企业利润

① 齐绍洲、林屾、崔静波:《环境权益交易市场能否诱发绿色创新?——基于我国上市公司绿色专利数据的证据》,《经济研究》2018 年第 12 期,129—143 页。
② 汪明月、李颖明、王子彤:《异质性视角的环境规制对企业绿色技术创新的影响——基于工业企业的证据》,《经济问题探索》2022 年第 2 期,67—81 页。
③ 张江雪、张力小、李丁:《绿色技术创新:制度障碍与政策体系》,《中国行政管理》2018 年第 2 期,153—155 页。
④ 徐佳、崔静波:《低碳城市和企业绿色技术创新》,《中国工业经济》2020 年第 12 期,178—196 页。
⑤ 李青原、肖泽华:《异质性环境规制工具与企业绿色创新激励——来自上市企业绿色专利的证据》,《经济研究》2020 年第 9 期,192—208 页。
⑥ 陶锋、赵锦瑜、周浩:《环境规制实现了绿色技术创新的"增量提质"吗——来自环保目标责任制的证据》,《中国工业经济》2021 年第 2 期,136—154 页。
⑦ Gray W B. The cost of regulation: OSHA, EPA and the productivity slowdown. American Economic Review, 1987, 77(77): 998-1006.
⑧ 张三峰、卜茂亮:《环境规制、环保投入与中国企业生产率——基于中国企业问卷数据的实证研究》,《南开经济研究》2011 年第 2 期,129—146 页。

率的影响存在企业规模异质性[①]，即环境规制给企业带来的合规成本，会因为企业规模的不同而具有差异，而合规成本与企业的利润率相关联，进而环境规制也就会对企业的利润率产生不同的影响。因此，我们认为可以用"合规成本的异质性"，来解释环境规制作用于企业利润率时的机理。因此，现借鉴龙小宁和万威（2017）[③]的研究方法，通过构建一个古诺模型，从企业规模不同导致合规成本差异来分析环境规制对企业利润率的影响。

具体模型如下：

假设 A 和 B 两个企业共有 n 个规模相同的车间，其中 A 企业有 m_1 个车间，B 企业有 m_2 个车间（$m_1 > m_2$ 且 $m_1 + m_2 = n$），即 A 企业的生产规模大于 B 企业；n 个车间生产的产品相同，产品价格相同，各个车间的平均生产成本也相同，其中产品价格用 P 表示，平均生产成本用 AC 表示；选取一个代表性车间为车间 i，车间 i 的市场需求量为 Q_i；其中 $P = a - b \sum_i Q_i (AC < a, b > 0)$。用字母 PM（Profit Margin）表示利润率。

1. 实施环境规制前

由于 n 个车间生产的产品价格相同，各个车间的平均生产成本也相同，所以企业的利润率等于企业各个车间的利润率。在实施环境规制前，把选取的具有代表性质的车间作为车间 i，车间 i 实现利润最大化时，式子可以表示为：

$$\max \pi_i = (P - AC)Q_i \tag{4.1}$$

$$\text{s.t.} \quad P = a - b \sum_i Q_i \tag{4.2}$$

将约束条件式（4.2）代入利润最大化的式（4.1），再求得一阶导得：

$$a - b \sum_i Q_i - bQ_i - AC = 0 \tag{4.3}$$

则第 K 个车间的一阶条件为：

$$a - b \sum_{i \neq K} Q_i - 2bQ_K - AC = 0 \tag{4.4}$$

---

① 龙小宁、万威：《环境规制、企业利润率与合规成本规模异质性》，《中国工业经济》2017 年第 6 期，155—174 页。

由于对称性的存在,在均衡状态下,各个车间的市场需求量是相一致的,即 $Q_1 = Q_2 = Q_3 = \cdots = Q_K = Q_n$,化简求得:

$$Q_1 = Q_2 = \cdots = Q_n = \frac{a - AC}{(n+1)b} \tag{4.5}$$

将上式代入下面约束条件中:

$$s.t. \quad P = a - b \sum_i Q_i \tag{4.6}$$

得到市场均衡价格:

$$P = \frac{a + nAC}{n+1} \tag{4.7}$$

因此,在实施环境规制前,第 K 个车间以及企业的均衡利润率为:

$$PM_K = \frac{(P - AC)Q_K}{PQ_K} = \frac{a - AC}{a + nAC} = 1 - \frac{(n+1)AC}{a + nAC} \tag{4.8}$$

综上所述,首先列出代表性车间 i 利润最大化的式子,然后根据相关信息求出每个车间在均衡状态时的市场需求量 Q_1、Q_2、Q_3、$\cdots$、Q_n 和市场均衡价格 P,最后用式子表示实施环境规制前第 K 个车间以及企业的均衡利润率 PM_K。

2. 实施环境规制后

实施环境规制后,企业为了达到相关环境规制政策的要求,必须为此支付一定的费用,在此借鉴龙小宁和万威(2017)[①],称之为“合规成本”,用字母 CC(Compliance Costs)表示。那么,代表性企业 A 的总合规成本用 TCC(A)表示,平均合规成本用 ACC(A)表示,且 $ACC(A) = TCC(A)/Q(A)$。一般来说,平均合规成本 $ACC(A) = TCC(A)/Q(A)$ 会随着企业车间数量的增多而逐渐变小,即 $ACC(A) < ACC(B)$。企业为了达到环境规制政策所要求的标准需要付出一定的代价即成本,而其中一部分成本可以由多个车间进行分担,只需要支付一次便可以在各个车间实现共享,使得平均合规成本下降。

---

① 龙小宁、万威:《环境规制、企业利润率与合规成本规模异质性》,《中国工业经济》2017 年第 6 期,155—174 页。

同理可得，代表性车间 i 的平均合规成本为：

$$ACC(A) = \frac{TCC(A)}{Q(A)} \tag{4.9}$$

进一步得出代表性车间 i 利润最大化的式子为：

$$\max \pi_i = (P - AC - ACC_i)Q_i \tag{4.10}$$

$$\text{s.t.} \quad P = a - b\sum_i Q_i \tag{4.11}$$

将约束条件式(4.11)代入利润最大化的式(4.10)，再求得一阶导得：

$$a - b\sum_i Q_i - bQ_i - AC - ACC_i = 0 \tag{4.12}$$

则第 K 个车间的一阶条件为：

$$a - b\sum_{i \neq K} Q_i - bQ_K - AC - ACC_K = bQ_K \tag{4.13}$$

那么 n 个车间的一阶导求和，可以得到：

$$\sum_i Q_i = \frac{n(a - AC) - \sum_i ACC_i}{b(n+1)} \tag{4.14}$$

将约束条件式(4.11)代入上式可以得到均衡价格为：

$$P_{均} = \frac{a + nAC + \sum_i ACC_i}{n+1} \tag{4.15}$$

因此，在实施环境规制后，第 K 个车间的均衡利润率为：

$$PM_{存K} = \frac{(P_{均} - AC - ACC_K)Q_K}{P_{均}Q_K} = 1 - \frac{(n+1)(AC + ACC_K)}{a + nAC + \sum_i ACC_i} \tag{4.16}$$

综上所述，在实施环境规制后，与实施环境规制前相比，成本在原来的基础上增加了平均合规成本 ACC，具体计算利润率的方法不变。首先列出代表性车间 i 利润最大化的式子，然后根据相关信息求出 n 个车间在均衡状态时总的市场需求量 $\sum_i Q_i$，之后进一步计算出市场均衡价格 $P_{均}$，最后根据所得的结果用式子表示第 K 个车间的均衡利润率 $PM_{存K}$。

3. 合规成本异质性的存在对企业利润率的影响

在实施环境规制后,企业成本在原来的基础上增加了一项合规成本,该项成本也必须由企业的各个车间进行分摊,因此,所有车间的利润率还是与车间所属企业的利润率相一致。因此,比较企业之间的利润率,可以通过比较车间 K 的利润率来进行。

(1) 在合规成本同质的情况下,每个车间的平均合规成本相同,均为 ACC,此时实施环境规制后的均衡利润率 $PM_{存K}$ 严格小于实施环境规制前的均衡利润率 PM_K。

(2) 在合规成本存在异质性的情况下,令 $PM_{存K} > PM_K$,可以得出:

$$\frac{(n+1)(AC+ACC_K)}{a+nAC+\sum_i ACC_i} < \frac{(n+1)AC}{a+nAC} \tag{4.17}$$

化简可以得到:

$$ACC_K < \frac{AC\sum_{i \neq K}ACC_i}{a+(n-1)AC} \tag{4.18}$$

综上所述可得,由于不同规模企业合规成本不同,判断环境规制对企业利润率的影响时需要考虑企业的规模。倘若环境规制对企业利润率产生正向影响,则需要满足的条件为:车间 K 的合规成本 ACC_K 较小或者说车间所在企业的规模较大;反之,环境规制将降低企业的利润率。

二、环境规制对企业绿色技术创新的影响

创新补偿说认为,环境规制政策会给予实施绿色技术革新的企业适当补贴或奖励,这便可以诱导企业进行绿色技术创新。为了验证这一假说,本阶段借鉴贺淑敏(2021)[1]的研究方法,分三部分进行说明。第一部分阐述环境规制可从多个方面作用于企业绿色技术创新,产生多样的影响;第二部分分析解释该假说的影响机理,说明环境规制可以通过刺激企业增加研发投入从而促进企业实施绿色技术创新;第三部分研究在政府补贴的调节作用下环境规制对企业实施绿色技术创新产生的影响。

(一) 环境规制对企业绿色技术创新存在的影响

现有关于环境规制对企业绿色技术创新的影响的研究较为丰富,

---

[1] 贺淑敏:《环境规制对企业绿色技术创新的影响研究》,江西财经大学,2021。

较多围绕"波特假说"(Porter Hypothesis)采用不同方法从不同角度进行验证。"波特假说"认为,虽然环境规制政策会给企业带来内部化的环境成本,但是如果企业进行创新并由此带来一定的收益就能对此成本进行一定的补偿,进而让企业的创新活动持续进行,即环境规制可以通过鼓励企业创新活动从而提升企业竞争力[1],增加企业经济绩效。

　　全球绿色竞争的核心是绿色技术创新。关于环境规制政策能否在一定程度上诱发企业进行绿色技术创新,不少学者已从不同角度采用不同的研究方法进行了验证。齐绍洲等(2018)[2]和 Cui et al.(2018)[3]采用三重差分法,分别以排污权和碳排放权交易试点政策为切入点,评估政策的实施能否引起创新效应,研究发现排污权交易试点政策的实施可以促进企业进行绿色技术创新,特别是在高污染行业,碳排放权交易试点政策的实施可以促进企业的低碳技术创新;韩超和桑瑞聪(2018)[4]采用双重差分法研究环境政策对企业产品组合行为和产品质量产生的影响,研究结果表明,企业的资源投入力度会偏向于生产较为清洁的产品。关于国家在城市层面提出的低碳试点城市对企业绿色技术创新的影响,徐佳和崔静波(2020)[5]运用上市公司绿色专利申请数据采用双重差分法发现低碳城市试点政策尤其能够增加能源节约和替代能源生产两项专利的申请数量,带来企业整体层面上的绿色技术创新;张志新等(2022)[6]也得出了一致的结论,并且进一步考察了低碳城市试点的实施对企业绿色技术创新质量的影响,发现对质量有一定的抑制作用。总而言之,环境规制政策的实施在一定程度上对企业的绿色技术创新活动起到了积极的推动作用,

① Michael E Porter. Towards a Dynamic Theory of Strategy. Strategic Management Journal, 1991, 12: 95-117.
② 齐绍洲、林屾、崔静波:《环境权益交易市场能否诱发绿色创新?——基于我国上市公司绿色专利数据的证据》,《经济研究》2018 年第 12 期,129—143 页。
③ Cui J B, Zhang J J, Zheng Y. Carbon Pricing Induces Innovation. AEA Papers and Proceedings, 2018, 108: 453-457.
④ 韩超、桑瑞聪:《环境规制约束下的企业产品转换与产品质量提升》,《中国工业经济》2018 年第 2 期,43—62 页。
⑤ 徐佳、崔静波:《低碳城市和企业绿色技术创新》,《中国工业经济》2020 年第 12 期,178—196 页。
⑥ 张志新、孙振亚、路航:《低碳城市试点实现企业绿色技术创新的"增量提质"了吗?》,《云南财经大学学报》2022 年第 4 期,85—98 页。

并且可以通过多种途径作用在上面。接下来进一步分析环境规制实施背景下企业进行绿色技术创新的动机。

1. 环境规制下企业进行绿色技术创新的动机分析

企业或公司在从事生产经营活动追求经济利益的同时,也要主动承担起保护自然、保护生态环境的责任,其中企业的绿色技术创新就是保护自然的一种方式。环境规制的实施对企业来说,既是机遇也是挑战。基于亚当·斯密的"经济人"理论,认为企业经营的目的在于通过各种方式实现其利润最大化。因此,在利润最大化的驱使下,企业会根据自身情况决定是否进行绿色技术创新。

例如,齐绍洲等(2018)[1]认为排污权交易试点政策实施的目的就在于通过排污权市场价格的变动,使得污染企业的成本增加,收益减少。这样一来,随着成本的逐渐升高和收益的逐渐减小,企业不得不做出相应的调整来应对,当企业的边际收益接近企业的边际成本时,企业就可以考虑停产、搬迁或者进行绿色技术创新。如果企业停产,以前产生的建立厂房的投入、机器设备的投入、维护客户的投入等都将变成沉没成本,造成的损失不可估量;如果搬迁,新厂房的建立、机器设备的搬迁等都将产生一笔新的支出,而且搬迁的新地址也可能会在不久的将来面临同样的问题。当停产和搬迁成本较高且不能实质性地解决企业所面临的问题时,企业就会选择投入费用进行绿色技术创新[2]。进一步细分,从企业所有制类型来看,非国有企业对市场价格的反应更为敏感,更加追求企业利润最大化,更有可能在环境规制政策下迅速进行企业绿色技术创新;而国有企业更多是服务社会,发展更加稳定,因此环境规制政策对它的影响可能会有一定的滞后,不如非国有企业表现得更积极。从行业类型来看,停产以及搬迁成本更高的企业,会更加积极采取相应的措施,来实现企业的绿色技术创新。

可见,在面临环境规制时,企业存在进行绿色技术创新的动机,且已有研究表明,是否进行该创新活动存在行业和企业异质性。

---

[1] 齐绍洲、林屾、崔静波:《环境权益交易市场能否诱发绿色创新?——基于我国上市公司绿色专利数据的证据》,《经济研究》2018 年第 12 期,129—143 页。

[2] 沈坤荣、金刚、方娴:《环境规制引起了污染就近转移吗?》,《经济研究》2017 年第 5 期,44—59 页。

2. 不同类型环境规制政策下企业绿色技术创新的动机分析

参考梁劲锐（2019）[1]，环境规制政策根据其作用强度从大到小可以分为命令控制型环境规制、市场激励型环境规制和自愿参与型环境规制三种不同的类型。其中，对命令控制型环境规制政策的理解关键在于"命令"两个字上，在我国，能够对企业进行"命令"的是政府，具体指政府通过制定较为严格的减排目标、各种环境保护标准以限定企业进行污染排放，对污染排放量超过规定的企业予以惩罚，这样会通过淘汰落后产能来倒逼企业进行绿色技术创新；对市场激励型环境规制政策的理解关键在于"市场"两个字上，市场通常被比喻为"看不见的手"，主要是指通过更加灵活的手段来进行规制，如可以通过补贴、税费、碳交易等经济激励手段，诱导并激励企业进行绿色技术创新，对实施技术革新的企业予以绿色补贴；而自愿参与型环境规制政策更多在于传播环保思想，唤醒各主体减碳意识，让企业逐渐建立起环保意识，同时兼顾社会效益和经济效益而自发地进行创新改革，这种环境规制主要依靠企业自觉，作用强度最低。对比三种类型环境规制政策，其中最为严格的是命令控制型，但多运用惩罚措施，缺少对企业进行绿色技术创新的激励；与命令控制型工具相比，市场激励型工具更加注重赏罚分明，可能更容易诱发企业做出绿色创新的决策[2]。因此，近年来国家倡导市场激励型环境规制政策。

综上所述，不同类型环境规制政策对企业绿色技术创新的影响存在异质性。

（二）环境规制可以通过增加企业研发投入从而促进企业进行绿色技术创新

在研究环境规制对企业绿色技术创新的影响机制中，余伟等（2017）[3]研究环境规制、技术创新与经营绩效三者之间的关系，采用了2003—2010 年工业行业的面板数据，在探究环境规制对工业企业技术创新的影响中表明随着环境规制的持续强化，工业企业将会通过增加企业

---

① 梁劲锐：《中国环境规制对技术创新的影响研究》，西北大学，2019 年。

② 王芝炜、孙慧：《市场型环境规制对企业绿色技术创新的影响及影响机制》，《科技管理研究》2022 年第 8 期，208—215 页。

③ 余伟、陈强、陈华：《环境规制、技术创新与经营绩效——基于 37 个工业行业的实证分析》，《科研管理》2017 年第 2 期，18—25 页。

在污染治理和清洁生产方面的研发投入,实现技术创新,从而达到减污的目标。贺淑敏(2021)[1]在探究环境规制对企业绿色技术创新的影响机理部分,通过理论与实证相结合的方法,证明了将企业研发投入作为中介变量后,其在环境规制对企业绿色技术创新的推动影响过程中起到了部分中介作用。

企业的研发投入除来源于企业自身投资以外,也可以进行对外融资。但是,由于创新活动研制出的产品在市场上是否受欢迎是个未知数,未来能否获益存在一定的不确定性,以及在创新过程中存在信息不对称等问题,企业在获取融资时,很容易受到约束[2],而没有资金的支持会很容易导致创新活动无法持续。绿色技术创新相较于传统的技术创新在前期需要更多的资金投入,获利周期也比较长,投入大量资金最后能不能取得一定的成果也难以预料,风险性较大,而且企业在绿色技术创新过程中需要投入更多资本进行方向转变性革新[3][4],因而企业在进行绿色技术创新时可能更容易面临融资约束。为了缓解这一问题,国家出台了相应的金融支持政策。例如,在各个试点地区的低碳城市规划方案中均有各种绿色金融政策,为企业开展绿色技术创新提供经济方面的支持,具体包括对特定行业进行一定的补贴、设立专项资金用于低碳发展、为有意愿开展绿色创新活动的企业提供优惠利率贷款和进行一定的税收减免等。这些绿色金融政策可以通过发挥不同类型产业间的资金配置功能,引导资金更多流向绿色产业和环境友好型生产过程,逐步减少投资流向污染项目,从而使得企业的污染项目因资金不足而停止运转,绿色技术的创新项目则有机会获得更多的研发投入,大大加速绿色技术创新的进程。

综上所述,不论是企业增加其自身研发资金还是增加融资来加大研发资金投入,都证明环境规制可以通过增加企业研发资金投入从而正向促进企业绿色技术创新行为。

---

① 贺淑敏:《环境规制对企业绿色技术创新的影响研究》,江西财经大学,2021。

② 周开国、卢允之、杨海生:《融资约束、创新能力与企业协同创新》,《经济研究》2017 年第 7 期,94—108 页。

③ Johnstone N, Haščič I, Popp D. Renewable Energy Policies and Technological Innovation: Evidence Based on Patent Counts. Environmental and Resource Economics, 2010, 45(1): 133 - 155.

④ Huang Z H, Liao G K, Li Z H. Loaning scale and government subsidy for promoting green innovation. Technological Forecasting & Social Change, 2019, 144: 148 - 156.

（三）在政府补贴调节下环境规制对企业绿色技术创新的影响

企业绿色技术创新会受到市场失灵的影响,而其中政府补贴机制是弥补市场失灵的有效手段之一[①]。在政府补贴方面,多数学者认为政府研发资助能够调节环境规制与技术创新的关系。刘海英和郭文琪(2021)[②]研究了环境税与研发补贴政策组合绿色技术创新诱导效应。研究结果表明两相配合不仅能够激励企业进行研发投入,还能够更好地诱导企业绿色技术创新。本阶段借鉴刘海英和郭文琪(2021)[③]的模型设定,来说明研发投入随政府研发补贴的增加而增加,即政府补贴可以促进企业技术创新。

1. 模型设置

本阶段假定经济市场中有两个生产企业,分别为企业 1 和企业 2,两者为同质的生产企业;另外,企业 3 为专门提供绿色创新技术的企业。政府的作用在于实施环境规制政策,向生产企业收取环境税以及为创新企业提供创新补贴。

生产企业 1 和企业 2 的产量分别用 Q_1 和 Q_2 表示,边际成本用 C 表示,生产函数为 $P(Q)=a-Q_1-Q_2$,每一单位产量的污染排放用 W 表示。技术企业 3,其进行绿色技术研发的需要资金投入,用 Y 表示;如果生产企业 1 和生产企业 2 使用企业 3 的绿色技术需要支付一定的专利费用,用 r 表示;如果生产企业 1 和生产企业 2 使用绿色技术则可以使得每一单位产量的污染排放量减少 G 单位。由此,得出生产企业 1 和生产企业 2 的利润函数为:

$$\pi_i = P(Q)Q_i - CQ_i - t(W-G)Q_i - rQ_i \tag{4.19}$$

式中,$i=1,2$;$t(0<t<1)$ 指政府针对企业污染排放所收取的环境税的税率。

技术企业 3 的利润函数为:

---

① 汪明月、李颖明、王子彤:《异质性视角的环境规制对企业绿色技术创新的影响——基于工业企业的证据》,《经济问题探索》2022年第 2 期,67—81 页。

② 刘海英、郭文琪:《环境税与研发补贴政策组合的绿色技术创新诱导效应》,《科技管理研究》2021年第 1 期,194—202 页。

③ 同上引。

$$\pi_3 = r \sum Q_i - (1-k)Y \tag{4.20}$$

式中，$k(0 < k < 1)$ 指政府给予技术企业 3 的研发补贴的比率。

此时的社会总经济高质量发展可以表示为：

$$T = \sum \pi_i + \pi_3 + \frac{1}{2}(Q_1 + Q_2)^2 + \sum t(W-G)Q_i - kY - D(X) \tag{4.21}$$

其中包括三个企业的利润、消费者剩余、政府收支之和以及污染排放造成的环境破坏 $D(X)$ [X 代表总污染排放量，$D(X)$ 为环境损失函数]。由于环境损失随污染排放量的增加而加大，因此 $D' > 0$；同时环境的边际损失也随污染排放量的增加而加大，因此有 $D''(X) > 0$。X 可以表示为：

$$X = \sum WQ_i - \sum GQ_i \tag{4.22}$$

即没有技术创新的总的污染排放量减去由于技术创新减少的污染排放量。

模型设定方面，首先列出相关式子，然后根据相关信息用式子表示出社会总经济高质量发展。

2. 当企业 1 和企业 2 都不采用绿色创新技术的模型求解

当企业 1 和企业 2 都不采用绿色创新技术时，企业 1 和企业 2 的利润函数为：

$$\pi_i = (a - C - Q_i - Q_j)Q_i - tWQ_i \tag{4.23}$$

式中，$i \neq j$，i,j 取值为 1，2。

由于企业 1 和企业 2 为同质企业，所以 $Q_1 = Q_2$，对上式求一阶导得：

$$a - C - 2Q_i - Q_j - tW = 0 \tag{4.24}$$

整理得到：

$$Q_1 = Q_2 = \frac{a - C - tW}{3} \tag{4.25}$$

由于企业 1 和企业 2 没有向企业 3 购买绿色创新技术，所以企业 3

也不会进行技术创新活动,政府也无须对其进行创新补贴,于是企业 3 的利润为:

$$\pi_3 = 0 \tag{4.26}$$

此时,政府只能通过设定合适的环境税率 t,来减少企业污染对环境造成的损害,社会总经济高质量发展可以表示为:

$$T = (Q_1 + Q_2) \cdot (a - C - Q_1 - Q_2) + \frac{1}{2}(Q_1 + Q_2)^2 - D(W(Q_1 + Q_2)) \tag{4.27}$$

将式(4.9)代入上式得,并求解关于 t 的一阶导得:

$$\frac{\partial T}{\partial t} = -\frac{2W(a - C)}{9} - \frac{4tW^2}{9} + \frac{2W^2}{3}D'(X) = 0 \tag{4.28}$$

从而求得当前条件下最优的环境税为:

$$t_{优} = \frac{3}{2}D'(X) - \frac{a - C}{2W} \tag{4.29}$$

整理分析可以得到 $t_{优} < D'(X)$,即没有技术创新的情况下,在社会经济高质量发展最大化条件下,最优环境税率小于环境保护意义上的最优税率[即庇古税率,其中 $D'(X)$ 代表污染排放的边际环境损失]。

3. 当企业 1 采用绿色创新技术,企业 2 不采用绿色创新技术时的模型求解

假设企业 1 购买了企业 3 的绿色创新技术,企业 2 没有购买,此时企业 1 的利润函数为:

$$\pi_1 = (a - C - Q_1 - Q_2)Q_1 - t(W - G)Q_1 - rQ_1 \tag{4.30}$$

企业 2 的利润函数为:

$$\pi_2 = (a - C - Q_1 - Q_2)Q_2 - tWQ_2 \tag{4.31}$$

则企业 1 利润函数的一阶导数为:

$$\frac{\partial \pi_1}{\partial Q_1} = a - 2Q_1 - Q_2 - C - t(W - G) - r = 0 \tag{4.32}$$

企业 2 利润函数的一阶导数为：

$$\frac{\partial \pi_2}{\partial Q_2} = a - 2Q_1 - Q_2 - C - tW = 0 \qquad (4.33)$$

整理可得：

$$a - 2Q_1 - Q_2 = C + t(W - G) + r \qquad (4.34)$$

$$a - 2Q_2 - Q_1 = C + tW \qquad (4.35)$$

在企业 1 和企业 2 效用相同时，技术企业 3 达到利润最大化，即：

$$C + t(W - G) + r = C + tW \qquad (4.36)$$

整理可得：

$$r = tG \qquad (4.37)$$

将上式分别代入下面两式：

$$\frac{\partial \pi_1}{\partial Q_1} = a - 2Q_1 - Q_2 - C - t(W - G) - r = 0 \qquad (4.38)$$

$$\frac{\partial \pi_2}{\partial Q_2} = a - 2Q_1 - Q_2 - C - tW = 0 \qquad (4.39)$$

整理可得：

$$Q_1 = Q_2 = \frac{a - C - tW}{3} \qquad (4.40)$$

与企业 1 和企业 2 都没有采用绿色创新技术时相同。此时技术企业 3 由于企业 1 对其专利的购买产生了利润，其利润函数为：

$$\pi_3 = Q_1 r - (1 - k)Y = \frac{tG}{3}(a - C - tW) - (1 - k)Y \qquad (4.41)$$

企业 3 通过新技术的研发减少了污染的产生，因此单位污染的排放量 G 是研发投入 Y 的函数，可以表示为 $G(Y)$，且它的一阶导数和二阶导数都大于 0。由此求得企业 3 利润最大化的一阶导数为：

$$\frac{t}{3}G'(Y)(a - C - tW) = 1 - k \qquad (4.42)$$

上式左侧代表企业 3 的边际收益,右侧代表企业 3 的边际成本。由于 $G(Y)$ 的二阶导数大于 0,所以对上面的式子关于 k 求导,求得的结果为:

$$\frac{\mathrm{d}Y}{\mathrm{d}k} = -\frac{3}{G''(Y)(a - C - tW)t} > 0 \qquad (4.43)$$

由于 $dY/dk > 0$,意味着政府补贴的增加,企业便能获得一大笔运转资金,可以增加到绿色技术的研发投入当中,从而促进企业的绿色技术创新,为绿色技术创新提供驱动力,即政府补贴可以促进企业的绿色技术创新。

综上所述,环境规制对企业开展绿色技术创新有促进作用;当引入中介变量企业研发投入时,已有文献证明企业研发资金投入增多,可以提升研发动力,促进企业的绿色技术创新行为;在环境规制促进企业绿色技术创新过程中,政府的调节作用同样也不可忽视,政府的各种补贴政策有利于企业的绿色技术创新。

第二节　环境规制对生态质量的作用路径

随着生态形势的日益严峻,人们逐渐意识到自身的生态利益并没有得到保障。于是,人们普遍认为检验社会经济行为好坏的标准不应该是以单纯追求 GDP 的产出为导向,而且应该将关注点更多地放在如何在资源约束的大背景下,持续地提升人们的经济高质量发展水平。其中,生态质量绩效作为衡量社会的生态文明和健康发展的重要标准之一被越来越多的人所认可。生态质量绩效的概念由环境科学和经济高质量发展经济学衍生而来,也有学者将生态质量绩效称为生态福祉、环境经济高质量发展或绿色经济高质量发展等。这一概念由 Daly(1974)[1]首次提出。Daly 认为生态质量绩效是通过生态系统的转换,人类最终从生态系统中获得效用或者经济高质量发展,他认为通过计算每单位自然消耗所产生的社

---

[1] Daly H E. Steady-state economics versus growth mania: A critique of the orthodox conceptions of growth economics. Policy Sciences, 1974, 5(2): 149 - 167.

会经济高质量发展水平,可以有效地评价一个国家的可持续发展情况。有学者认为生态质量绩效体现了社会经济高质量发展与生态消耗的相对变化,是综合社会和生态因素的经济增长相对于生态健康程度的量化指标[1]。胡鞍刚(2014)[2]等强调实现绿色经济高质量发展需要注重经济系统、社会系统和自然系统的系统性、整体性和协调性,其概念包括安全性经济高质量发展、适宜性经济高质量发展和可持续性经济高质量发展。臧正(2018)[3]等对生态福祉的概念进行了界定,即人类从生态环境中获取经由生态系统通过初级生产和次级生产提供的与人类福祉直接相关的产品或服务。虽然目前对生态质量绩效的定义没有一个统一的标准,但是,综合以上学者对生态质量绩效的定义,可以认为生态质量绩效由经济高质量发展与生态两个维度构成,在能够为所有社会成员提供高质量物质生活的同时,还能提高资源利用效率和环境质量。它是包括生态环境保护和经济高质量增长的综合性概念。

环境规制作为政府保护生态环境,实现经济高质量发展的重要手段,会同时对环境质量和经济发展产生重要影响,许多学者的研究佐证了这一点。安孟(2021)[4]等使用熵值法计算我国各省的经济增长质量后发现,我国目前的环境规制政策能够促使我国经济增长质量得到很大的提升,实现环境效益和经济效益的双赢;李成宇(2019)[5]等采用非期望产出SBM模型,通过空间自相关方法和空间误差模型对2001—2015年中国省级经济高质量发展绩效测算及影响因素检验,发现环境规制是影响中国省际生态质量绩效的重要因素之一。具体到两者的作用机制而言,郭炳南(2021等)[6]利用空间杜宾模型分析环境规制对我国长江经济带的生

① 何林、陈欣:《基于生态经济高质量发展的陕西省经济可持续发展研究》,《开发研究》2011年第6期,24—28页。
② 胡鞍钢、周绍杰:《绿色发展:功能界定、机制分析与发展战略》,《中国人口·资源与环境》2014年第1期,14—20页。
③ 臧正、邹欣庆:《基于生态系统服务理论的生态福祉内涵表征与评价》,《应用生态学报》2016年第4期,1085—1094页。
④ 安孟、张诚、朱冠平:《环境规制强度提升了中国经济增长质量吗》,《统计与信息论坛》2021年第7期,87—96页。
⑤ 李成宇、张士强、张伟:《中国省际工业生态效率空间分布及影响因素研究》,《地理科学》2018年第12期,1970—1978页。
⑥ 郭炳南、唐利、张浩:《环境规制与长江经济带生态经济高质量发展绩效的空间效应研究》,《经济体制改革》2021年第3期,73—79页。

态质量绩效同时存在正向促进和负向的空间溢出效应。

生态质量绩效包括生态环境质量和经济发展两个维度的概念,政府实施环境规制的目的是实现经济发展和生态环境质量的和谐共赢,这与提升社会成员的生态质量绩效的要求不谋而合。因此,基于生态质量绩效的定义和环境规制的作用机制,本研究认为环境规制主要通过环境效应和经济效应作用于生态环境质量和经济增长质量,进而影响生态质量绩效水平。接下来将对这两种作用途径展开具体的分析。

一、环境规制通过影响生态环境质量影响生态质量绩效

政府干预理论认为:由于环境污染具有非排他性和竞争性的特点,环境污染问题的解决必须依靠政府力量,仅仅凭借市场机制自身是无法解决问题的。在政府力量的帮助下依靠环境规制政策使得污染的外部性成本内部化,因此可以说环境规制政策能够合理有效地控制污染向外排放,达到预防和治理环境污染的效果。但是,关于环境规制与生态环境质量的互动关系还存在一定的争议,目前学者对环境规制与环境质量的互动关系的研究大多集中于两种理论的研究。一种是“遵循成本效应”,即认为环境规制将企业的污染成本内部化,加大了企业的负担,抑制了企业的绿色技术创新投资和污染治理投资。另一种观点认为环境规制与生态环境质量的互动关系与“波特假说”理论相符合,环境规制对企业发展绿色产业、加大绿色技术革新并最终实现绿色转型具有激励促进作用,产生“创新补偿效应”,由此能够通过技术进步抵消环境规制带来的“遵循成本”,实现经济与生态和谐共赢[1]。

为了探究环境规划与生态环境质量的互动关系,下面将以企业作为研究对象,分析环境规制是如何影响企业污染排放决策,进而影响生态环境质量。选择企业作为研究对象是因为在我国经济发展过程中,企业是其中的微观基础,同时目前我国所存在的环境污染问题大多是由企业造成的[2],因此为了简化分析,本节建立了一个政府通过环境规制干预下的单个企业的生产决策模型,分析环境规制是如何影响生态环境质量的。

---

[1] Porter M E. America's Green Strategy. Scientific American, 1991, 264(4): 193-246.

[2] 李毅、胡宗义、何冰洋:《环境规制影响绿色经济发展的机制与效应分析》,《中国软科学》2020年第 9 期,26—38 页。

假设生产技术为希克斯(Hicks)中性,且生产规模报酬保持固定不变,那么企业的生产函数可以用式子表示为:

$$Y = T(K_t, L_t) S(K_i, L_i) \qquad (4.44)$$

式中,T 代表生产技术水平,它的大小由生产中技术资本投入 K_t 和劳动投入 L_t 共同决定;S 代表现有技术条件水平下的企业产出水平,它的大小与生产过程中的资本投入 K_i 和劳动资本投入 L_i 有关。

假设企业在生产过程中最终只生产一种产品,生产过程中出现的污染物便会作为副产品被排放。污染具有负外部性,由于政府承担提升生态质量,提高居民生态质量绩效的责任,所以政府需要通过环境规制将企业的外部成本内部化。政府设立环境规制后,在被环境规制政策限制住时,总产出的 α 部分必然要被企业用于污染治理,所以污染治理支出函数可以表示为:

$$C = \alpha Y \quad (0 < \alpha < 1) \qquad (4.45)$$

借鉴陆旸等(2008)[①]设定的污染函数,企业的污染排放量可以用 Q (Y, C) 来表示,Y 和 C 会影响 Q 的大小,Y 代表企业的生产水平,C 代表治理污染的投入,而且需要满足条件:

$$\frac{\partial Q}{\partial Y} > 0 \qquad (4.46)$$

$$\frac{\partial Q}{\partial C} < 0 \qquad (4.47)$$

即企业的污染产出与企业生产水平呈正相关关系,与企业污染治理投入呈负相关关系。

为了将企业的污染成本内部化,政府给企业规定一个污染水平即环境规制(R),企业的生产活动必须在不破坏环境规制约束条件的前提下进行。在约束条件下,企业若要控制生产过程中的污染排放量有两条路径可以选择:一是企业的治污技术进步效应,即通过加大污染治理投入,引进先进的污染治理技术等减少污染物的排放;二是生产技术进步效应,

---

[①] 张成、陆旸、郭路、于同申:《环境规制强度和生产技术进步》,《经济研究》2011 年第 2 期,113—124 页。

即企业改革创新生产技术,从而刺激要素生产率提升,使得在投入不变的情况下,企业产出水平得到稳步上升。利用增加的产出投入污染治理,从而减少污染排放水平。

通过以上分析可知,企业在实现利润最大化目标的过程中,生产技术水平(T)和污染治理技术水平(A)均能影响企业技术水平 $r(T,A)$ 的大小,且满足:

$$r'_T(T, \cdot) > 0 \tag{4.48}$$

$$r'_A(\cdot, A) > 0 \tag{4.49}$$

与此同时,该技术进步函数能够分离可加,即 $r = r_T + r_A$,其中 r_T 代表生产技术水平;污染治理技术水平则由 r_A 来表示,其大小由污染治理支出额 D 决定。现实中往往如此,当企业的技术水平达到较高的程度时,若要在技术上寻求新的突破,其中的难度是很大的,需要消耗大量资源财力,因而随着企业污染治理投资额的增加,企业的污染治理边际技术进步水平递减。因此有:

$$\lim_{A \to 0} R'_A(\cdot, A) \to \infty \tag{4.50}$$

$$\lim_{A \to Y} R'_A(\cdot, A) \to 0 \tag{4.51}$$

假设市场完全竞争,最终产品价格为 P,资本 K_t、K_i 的价格是 m_1、m_2,劳动力 L_t、L_i 的价格为 n_1、n_2,在有环境规制约束的情况下,企业以利润最大化为目标进行生产,其最优决策为:

$$\text{Max} \pi = P(Y - A) - m_1 K_t - m_2 K_i - n_1 l_t - n_2 L_i \tag{4.52}$$

$$\text{s.t.} \quad Q(Y, A) = R \tag{4.53}$$

联立以上两个等式,可得企业的最优化条件是:

$$\frac{\partial \pi}{\partial K_t} = P(1 - \alpha) S \frac{\partial T}{\partial K_t} - m_1 + \lambda \frac{\partial Q}{\partial K_t} = 0 \tag{4.54}$$

$$\frac{\partial \pi}{\partial K_i} = p(1 - \alpha) T \frac{\partial S}{\partial K_i} - m_2 + \lambda \frac{\partial Q}{\partial K_i} = 0 \tag{4.55}$$

$$\frac{\partial \pi}{\partial L_t} = P(1 - \alpha) S \frac{\partial T}{\partial L_t} - n_1 + \lambda \frac{\partial Q}{\partial L_t} = 0 \tag{4.56}$$

$$\frac{\partial \pi}{\partial L_i} = P(1-\alpha)T \frac{\partial S}{\partial L_i} - n_2 + \lambda \frac{\partial Q}{\partial L_i} = 0 \tag{4.57}$$

$$\frac{\partial \pi}{\partial \alpha} = -PTS + \lambda \frac{\partial Q}{\partial \alpha} = 0 \tag{4.58}$$

$$\frac{\partial \pi}{\partial \alpha} = Q(Y, A) - R = 0 \tag{4.59}$$

由式(4.58)可知：

$$P = \lambda \frac{\partial Q}{\partial A} \tag{4.60}$$

因为 $P > 0, \frac{\partial Q}{\partial A} < 0$，所以有 $\lambda < 0$。将式(4.60)代入式(4.54)，同时根据等式 $\frac{\partial Q}{\partial K_t} = \left(\frac{\partial Q}{\partial Y} + \frac{\partial Q}{\partial A}\alpha\right)S \frac{\partial T}{\partial K_r}$，整理上述式子可以得出：

$$\lambda \left(\frac{\partial Q}{\partial A} + \frac{\partial Q}{\partial Y}\right)S \frac{\partial T}{\partial K_t} = m_1 \tag{4.61}$$

由于 $\lambda < 0, S > 0, \frac{\partial T}{\partial K_t} > 0, m_1 > 0$，所以有：

$$\left(\frac{\partial Q}{\partial A} + \frac{\partial Q}{\partial Y}\right) < 0 \tag{4.62}$$

令 $\frac{\partial Q}{\partial A} = -\theta(\theta > 0)$，表示单位污染投入的治污系数；令 $\frac{\partial Q}{\partial Y} = \gamma$，表示单位产出的污染排放系数。由式(4.62)可知，必有 $\theta > \gamma$。另外，根据企业的技术函数中 $r'_T(T, \cdot) > 0$，可得：

$$\frac{\partial r}{\partial T} = \frac{\partial r}{\partial Q} \cdot \frac{\partial Q}{\partial T} + \frac{\partial r}{\partial Q} \cdot \frac{\partial Q}{\partial A} \cdot \alpha S > 0 \tag{4.63}$$

将等式 $\frac{\partial Q}{\partial T} = \frac{\partial Q}{\partial Y} \cdot S + \frac{\partial Q}{\partial A} \cdot \alpha S$ 代入式(4.63)，整理可得：

$$\frac{\partial r}{\partial T} = \frac{\partial r}{\partial Q} \cdot (\gamma - 2\alpha\theta) \cdot S > 0 \tag{4.64}$$

由式(4.53)可得，当政府的环境规制水平 R 由弱变强时，企业被允许

排放的污染物数量 Q 则与环境规制水平趋势相反,排放数量由多变少。

根据 $\frac{\partial Q}{\partial \alpha} = \frac{\partial Q}{\partial A} TS = -\theta TS < 0$ 可知,企业污染的排放量会受到其在总利润中的污染治理技术投入比重的影响,当总利润中治污技术投入比重增加时,排污量会随之降低。总而言之,环境规制水平提高会使得企业的污染治理技术投入比重增加,两者呈正相关关系。由式(4.64)可以推导得知,当政府环境规制水平较低时,企业受到的限制较小,不足以引起企业的重视,从而使得企业很少会积极响应现有水平下的环境规制,即此时企业对环境规制的反应程度较弱。当投入治污的比例 $\alpha \to 0$ 或 $0 < \alpha < \frac{\gamma}{2\theta}$

时,$\frac{\partial r}{\partial Q} = \frac{\partial r_T}{\partial Q} + \frac{\partial r_A}{\partial Q} > 0$,根据 $\frac{\partial r_A}{\partial Q} = \frac{\partial r_A}{\partial A} \cdot \frac{1}{\frac{\partial Q}{\partial A}} < 0$,可得,$\frac{\partial r_T}{\partial Q} > 0$。这

意味着当环境规制强度处于较低水平时,随着政府设定的环境规制越来越严格,企业会逐渐提高其污染治理技术水平使得污染物排放量逐渐减少,但是此阶段企业的生产技术水平在下降。当环境规制水平上升到一个较高的水平时,企业便会积极响应高水平下的环境规制,即对环境规制的反应程度较高。当污染治理投入比例 $\alpha \to 1$ 或 $\frac{\gamma}{2\theta} < \alpha < 1$ 时,$\frac{\partial r}{\partial Q} =$

$\frac{\partial r_T}{\partial Q} + \frac{\partial r_A}{\partial Q} < 0$,由于 $\frac{\partial r_A}{\partial Q} < 0$,此时 $\frac{\partial r_T}{\partial Q}$ 的符号无法做出准确判断,可能大于零也可能小于零。但是在该阶段,随着环境规制水平逐渐上升,即 $\alpha \to 1$ 时,企业治污投入会趋于上限 $(A \to S)$,使得 $\frac{\partial r_A}{\partial A} \to 0$,$\frac{\partial r_A}{\partial Q} \to 0$,因

而可得 $\frac{\partial r_T}{\partial Q} < 0$。这意味着当政府不断升高环境规制水平时,企业所排放的污染物数量会持续减少,污染治理技术水平不断得到改善,但是治污技术水平的增长速度越来越缓慢。因此可以得出结论:当环境规制水平由强变弱时,企业的污染排放水平会不断降低,企业污染治理技术水平不断提高。

通过对微观企业在政府设定环境规制的情况下的决策进行分析,来探究环境规制是如何影响企业污染排放决策,进而影响生态环境质量的。

结果发现：无论初始的环境规制政策是相对宽松的还是相对严格的，如果政府增加环境规制强度，企业会不断降低污染排放水平和不断提高污染治理技术水平。因此，可以得出结论：环境规制强度与生态环境质量呈现正向互动关系，环境规制水平的提高有利于降低污染水平，提升环境质量，从而提升公众的生态质量绩效水平。

二、环境规制通过影响经济发展质量影响生态质量绩效

学术界对生态环境和经济发展两者的关系的讨论最早始于 20 世纪 70 年代初的"增长极限假说"。在罗马俱乐部的《增长的极限》一书中提到，经济增长未来将因为自然资源的制约而受到阻碍，想要保护生态环境不受破坏，必须放慢经济发展速度。但是，由于数据可得性的限制，这个假说一直没有得到经验事实的验证。直到 20 世纪 90 年代初期全球环境监控系统（Global Environmental Monitoring System，GEMS）的出现，为基于经验事实的环境与经济增长的关系验证提供了数据基础。经过经验事实数据的验证，环境库兹涅茨曲线相关理论随后被提出。Gross man (1995)[1]认为，经济发展初期，由于技术水平较低和产业结构不合理等特点，经济增长往往需要更多的资源投入，并且经济规模的扩张还会带来污染物排放量的增加，从而使环境的质量水平下降。但是，随着经济水平进一步发展，环境质量会不断改善。也就是说，在经济发展初期，对于生态质量绩效的提升来说，经济增长是相对低效的，经济的增长往往伴随着大量的生态质量绩效的损失。但是，当经济增长达到了一定阶段，随着技术水平提升和产业结构的转变，经济增长的经济高质量发展提升效应逐渐高效，成本减少，每单位自然资源消耗所带来的经济高质量发展提升效率大幅增加，即生态质量绩效和经济增长呈现类似环境质量和经济发展的倒"U"形关系。在经济发展初期，经济增长带来的是生态质量绩效的损失，每单位自然资源的消耗带来的经济高质量发展提升相对低效，经济增长带来的物质经济高质量发展提升不足以抵消自然资源消耗和环境质量破坏带来的生态环境的损失。但是，当经济发展到一定阶段，技术水平提

---

① Grossman G M, Krueger A B. Economic Growth and the Environment. Quarterly Journal of Economics，1995：110，353 – 377.

升和经济发展方式的转变[①],提高了经济高质量发展过程中自然资源的利用效率,减少了资源消耗。经济增长带来的物质经济高质量发展的提升大于自然资源消耗和环境污染带来的生态环境损失。

具体到环境规制对经济增长的影响途径而言,安孟(2021)[②]通过中介效应检验,确定环境规制通过创新效应、产业结构效应和生产率效应三种途径正向影响经济增长质量。借鉴安孟(2021)[②]的结论,接下来本节将从这三个方面一一展开,分析环境规制是如何通过经济效应影响生态质量绩效的。

(一) 创新效应

关于环境规制企业技术创新水平的影响的讨论分为两个阵营,一是基于新古典经济学理论的"遵循成本效应",二是"波特假说"。"遵循成本效应"的基本观点是环境规制会给企业造成沉重的经济负担,造成企业产出下降,对经济产生不利影响。一方面,随着政府提高环境规制强度,企业为了能够符合政府设定的环境保护标准,需要在污染排放源头或污染排放前的处理过程中投入大量的资金和人力资源,在企业资源一定的情况下,物质资本和人力资本向污染治理转移会导致企业向生产性活动的资源投入减少,这在一定程度上会限制企业的技术继续发展,也会抑制企业要素生产率的提升,即环境规制会损害经济增长。从另一个方面看,在静态视角下,面对政府提高环境规制强度的压力,企业的生产经营决策必然要受到环境规制约束的影响,如产品设计、生产设备更新、生产工艺改进和厂房选址都要受到环境保护的约束影响。这在一定程度上会影响企业的资源配置效率和要素产出效率。因此,环境规制会损害经济增长。基于新古典经济学的"遵循成本假说",虽然从资源配置的角度得出了环境规制会对经济增长产生负面影响的结论,但是以上分析都是基于静态的角度对政府实施环境规制后企业面临环境规制约束做出决策的分析。实际上,市场需求、要素投入组合和生产技术一直在改变,企业一直都处在一个动态、变化的决策环境中,因此用动态的眼光去看待在环境规制约

---

① 张友国:《经济发展方式变化对中国碳排放强度的影响》,《经济研究》2010 年第 4 期,120—133 页。

② 安孟、张诚、朱冠平:《环境规制强度提升了中国经济增长质量吗》,《统计与信息论坛》2021 年第 7 期,87—96 页。

束下企业的决策选择显然是更加合理的。"波特假说"的提出,为我们看待环境规制约束下企业的决策选择提供了新的角度。根据"波特假说"的观点,环境规制虽然会给企业带来额外的生产成本,但是在动态视角下,合理的环境规制会激励企业进行技术创新,以此来补偿环境规制产生的"成本效应"。在环境规制约束下,企业为了达到政府规定的污染产出要求,必然会加大对污染治理项目的投入。短期内,与没有采取污染预防与治理措施的企业相比,治污企业成本相对提高,处于竞争劣势。在竞争压力下,治污企业会主动加大技术投入、改进生产工艺以提高市场竞争力,从这个方面来看,环境规制的"补偿效应"将激励企业持续提升技术水平,致力于技术研发工作,提升企业的自主创新能力,从而有利于企业的长期发展。另一方面,环境规制还可以通过改善劳动者的工作环境,进而提高劳动者的健康水平,降低劳动者的健康风险以及企业为劳动者提供的医疗费用支出,从而提高企业人力资本的产出效率。因此,通过对环境规制与经济增长之间的动态关系的考察,可以看出,环境规制可以倒逼企业在技术上实现更多的创新,使得企业的技术创新水平提高,从而提升人力资本效率,对经济增长产生促进作用。

(二) 产业结构效应

环境规制主要通过三个方面对产业结构产生直接影响:第一,"污染避难所"效应下的产业转移效应。政府开始实行环境规制政策或提高环境规制强度后,企业必然会面临高昂的污染治理成本,由于环境规制存在区域异质性,高污染企业为了降低生产成本,获得更高的利润,会选择将生产地点转移到环境规制强度相对较低的地方。这样一来,该地区的生产要素势必会从污染排放量大、生产率较低的产业流向更清洁、更高效的产业部门中,从而实现该地区的产业结构转型。第二,环境规制提高,政府相应地会提高污染排放的硬性标准,这在一定程度上提高了企业的进入壁垒,高污染、高能耗的企业被淘汰,原有的资金和劳动力将流向其他清洁产业,会促进清洁产业的发展,引起区域产业结构调整,实现产业结构转型。第三,除了政府实行的环境规制,还存在非正式的环境规制,非正式的环境规制主要体现在消费者一端。随着经济发展水平提高和环保理念不断深入人心,人们对美好生活的要求除了享受丰富的物质生活,还追求更清洁的环境。在这种趋势下,人们会改变消费结构,增加对绿色清洁产品的需求,在接收到需求端改变的讯号后,企业会相应地从供给端改变企业的生产策略,转向更绿色的产品生产,从而促使产业结构调整,实现地区产业结构的转型,提升经济发展质量,进而提升生态质量绩效。

(三) 生产率效应

在环境规制约束下,企业不得不增加生产过程中治污成本的投入,企业经营受到资金和资源的约束,加大对污染治理的投入,其生产经营活动支出必然会减少,短期内会导致企业生产率降低,在市场竞争环境下,企业生产率降低意味着在竞争中失去优势。因此,在资源投入受到约束的情况下,企业必须设法提升自己的生产率,将目光聚焦于消费者,以消费者需求作为切入口,开辟新的市场,通过技术创新行为来提升企业的生产效率。如果企业不能有效提升自身的生产效率,使得生产率持续下降,当生产率下降到企业再也无法承受的地步时,企业就会被市场淘汰,退出市场。因此,在环境规制政策的限制条件下,企业的环境成本大大增加,会导致低效率的企业因无法承担远超自己能力的环境成本而面临两个选择:一是选择与高效率的企业兼并,从而继续存活;二是选择从市场中消失。在低效率企业消失之后,本应该属于低效率企业的资源会归高效率企业所有,从而实现行业内部资源的重新分配。通过对行业内资源的优化配置,整个行业的平均生产率将得到提高,并对经济增长质量产生积极的正向推动作用。

根据上述分析,可以得出结论:适当的环境规制政策,能够刺激企业拥有更加强大的创新能力,促进产业结构升级,提升行业的平均生产率,进而推动经济高质量发展。对经济增长与生态环境质量关系探索的主要理论中,环境库兹涅茨曲线与生态现代化理论都认为,经济增长与生态环境的可持续性具有潜在的包容性。在经济发展早期阶段,经济增长往往要以生态环境破坏作为代价,因此经济增长对生态环境经济高质量发展的提升往往是低效率的。但是,经济发展到一定阶段后,经济增长能够大幅提升生态质量绩效,即对生态质量绩效的提升由低效率转为高效率,生态质量绩效开始随着经济增长递增。而环境规制可以通过提高经济发展质量,推动生态质量绩效和经济增长尽早进入相互促进的良性循环中,提升生态质量绩效。

第三节　环境规制对居民生活质量的作用路径

环境规制的居民生活质量主要体现在居民幸福感的提升上。居民幸福感是居民对日常生活水平的一个总体评价,即居民对生活的满意度[②]。环境质量与居民的日常生活休戚相关,理论上随着经济的增长居民的幸福感会显著提升,但是随着大气污染、水污染等环境问题日益凸显,居民幸福感不但没有提升,反而出现了下滑的现象,而环境规制能够在改善居民生存环境的同时提高居民幸福感[①]。基于环境要素理论,居民作为经济主体之一,居民获得的环境规制收益被称为"居民生活质量",环境规制带来的居民生活质量可以通过居民幸福感的提升来体现。

一般情况下,夯实经济基础有利于提升居民幸福感,但是近年来随着经济的发展,居民的幸福感并没有得到有效提升,甚至出现了"幸福停滞",该现象被称为"伊斯特林悖论"。有学者就尝试运用马斯洛需求层次理论来解释"伊斯特林悖论",他们认为随着经济水平的增长,人们的低级需求日趋饱和,但是高级需求未得到满足,从而导致居民幸福感停滞甚至下滑。马斯洛指出,人类对待需求是有先后顺序的,有些需求是优先于其他需求的,往往在满足了一种需求之后,才会去想办法满足其他需求。马斯洛需求层次理论将人的需求从低到高划分为五个层次,依次为生理需求、安全需求、社交需求、尊重需求和自我实现需求。其中,安全需求是社会环境给予满足的,社交需求则来自与他人的互动,尊重需求是最需要被满足的,自我实现需求则是个体在现实社会中追求的最高理想和目标。第一层次生理需求包括食物、衣服、住所等,是人与生俱来的,属于低级需求,是人类生存最基础和最容易满足的需求。在低级需求得到满足后,人们就有了最基本的保障,便开始去追求满足更高层次的需求,如维持身体健康、减轻医疗负担、摆脱失业的威胁、要求社会环境安全等一系列安全

---

① 宋德勇、杨秋月、程星:《环境规制提高了居民主观幸福感吗?——来自中国的经验证据》,《现代经济探讨》2019年第1期,7—15页。

需求。在这些需求都一一满足之后，他们便开始追求精神文明。低级需求关系到个体的生存，当个体缺少食物、衣服、住所等使得低级需求得不到满足时会直接危及生命；高级需求不是维持人类个体生存所必需的，换言之，个体在高级需求无法满足的情况下也能够生存，但是，高级需求得到满足会让人的身心健康状况更加良好，使个体身心愉悦、精力充沛，更有助于健康长寿[①]。当低级需求与高级需求都得到满足时，居民幸福感就会提升。

第一层次生理需求（如食物、衣服、住所等）主要属于物质性需求，一般有赖于经济，居民收入增加就有能力去购买物质，很轻易地便能满足物质性需求，即收入的增加有利于提高这类需求的满足感，在最基础的层面初步提升居民幸福感。较高层次的需求一般为非物质性需求，单纯依靠增加收入并购入大量物质已经无法满足，需要其他非经济因素（如就业保障、生活环境等）的改善才能满足，从而增加居民幸福感。目前居民的生理需求基本得到了保障，但幸福感未随之提升，主要是因为更高级的需求未得到满足。大量研究表明环境规制能够提升居民幸福感，而居民幸福感的提升是通过满足人们的需求来实现的，所以可以猜测环境规制主要通过满足这些需求来提升居民幸福感。通过对相关文献的梳理和进一步分析，猜测环境规制主要通过健康、就业、收入分配三个途径来影响居民幸福感。

一是环境规制缓解环境污染，为居民提供清洁的生活环境，改善居民身心健康状况，进而减轻医疗负担，提升居民幸福感。二是环境规制为居民提供更多的就业机会，使居民就业得到保障，从而提升居民幸福感。三是居民对于收入差距过大会滋生出不满的情绪，容易通过非理性的方式表达诉求，不利于社会和谐稳定。环境规制通过缩小居民收入差距，促进社会公平来提升居民幸福感。

一、环境规制对居民健康的影响

环境规制对居民健康有多方面的影响：首先，有助于减少空气污染；其次，能够降低居民患呼吸道疾病、心血管疾病和癌症的风险；再次，还能改善居民的生活质量。所以，环境规制对居民健康有着积极的影响，通过

---

① 彭聃龄：《普通心理学》，北京：北京师范大学出版社，2003 年版，329—330 页。

减少空气污染、降低疾病风险和改善生活质量,为居民创造一个更健康的生活环境。

(一) 环境污染损害居民健康

基于马斯洛需求层次理论,居民在满足衣食住行等生理需求之后便开始追求生活质量、健康长寿。决定健康的因素是多样的,Grossman 最先提出了健康生产函数理论,用健康生产函数来表示健康状况与投入要素(包括健康禀赋、医疗保健、生活方式、社会经济状况、环境等)之间的关系。学者们利用健康生产函数进行了许多人类健康领域的研究和探索。研究表明,环境污染是一种会显著损害居民健康状况的非经济因素,宋丽颖和崔帆(2019)[1]在 Grossman 的健康生产函数的基础上引入环境污染因素,实证发现环境质量越差、污染程度越高,死亡率越高,居民健康状况越差。环境污染主要从生理和心理两个方面对健康产生负向效应。其一,环境污染对居民身体健康存量折旧率有影响,污染严重的地区普遍存在居民健康存量加速折旧的问题[2],并且会降低因个人锻炼等方式增加的健康投资生产率[3],直接对人体健康产生不良影响。Chen[4](2013)将预期寿命作为健康指标,发现空气污染导致人均预期寿命降低。Ebenstein(2017)[5]得出了一致的结论。Arceo 等(2016)[6]利用墨西哥样本的数据分析发现空气污染会显著增加婴儿死亡率。大量研究显示,经常暴露在恶劣的环境质量中会增加患中风、心脏病、肺癌、急慢性呼吸系统疾病等

---

[1] 宋丽颖、崔帆:《环境规制、环境污染与居民健康——基于调节效应与空间溢出效应分析》,《湘潭大学学报(哲学社会科学版)》2019 年第 5 期,60—68 页。

[2] Alberini A, Cropper M, Fu T T, et al. Valuing Health Effects of Air Pollution in Developing Countries The Case of Taiwan. Journal of Environmental Economics and Management, 1997, 34(2): 107 – 126.

[3] 卢娟、李斌、彭洋:《国际贸易对健康的影响研究进展》,《经济学动态》2019 年第 9 期,127—141 页。

[4] Chen Y Y, Ebenstein A, Greenstone M, et al. Evidence on the impact of sustained exposure to air pollution on life expectancy from China's Huai River policy. Proceedings of the National Academy of Sciences of the United States of America, 2013, 110(32): 12936 – 12941.

[5] Ebenstein A, Fan M Y, Greenstone M, et al. New evidence on the impact of sustained exposure to air pollution on life expectancy from China's Huai River Policy. Proceedings of the National Academy of Sciences of the United States of America, 2017, 114(39): 10384 – 10389.

[6] Arceo E, Hanna R, Oliva P. Does the Effect of Pollution on Infant Mortality Differ Between Developing and Developed Countries? Evidence from Mexico City. The Economic Journal, 2016, 126(591): 257 – 280.

风险。其二,普遍来看,居民厌恶环境污染,不良的居住环境影响居民心情,并且由环境污染诱发的一连串社会不公平等问题会持续地压迫个体心理,增加个体的精神压力,影响到个体的精神健康[①],间接影响人们的生活环境质量和身体健康状况,甚至诱发焦躁、抑郁等心理疾病。各类疾病还会导致健康成本不断上升,增加医疗负担,进一步降低居民幸福感。

上述事实表明,环境污染损害居民健康,增加医疗负担,严重阻碍居民幸福感的提升。

(二) 环境规制改善环境污染

环境规制能否减少环境污染?环境规制政策的提出就是为了解决日益严峻的环境污染问题。大量有关环境规制的研究表明,环境规制可以改善环境质量。包群、邵敏等(2013)[②]采用倍差法证实了地方环境立法监管改善环境质量效果明显,环境规制能够促进企业节能减排效率、减少污染物排放[③],能够通过影响资源配置、改变行业结构从而降低行业的碳排放水平[④],还能够增强人们的环保意识。综合来看,环境规制从企业、行业、社会三个层面发挥了对环境质量的调节作用。企业层面,环境规制倒逼企业进行技术创新,节能减排,使最终排放到环境中的各种污染物的总量下降,而这些污染物的减少也降低了生态环境受到明显实质性伤害的可能性,从污染源头上大大降低对环境质量的危害;行业层面,环境规制倒逼行业结构优化升级,重污染企业减少进入甚至部分退出市场,轻污染企业抓准时机进入,同时营造了健康、可持续、环保的行业发展基调,从而降低整个行业污染物的排放强度;社会层面,环境规制强化居民自身的环保意识,传达构建绿色环保、人与自然和谐相处的居住环境的理念,倡导公交或骑行出行等绿色环保的交通方式,减少污染物的排放水平。环境规制作为政府为改善环境质量制定的针对性政策,通过有效传导对企业以及社会产生作用,不同的政策工具会通过不同的途径(如管制压力、经济激励或是企业的自身环境支付意愿等)共同作用,以达到治理环境污

---

① 郭姝:《环境质量、环境规制对主观幸福感的影响研究》,徐州:中国矿业大学,2020。
② 包群、邵敏、杨大利:《环境管制抑制了污染排放吗?》,《经济研究》2013 年第 12 期,42—54 页。
③ 黄清煌、高明:《环境规制的节能减排效应研究——基于面板分位数的经验分析》,《科学学与科学技术管理》2017 年第 1 期,30—43 页。
④ 陈帅:《环境规制与高耗能行业结构升级研究综述》,《环境保护》2016 年第 22 期,56—58 页。

染的效果[①]。

综上所述,环境规制能够正向调节环境污染,改善居住环境。

(三) 环境规制以环境污染为中介对居民健康的作用机理

根据前文我们可以分析得出环境规制主要通过减少环境污染,改善居住环境来提升居民健康水平,具体路径分析如图4.1所示。张国兴、张振华等(2018)[②]借助中介效应模型发现环境规制政策有效改善了环境污染对公民健康的负向作用。

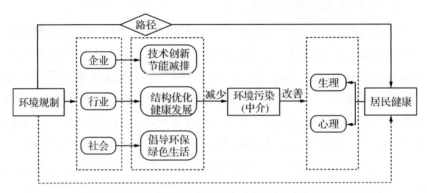

图 4.1 环境规制、环境污染影响居民健康的路径分析

环境规制政策的大力宣传还能够增强居民的健康意识,使人们愈发重视保养与健康,越来越多的人利用自己的空闲时间通过各种健身方式(如跑步、游泳、打球、骑行等)增强自身体魄、提高免疫力,从而增加健康存量。

综上所述,环境规制能够减少环境污染,改善居住环境,同时强化居民健康意识,进而提高居民健康水平,并且减少医疗负担,增加居民生活质量。

二、环境规制对居民就业的影响

从理论上讲,环境规制作为地方政府实施的外部约束,会直接增加有污染的生产经营活动的交易成本,降低相关公司的实际收益和利润率,该

---

① 刘淞延:《中国环境规制对公众健康的影响研究》,西安建筑科技大学,2019。
② 张国兴、张振华、高杨等:《环境规制政策与公共健康——基于环境污染的中介效应检验》,《系统工程理论与实践》2018 年第 2 期,361—373 页。

地区相关公司的微观决策可能会因此受到影响。他们会在不同的环境规制强度下做出适时的决策,以实现利润最大化,其生产和经营活动的变化会对劳动力市场产生影响,从而导致就业机会的增加或减少。基于合规成本的视角,加强环境规制极有可能导致公司在污染治理和环境合规方面的成本上升,挤占生产投资、创新活动以及组织管理的空间(笔者将公司为遵守环境规制而额外承担一部分成本之后带来的影响称为合规成本效应),这将在一定程度上限制生产规模的扩大并阻碍就业。波特假说则认为,环境规制将激励企业将环境规制的外部成本内部化,促进企业参与技术创新活动,提高投入产出水平,部分或完全抵消环境规制带来的成本上升(笔者将这个技术创新带来的影响称为创新抵消效应),这可能会增加"新的"工作机会并推动就业;或者通过更新工艺、设备,使用清洁技术和治污技术,从而减少污染产生和排放以降低环境合规成本,这也会增加相应工作岗位的就业需求(笔者称这个影响为绿色就业创造效应)。不难看出,环境规制对就业影响的本质在于合规成本效应、创新抵消效应和绿色就业创造效应之间的权衡。此外,就业是一个受多种因素影响的过程,受不同技能水平的限制,环境规制对就业的影响方向和程度可能会发生变化。大量研究表明,高技能劳动者是公司技术创新活动的主体,对公司创新绩效做出重大贡献。显然,面对环境规制的外部冲击,高技能劳动力享有较低的跳槽成本和较高的跳槽能力,将更有能力进行适时调整。

本研究参照蒯鹏、时玉勤等人(2021)[①]的模型设置,把环境污染投入、低技能劳动力投入和高技能劳动力投入这三种不同的要素都纳入生产函数当中,考察环境规制对低技能劳动力就业和高技能劳动力就业的具体影响。

(一) 模型假设

假设存在一家代表性公司,其生产函数是柯布-道格拉斯函数,在一定的生产规模内存在规模报酬不变。为了重点考察技能型劳动力的就业情况,该模型不包括资本投入,并将劳动力分解为低技能劳动力和高技能

---

① 蒯鹏、时玉勤、陶爱萍等:《基于制造业及劳动力异质性的环境规制就业效应》,《中国环科学》2021 年第 8 期,3934—3943 页。

劳动力,低技能劳动力生产率低,高技能劳动力生产率高,分别用 L_1 代表低技能劳动力需求,L_2 代表高技能劳动力需求,劳动力供给充足。高技能劳动力的工资(w_2)高于低技能劳动力的工资(w_1)。A_1 代表低技能劳动力的技术效率,A_2 代表高技能劳动力的技术效率。α、β 分别对应各要素的产出弹性,其中 $\alpha+\beta=1$,生产函数满足假设:规模报酬不变。由此,代表公司的生产函数设定如下:

$$Y=(A_1L_1)^{\alpha}(A_2L_2)^{\beta}, \quad \alpha>0, \beta>0, \alpha+\beta=1 \qquad (4.65)$$

企业生产产生的污染物有两个处置途径:治理和直接排放。污染治理需要消耗一定的企业产出,设 t 为治理环境污染所消耗的经济产出份额,p 表示产品价格,则污染治理所需要的成本可以表示为 Ypt。其中 t 为污染治理率 z 的函数,z 越大,边际治理成本就越高,当 $z=1$ 时,$t=1$,表示所有经济产出都被用来治理污染,所以 t 可表示为:

$$t=1-(1-z)^{\eta}, \quad \eta>0 \qquad (4.66)$$

在计算企业净产出时要扣除污染治理成本,企业净产出 Q 可表示为:

$$Q=(1-t)Y$$
$$=(1-z)^{\eta}Y \qquad (4.67)$$

无法治理的污染则被直接排放,设污染排放量为 E,单位污染物排放的排污费为 m,则污染排放成本为 Em,并且随着环境规制的加强,污染排放成本会随之增加,因为污染排放价格 m 与环境规制强度呈正相关。设 $1/r$ 为污染产生强度系数,r 值越大,污染产生强度系数越小,则 E 可定义为:

$$E=(1-z)\frac{Y}{r} \qquad (4.68)$$

基于式(4.65)~式(4.68),得到 Q 的具体表达式:

$$Q=E^{\eta}r^{\eta}(A_1L_1)^{\alpha(1-\eta)}(A_2L_2)^{\beta(1-\eta)} \qquad (4.69)$$

据此得到公司的净利润函数 π:

$$\begin{aligned}
\pi &= QP - Em - w_1 L_1 - w_2 L_2 \\
&= Qp - (Em + w_1 L_1 + w_2 L_2) \\
&= E^\eta r^\eta (A_1 L_1)^{\alpha(1-\eta)} (A_2 L_2)^{\beta(1-\eta)} p - (Em + w_1 L_1 + w_2 L_2) \\
&= E^\eta r^\eta (A_1 L_1)^{\alpha(1-\eta)} (A_2 L_2)^{\beta(1-\eta)} p - \\
&\quad \left[(1-z) \frac{(A_1 L_1)^\alpha (A_2 L_2)^\beta}{r} m + w_1 L_1 + w_2 L_2 \right]
\end{aligned} \qquad (4.70)$$

从式(4.70)可以看出,一个公司的利润函数由两部分组成,即总收入函数 TR 和总成本函数 TC。其中,总收入函数既包括未执行环境规制时的原始收入,也包括公司因执行环境规制而在清洁产品生产中通过技术创新增加的收入。我们将收入的增加归因于创新抵消效应。总成本函数既包括劳动者的工资,也包括因环境规制而增加的环境成本。我们将这种环境成本归因于合规成本效应和绿色就业创造效应。

公司为实现利润最大化,在总收入函数中创新抵消效应增加了高技能和低技能劳动力的就业,而在总成本函数中合规成本效应减少了高技能和低技能劳动力的就业,绿色就业创造效应增加了高技能和低技能劳动力的就业,从而减小污染产生系数($1/r$)、增大污染治理率(z)。创新抵消效应和绿色就业创造效应的主要驱动力来自高技能劳动力,低技能劳动力只占一小部分,大部分合规成本效应来自低技能劳动力。所以,一开始,作为主要驱动力,高技能劳动力的创新抵消效应和绿色就业创造效应会高于低技能劳动力,但是高技能劳动力的合规成本效应会低于低技能劳动力,如图 4.2 所示。在图 4.2 中,横坐标表示环境规制的强度(t),纵坐标表示低技能劳动力(L_1)和高技能劳动力(L_2)的就业情况。因创新抵消效应(IOE)和绿色就业创造效应(GJE)均能增加高技能和低技能劳动力的就业,可将创新抵消效应和绿色就业创造效应加总,用一条虚线表示,另一条虚线代表合规成本效应(CCE),实线代表总效应(TE),这是三种效应的几何总和。由于创新抵消增加了高技能和低技能劳动力的就业,向右上角上升的虚线是创新抵消效应与绿色就业创造效应的和,向右下角倾斜的虚线是合规成本效应。我们首先分析图 4.2(a),低技能劳动力的初始创新抵消效应与绿色就业创造效应的和低于合规成本效应,随着环境法规的加强,创新抵消效应与绿色就业创造效应的和无法抵消 t_1

之前合规成本效应带来的就业减少，整体效应逐渐下降。在 t_1，创新抵消效应和绿色就业创造效应曲线与合规成本效应曲线相交，环境规制的三种效应正好相互抵消，总效应达到最低点。当环境规制强度超过 t_1 时，创新抵消效应与绿色就业创造效应两者之和高于合规成本效应，因为创新抵消效应与绿色就业创造效应起主要作用，总效应逐渐增大，即低技能劳动力的总效应会出现先下降后上升的"U"形。在图 4.2(b) 中，由于公司创新的主要驱动力是高技能劳动力，创新抵消效应与绿色就业创造效应的和将高于一开始的合规成本效应，随着环境监管力度的加大，创新抵消效应与绿色就业创造效应增加的高技能劳动力就业抵消了合规成本效应导致的就业减少，且增加了就业需求，两种效应的差异扩大导致总效应逐渐增大，即随着环境规制强度加大，高技能劳动力的就业逐渐增加。

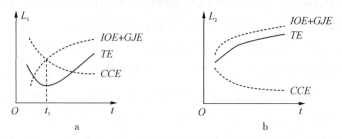

图 4.2　环境规制的三大效应分析

基于以上分析，环境规制强度对低技能劳动力就业和高技能劳动力就业的影响存在显著差异，随着环境监管的加强，高技能劳动力的就业率将稳步攀升，而低技能劳动力的就业率将先下降后反弹，呈现"U"形曲线。

(二) 均衡分析

根据利润函数，为了使公司的利润最大化，L_1 和 L_2 的利润函数的一阶导数应该为零，列出：

$$\frac{\partial \pi}{\partial L_1} = E^\eta r^\eta A_1^{\alpha(1-\eta)} (A_2 L_2)^{\beta(1-\eta)} p\alpha(1-\eta)L_1^{\alpha(1-\eta)-1} - w_1 = 0 \qquad (4.71)$$

$$\frac{\partial \pi}{\partial L_2} = E^\eta r^\eta A_2^{\beta(1-\eta)} (A_1 L_1)^{\alpha(1-\eta)} p\beta(1-\eta)L_2^{\beta(1-\eta)-1} - w_2 = 0 \qquad (4.72)$$

将等式(4.71)与等式(4.72)进行比较，获得公司对不同技能的劳动力需求的函数：

$$L_1 = \frac{\alpha(1-\eta)}{\eta} \times \frac{m}{w_1} \times E \tag{4.73}$$

$$L_2 = \frac{\beta(1-\eta)}{\eta} \times \frac{m}{w_2} \times E \tag{4.74}$$

设 μ 为环境规制的污染排放弹性,

$$\mu = \frac{\Delta E / E}{\Delta m / m}$$

环境规制下低技能劳动力需求和高技能劳动力需求的一阶导数如下所示:

$$\frac{\partial L_1}{\partial m} = \frac{\alpha(1-\eta)}{\eta} \times \frac{E}{w_1} \times (1-\mu) \tag{4.75}$$

$$\frac{\partial L_2}{\partial m} = \frac{\beta(1-\eta)}{\eta} \times \frac{E}{w_2} \times (1-\mu) \tag{4.76}$$

根据式(4.69)和规模报酬不变的假设可知:η 对应污染投入 E 的产出弹性、$\alpha(1-\eta)$ 对应低技能劳动力投入 L_1 的产出弹性、$\beta(1-\eta)$ 对应高技能劳动力投入 L_2 的产出弹性,即:

$$\eta = \frac{\Delta Q / Q}{\Delta E / E}, \alpha(1-\eta) = \frac{\Delta Q / Q}{\Delta L_1 / L_1}, \beta(1-\eta) = \frac{\Delta Q / Q}{\Delta L_2 / L_2} \tag{4.77}$$

结合式(4.75)~式(4.77),则环境规制下低技能与高技能劳动力投入弹性分别为:

$$\frac{\Delta L_1 / L_1}{\Delta m / m} = \frac{\Delta E / E}{\Delta L_1 / L_1} \times \frac{Em}{w_1 L_1} \times (1-\mu) \tag{4.78}$$

$$\frac{\Delta L_2 / L_2}{\Delta m / m} = \frac{\Delta E / E}{\Delta L_2 / L_2} \times \frac{Em}{w_2 L_2} \times (1-\mu) \tag{4.79}$$

结合式(4.78)和式(4.79),环境规制下劳动力投入弹性可表示为:

$$\frac{\Delta L / L}{\Delta m / m} = \frac{\Delta E / E}{\Delta L / L} \times \frac{Em}{wL} \times (1-\mu) \tag{4.80}$$

环境规制下劳动力投入弹性表示环境规制每增强一个单位时劳动力

需求受到的影响,等式(4.80)右边表示环境规制下劳动力投入弹性可分解成三部分相乘,分别为:劳动—污染排放弹性、环境规制的相对成本(相对于劳动投入成本而言)和环境规制的污染排放弹性。环境规制影响就业的途径如图4.3所示。

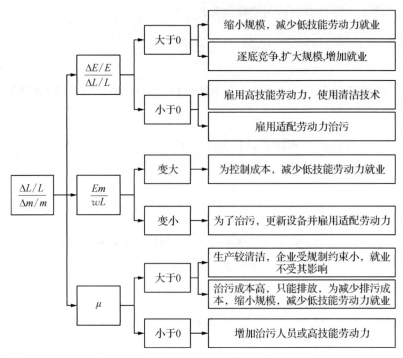

图 4.3 环境规制影响居民就业的路径分析

第一部分,若 $\dfrac{\Delta E/E}{\Delta L/L} > 0$,污染排放与劳动力需求呈正相关关系,此时在环境规制下,为减少污染排放成本,企业会选择缩小规模,减少低技能劳动力就业;企业也有可能进行逐底竞争,扩大规模,增加就业。若 $\dfrac{\Delta E/E}{\Delta L/L} < 0$,污染排放与劳动力需求呈负相关关系,由于环境规制会促使企业进行技术创新,使用清洁技术生产产品,减少污染产生,而这种清洁技术由高技能劳动力提供,因此随着高技能劳动力增加,污染排放减少,此时企业会增加高技能劳动力的就业;企业也可能增加适配的劳动力治污,从而减少污染排放。

第二部分，若 $\dfrac{Em}{wL}$ 变大，此时企业污染严重，环境规制成本较高，在投资总额不变的情况下，为控制成本，企业会挤出低技能劳动力。若 $\dfrac{Em}{wL}$ 变小，企业会更新工艺设备并雇用合适的劳动力。

第三部分，若 $\mu > 0$，污染排放与环境规制强度呈正相关关系，说明此时环境规制强度较小，企业污染排放不受其约束，就业需求也不受其影响；也有可能此时因治污成本高，不宜自行治污，污染物只能排放，企业为减少污染排放成本而缩小生产规模，减少低技能劳动力就业。若 $\mu < 0$，表示随着环境规制强度增强，企业污染排放减少，此时企业可能会增加治污人员或高技能劳动力。

可以发现，当环境监管强度较低时，实施环境监管会引发合规成本效应，导致利用原始技术进行生产的成本上升，从而减少低技能劳动力就业。随着环境规制强度变大，这些公司被诱导进行技术创新，产生创新抵消效应和绿色就业创造效应，这将改善高技能劳动力的就业。环境规制也可能会诱发企业逐底竞争，扩大规模，增加低技能和高技能劳动力就业。

三、环境规制对居民收入的影响

居民大多为劳动者，收入主要来源于工资，所以本研究用劳动者的工资代替居民收入，分析环境规制对居民收入水平及分配的影响。

环境规制主要通过成本效应、创新效应和企业转移效应来影响工人工资水平。首先是成本效应。环境规制将环境污染的负向外部效应内部化，污染成本由企业承担，从而导致企业生产成本提高，利润下降。同时为保证企业利益，劳动者被分配的工资也会随之下降[1]，这是环境规制带来的成本效应。尤其是对于小规模企业（或低技术企业）工人，其实际工资的降幅大于大规模企业（或高技术企业），因为大规模企业（或高技术企业）获得的利润高于小规模企业（或低技术企业），受到环境规制带来的成本增加影响较为有限，而小规模企业（或低技术企业）因成本上升持续冲击企业盈利空间，不仅会降低工人工资，还会降低对劳动力的需求，当环

---

[1] 安孟、张诚：《环境规制是否加剧了工资扭曲》，《西南民族大学学报（人文社科版）》2020 年第 7 期，118—128 页。

境规制强度过大时,甚至会倒闭或被兼并而退出市场,由此导致失业率增加,从而加剧居民收入不平等现象。清洁行业的企业与污染行业的企业在面对环境规制时的成本也不同,清洁行业的企业因为造成的污染损害较小,政府的环境规制便不会对其造成约束;而污染行业的企业由于其高污染排放,需要付出很高的治污成本才能免受规制的惩罚。因此,清洁行业企业受到环境规制的影响更小,小于污染行业的企业。环境规制对不同企业表现出的异质性也体现在对工人工资的调整上,小规模企业、低技术企业及污染行业企业的工人工资降幅更大,使其收入差距加大。其次是创新效应。波特假说认为,企业为了将污染排放降低到环境规制允许的范围内,减小受到来自环境规制的约束以及避免超标排放污染的惩罚,会迫不得已进行技术绿色革新,即环境规制会倒逼企业进行技术创新和技术升级,当创新效应发挥的作用超过成本效应发挥的作用后,企业的生产率会得到提高[1],进而带动工人实际工资水平提升。而技术创新水平提高带来的对劳动力需求的增加更偏向高技能劳动者,扩大了高技能劳动工人和低技能劳动工人的工资差距,提升技能溢价。因此,环境规制加剧了不同技能劳动者间的收入不平等。最后是企业转移效应。鉴于环境规制在不同地区存在非均衡影响,部分企业出于利益最大化的考虑,可能会将污染产业从环境规制严格的地区转移到环境规制相对宽松的地区("污染天堂"),导致环境规制严格的地区失业率增加,加剧了居民收入的不平等。环境规制影响居民收入的路径分析如图 4.4 所示。

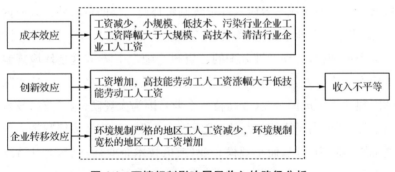

图 4.4　环境规制影响居民收入的路径分析

---

[1] 王杰、刘斌:《环境规制与企业全要素生产率——基于中国工业企业数据的经验分析》,《中国工业经济》2014 年第 3 期,44—56 页。

本研究进而参考耿晔强和都帅帅（2020）[1]对于环境规制、技术进步与企业实际工资间关系的模型推导结果：① 有环境规制，无技术进步且环境规制强度较小，低技术企业未退出市场时，低技术企业工人实际工资下降，高技术企业工人实际工资也下降；② 有环境规制，无技术进步且环境规制强度较大，致使低技术企业退出市场时，低技术企业工人实际工资为 0，高技术企业工人实际工资下降；③ 有环境规制，有技术进步且环境规制力度不大，低技术企业不离开市场的情况下，低技术企业工人工资会增加，高技术企业工人的工资则会翻上一倍；④ 有环境规制，有技术进步且环境规制强度较大，致使低技术企业退出市场时，低技术企业工人实际能够获得的工资收入为 0，高技术企业工人则因为高技术企业自身有足够强大的实力挤走了低技术企业，从而占据巨大市场份额导致实际工资增加。模型推导的结果中，第①、②种情况是由环境规制的成本效应导致的，第③种情况对应环境规制的创新效应，第④种情况由环境规制成本效应、创新效应共同作用导致。模型推导结果进一步证明了环境规制下工资水平变化不一从而导致收入分配产生差距。

综上，环境规制可能会使部分居民收入水平上升，但环境规制也会扩大居民收入差异。何兴邦（2019）[2]就发现命令控制型环境规制会显著加剧城镇居民收入不平等。

第四节　本章小结

本章首先指出本研究分别从企业、生态、居民三个层面对环境规制的经济高质量发展进行分析。第一部分分析了环境规制对居民生活质量的作用路径；第二部分阐述了环境规制对企业经济绩效的作用路径；第三部分剖析了环境规制对生态质量绩效的作用路径。

第一部分分析环境规制对居民生活质量的作用路径。通过对相关文

---

[1] 耿晔强、都帅帅：《环境规制、技术进步与企业实际工资》，《南开经济研究》2020 年第 5 期，3—23 页。

[2] 何兴邦：《环境规制与城镇居民收入不平等——基于异质型规制工具的视角》，《财经论丛》2019 年第 6 期，104—112 页。

献的梳理和进一步分析,猜测环境规制主要通过影响居民健康、就业和收入来提升居民幸福感。环境规制对居民健康的影响中指出环境规制能够缓解环境污染,为居民提供清洁的生活环境,改善居民身心健康状况,进而减少医疗负担,提高居民生活质量。环境规制对居民就业的影响中通过模型推导发现当环境监管强度较低时,会减少低技能劳动力就业;随着环境规制强度变大,将会改善高技能劳动力的就业;环境规制也可能会诱发企业逐底竞争,扩大规模,增加低技能和高技能劳动力就业。环境规制对居民收入的影响中通过分析得出环境规制可能会使部分居民收入水平上升,产生正向促进作用,但环境规制也会扩大居民收入差异,从而产生负向作用。

第二部分阐述环境规制对企业经济绩效的作用路径。分别从环境规制对企业利润率的影响和环境规制对企业绿色技术创新的影响两小节来论证。论证环境规制对企业利润率的影响时,通过模型推导得出环境规制对企业利润率的影响存在企业规模异质性,当企业规模较大或每个车间的平均合规成本较少时,环境规制为企业带来的利润率得到提升。论证环境规制对企业绿色技术创新的影响时,发现环境规制会促进企业绿色技术创新,且存在不同规模企业异质性和不同类型环境规制政策异质性;紧接着通过分析发现环境规制可以通过改变企业研发资金投入,激发企业创新活力来影响企业绿色技术创新行为;政府的各种补贴政策,也有利于企业绿色技术创新。

第三部分剖析环境规制对生态质量绩效的作用路径。着重从环境规制通过影响生态环境质量和经济发展质量两条路径来分析环境规制对生态质量绩效的影响。在环境规制通过影响生态环境质量影响生态质量绩效部分建立了一个政府通过环境规制干预下的单个企业的生产决策模型,分析环境规制是如何影响生态环境质量的,得出环境规制水平的提高有利于降低污染水平,提升环境质量,从而提升公众的生态质量绩效水平。环境规制通过影响经济发展质量影响生态质量绩效部分有三种路径探究,即环境规制通过创新效应、产业结构效应和生产率效应对经济增长质量产生促进作用,得出适当的环境规制能够激发企业创新能力,促进产业结构升级,提升行业的平均生产率,进而推动经济高质量发展。而推动生态质量绩效和经济增长尽早进入相互促进的良性循环中,就可以提升生态质量绩效。

第5章

环境规制与企业低碳转型

本章将聚焦于企业经济绩效这一层面来进行理论推导与实证分析。首先,本章通过梳理目前环境规制政策的分类及其与企业经济绩效关系的相关文献,探究不同的环境规制政策工具的影响及作用机制并提出研究假设。其次,选取绿色全要素生产率(GTFP)作为衡量企业经济绩效的指标,并结合 Malmquist - Luenberger 指数,运用 EBM 模型对 2003—2017 年各省工业企业的绿色全要素生产率进行估算。最后,通过实证分析环境规制工具对企业经济绩效的异质性影响,进一步引入调节效应模型来检验环境规制是否可通过作用产业结构优化影响企业经济绩效。

第一节 环境规制与企业经济绩效相关研究

环境规制与企业经济绩效之间的关系是一个复杂且多维度的话题。为了平衡环境保护与企业经济绩效之间的关系,政府应制定灵活、有效的环境政策,同时鼓励企业进行绿色技术创新和可持续发展。企业应积极响应政府号召,加强环境管理,提升环境意识和能力,以实现环境保护与企业经济绩效的双赢。

一、异质性环境规制对企业经济绩效的影响

环境规制根据三分法分为三种类型:命令控制型、市场激励型和自愿参与型。第一,命令控制型环境规制是指政府通过法规等手段来管制企业排放污染等危害公共环境的行为,一旦不符合相关规定,企业将受到处

罚,从而实现保护人类生存环境、节约资源目的,如出台和环境相关的法规、规章和标准等。第二,市场激励型环境规制是指通过征收环境税以及排污权交易制度等方式,以市场机制为导向,鼓励企业改善环境质量、推动绿色发展的政策方案。第三,自愿参与型环境规制是指企业和社会大众通过政府引导或自身的环保意识自愿地进行环境保护,进而控制企业有害物排放的行为,如自愿协议式环境管理、信息披露和公众环保意识等。命令控制型环境规制可能促进技术创新。Kemp(1997)发现,设定命令控制下的考评准则能够恰当地帮助企业了解战略意图,提高企业执行力与工作灵活性,从而实现推动技术创新的目标[1]。Vollebergh(2007)指出,命令控制下的绩效准则可以清楚地表明哪些生产行为是不可取的,这些特征反过来又能够指导技术发明人[2]。Hamamoto(2006)研究认为,日本制造业生产率的增长是由命令控制型环境规制促进技术创新导致的[3]。此外,这类规制工具也会对技术创新产生不利影响。Popp et al.(2010)指出,典型的命令控制型环境规制有其不足之处。从经济学的观点出发,企业之间或者企业内部的成本存在不同,因此企业不得不使用一种一致的污染防治措施,或许这种做法并不会产生经济效益。而且,倘若由于相关标准设置得不合理而难以达到预定目标,将导致财务亏损;Popp et al.(2010)指出,当企业达到其预先设定的标准时,就不再会出于营利目的继续将资金投入技术的升级中,因此技术标准也能够抑制企业研制更先进的新环保技术[4]。Mickwitz et al.(2008)根据研究发现,在命令控制型环境规制下,当企业实现预定的目标时,就失去激励动机继续进行技术升级,因此,它们主要是推动当前技术的传播而不是技术创新[5]。

[1] Kemp R. Environmental policy and technical change: A comparison of technological impact of policy instruments. Cheltemham: Edward Elgar, 1997.

[2] Vollebergh H. Differential impact of environmental policy instruments on technological change: a review of the empirical literature. Tinbergen Institute Discussion Paper, 2007, TI 2007-042/3.

[3] Hamamoto M. Environmental regulation and the productivity of Japanese manufacturing industries. Resource & Energy Economics, 2006, 28(4): 299-312.

[4] Popp D, Newell R G, Jaffe A B. Energy, the environment, and technological change[M]. Halland B H, Rosenberg. Handbook of the Economics of Innovation, Vol. II. Burlington: Academic Press, 2010b.

[5] Mickwitz M., Hyvättinen H., Kivimaa P. The role of policy instruments in the innovation and diffusion of environmentally friendlier technologies: popular claims versus case study experiences. Journal of Cleaner Production, 2008, 16(1): 162-170.

陶峰等(2021)指出,如果相关政策以命令控制型环境规制为主,并以市场激励型环境规制为辅,那么环境保护目标责任制就有可能会导致降低环境友好型专利质量[①]。

Montero(2002)研究认为,在完全竞争市场中,环境保护税对技术创新的助力程度最高,并且在环境保护税的推动下,企业的投资不断朝着环境友好型方向发展[②]。环境保护税作为市场激励型环境规制政策工具在绿色技术创新方面发挥了必要的作用。首先,绿色技术创新同时具有知识外溢和环境改善的双重外部性,环境保护税既可以使得企业环境成本内部化,又可以运用税收工具筹集资金以支持企业的技术创新活动。其次,环境保护税与其他市场激励型的环境规制工具相比,其作为一种以价格而非排污总量为基础的控制方式,可以在一定程度上促进不同生产率水平的企业边际减排。郭俊杰等(2019)研究结果也显示,环境保护税征收标准上调与省域绿色全要素生产率之间存在显著的正相关性[③]。

自愿参与型环境规制也可以称作"软"工具或者"非正式规制"。目前有很多文献分析了非正式规制对企业绩效的影响,其中大多数文献都侧重于环境规制对环境绩效的影响,这些学者认为自愿参与型环境规制工具会产生积极的影响。一些研究还强调了"非正式规制"或社区压力对促进技术革新方面的正面影响。具体而言,在自愿参与型环境规制中,环境治理与审计项目、自愿信息披露、签订自愿协议是重点研究对象。Pereira and Vence(2015)指出[④],环境管理体系(Environment Management System,EMS)等自愿参与型环境规制工具的重点优势在于企业自愿执行生态保护相关方案,因此不需要花费政治成本。但是,缺少对违反规则现象的处罚这就说明其对生态保护和技术创新的作用微乎其微,仅仅起

① 陶锋、赵锦瑜、周浩:《环境规制实现了绿色技术创新的"增量提质"吗——来自环保目标责任制的证据》,《中国工业经济》2021 年第 2 期,136—154 页。
② Montero J P. Permits, standards, and technology innovation. Journal of Environmental Economics and Management, 2002, 44(1): 23-44.
③ 郭俊杰、方颖、杨阳:《排污费征收标准改革是否促进了中国工业二氧化硫减排》,《世界经济》2019 年第 1 期,121—144 页。
④ Pereira A, Vence X. Environmental policy instruments and eco-innovation: An overview of recent studies. Innovar Revista De Ciencias Administrativas Y Sociales, 2015, 25(58): 65-80.

到一个用来提升企业声誉的作用。其次,很多学者将企业参与自愿环境规制与产品绿色创新联系起来。Kammerer(2009)把企业参与自愿信息披露和签订自愿协议的行为称作企业的"绿色能力",并且通过研究表明这一绿色能力与绿色创新产出存在显著正相关性①。Wagner(2008)指出,签订自愿环境协议能够对公司进行绿色技术创新产生更多的正面作用②。比如,环境绿色标识能够帮助企业进一步认识产品的有利之处,进而鼓励企业改进绿色节能产品。除此之外,向注重环境理念的消费者群体出示这些标识可以吸引他们进行消费,激发消费潜能,这也能够成为企业进行技术创新的一种激励手段。

将这三类政策进行对比分析发现,命令控制型环境规制对企业的约束程度最高,而且在中国目前的行政体系下容易通过逐级分解的方式下达指令,强制要求企业,特别是与政府关联密切的国有企业,达到环保要求。因此,命令型环境规制是促进企业减少排放和绿色技术创新的重要手段。王班班和齐绍洲(2016)研究显示,命令控制型环境规制能够显著地促进创新水平更高的发明专利的研发③。"狭义波特假说"表明,灵活的市场规制工具可能对企业开展生态技术创新活动更加具有正向激励作用,然而制度本身和市场化程度等诸多因素都会对其成本有效性产生制约④。与命令型和市场型环境规制相比,自愿参与型环境规制是最宽松的,并且在中国的实践中也很少见,尽管有些研究已经证明了其对企业革新的存在作用,然而自愿参与型环境规制与企业技术革新之间的关系还没有形成一致的结论。Weitzman(1974)首次通过理论分析不同的环境规制对企业技术创新的影响,他提出,与单独利用命令型环境规制相比,征税对企业技术创新更具有推动作用⑤。Kemp and Pontoglio(2011)认

① Kammerer D. The effects of customer benefit and regulation on environmental product innovation.: Empirical evidence from appliance manufacturers in Germany. Ecological Economics, 2009, 68(8 - 9): 285 - 2295.

② Wagner M. Empirical influence of environmental management on innovation: Evidence from Europe. Ecological Economics, 2008, 66(2 - 3): 392 - 402.

③ 王班班、齐绍洲:《市场型和命令型政策工具的节能减排技术创新效应——基于中国工业行业专利数据的实证》,《中国工业经济》2016年第6期,91—108页。

④ Jaffe A B, Palmer K. Environmental regulation and innovation: A Panel Data Study. Review of Economics and Statistics, 1997, 79(4): 610 - 619.

⑤ Weitzman M L. Prices vs. Quantities. Review of Economic Studies, 1974, 41(4): 477 - 491.

为,在推动低成本创新方面,市场型环境规制工具作用更大,然而就基础革新而言,命令型环境规制工具影响更好[1]。姚林如(2017)指出,企业绩效与命令控制型环境规制工具存在显著负相关性,与市场型激励型环境规制工具存在显著正相关性[2]。叶琴(2018)发现,环境规制工具抑制当期的技术创新,推动滞后一期的技术创新,"弱波特假说"的成立需要满足时间约束条件[3]。滞后一期的命令控制型环境规制工具对技术创新的推动效果要大于市场激励型,"狭义波特假说"不成立,这是由于中国的节能减排科技创新活动的主体是国有企业和公共科研机构。黄新华(2018)通过省际面板数据分析环境规制政策工具对企业经济增长的影响,研究结果显示,命令控制型和市场激励型环境规制不能有效地推动企业经济发展,与之相比,公众参与和基于自愿行为的环境规制对企业技术创新和产业结构现代化的积极影响更为显著[4]。

二、环境规制对不同类型企业的影响

由于企业所属行业特征不同,如清洁型行业和污染型行业在污染排放和技术构成等方面有所不同,环境政策工具的规制效果可能具有异质性。Shen et al.(2019)研究显示,由于不同行业存在特征差异,环境保护政策对不同行业的绿色全要素生产率具有不同的影响[5]。在每个试点公布的工作方案中,大多数试点都是以高碳产业为重点对象执行国家标准,如淘汰高耗能产业中的不符合绿色低碳转型的产能和产品、对高耗能产业实施严格能源消耗限额标准计划,而对于低耗能、低排放的环境友好型产业,则制定了激励产业节能降碳的制度体系,如大力扶持新能源项目、推进交通运输绿色发展、推动环境友好型建筑示范和应用等。因此,污染

---

[1] Kemp R, Pontoglio S. The innovation effects of environmental policy instruments—A typical case of the blind men and the elephant?. Ecological Economics, 2011, 72(1725): 28-36.

[2] 姚林如、杨海军、王笑:《不同环境规制工具对企业绩效的影响分析》,《财经论丛》2017 年第 12 期,107—113 页。

[3] 叶琴、曾刚、戴劭勍等:《不同环境规制工具对中国节能减排技术创新的影响——基于 285 个地级市面板数据》,《中国人口·资源与环境》2018 年第 2 期,115—122 页。

[4] 黄新华、于潇:《环境规制影响经济发展的政策工具检验——基于企业技术创新和产业结构优化视角的分析》,《河南师范大学学报(哲学社会科学版)》2018 年第 3 期,42—48 页。

[5] Shen N, Liao H, Deng R, et al. Different Types of Environmental Regulations and the Heterogeneous Influence on the Environmental Total Factor Productivity: Empirical Analysis of China's Industry. Journal of Cleaner Production, 2019, (211): 171-184.

型行业面临的规制压力和成本更大,更需要以绿色技术创新的方式来提升生产率,节约成本,创造利润。韩超等(2017)指出,在"十一五"期间节能减排目标的要求控制下,污染型行业整体的生产率水平有显著提高①。徐佳(2020)发现,环境规制对高耗能高污染行业中企业的生态技术创新有更大的推动作用,而且在高耗能高污染行业中,其生态技术创新方向以实用新型专利为主②。国内部分学者的研究结果也存在一致性,都认为高强度污染排放的行业不仅是环境规制的重要对象,也是生态技术创新的重要源泉。

环境规制还会受到企业外部环境的影响而对企业经济绩效产生异质性作用,经济发展水平差异较明显的中东西部地区,企业对环境政策的响应程度不同。马卫东(2020)的研究表明,由于东部地区企业家创新创业精神活跃,环境规制在东部地区实现了对创业精神与创业行为的正向影响,而在中西部地区企业家精神为适应状态,环境规制未能对创业行为产生激励作用③。进一步细分地区,探究环境政策对企业技术经济高质量发展的影响,张东敏等人(2021)研究结果显示,环境规制对华北地区、东北地区的影响均显著,华东地区中命令控制型环境规制作用较显著,西北地区则是市场激励型环境规制的影响显著,华南地区、西南地区未观察到显著影响④。市场开放程度不同的地区,环境规制对企业的作用强度也有所不同。冯宗宪(2021)研究得出,市场开放程度较高的地区,其环境规制作用的平均强度较高,与曲线拐点之间的距离较小,也就是说,能够使企业产生"创新补偿效应"的距离比市场开放程度较低的地区小⑤。

三、环境规制对企业经济绩效的影响机制

不同的环境规制工具,其影响机制存在差异。张冬敏(2021)认为,命

① 韩超、张伟广、冯展斌:《环境规制如何"去"资源错配——基于中国首次约束性污染控制的分析》,《中国工业经济》2017年第4期,115—134页。
② 徐佳、崔静波:《低碳城市和企业绿色技术创新》,《中国工业经济》2020年第12期,178—196页。
③ 马卫东、唐德善、史修松:《环境规制与企业家精神之间的双重红利效应研究——来自中国经验的研究(2000—2017年)》,《华东经济管理》2020年第10期,94—104页。
④ 张东敏、杨佳、刘座铭:《异质性环境政策对企业技术创新能力影响实证分析——基于双向固定效应模型》,《商业研究》2021年第4期,68—74页。
⑤ 冯宗宪、贾楠亭:《环境规制与异质性企业技术创新——基于工业行业上市公司的研究》,《经济与管理研究》2021年第3期,20—34页。

令控制型环境规制的作用强度对公司的自主研发创新与技术引进具有显著影响[1]。命令控制型环境规制影响企业技术创新的机制主要有成本挤出和倒逼机制、进入退出机制和推拉机制。在命令控制型环境规制下,企业产生的合规成本能否促进技术创新受到环保成本的"抑制效应"和技术创新的"创新补偿效应"共同影响。此外,为了避免企业总数增长而导致生态恶化加剧,命令控制型环境规制通常对新注册的企业下达更为严苛的环保规则和绩效准则,新注册的企业面对这些环保执行规定时,将通过衡量利润差来决定是否进行技术革新。命令控制型环境规制也通过提高企业进入壁垒和降低退出壁垒影响企业的技术创新。首先,命令控制型环境规制设定了明确的排放执行标准和清洁标准规定,从而抬高受规制企业的进入门槛,鼓励更多企业开展生态技术升级。梅国平和龚海林(2013)从产业结构演进角度出发,发现环境规制要求企业配备用于清洁生产的环保仪器,这将使得企业的固定资产投入提高[2]。因此,严苛明确的规制标准提高了企业的进入壁垒。此外,提高的技术壁垒导致市场上的企业获得高额垄断利润,此时,企业不同的发展理念可能会对技术革新造成不同的影响。必须指出,命令控制型环境规制所提高的进入壁垒同样能够对技术创新造成负向激励。尽管上述分析表明,环境规制的高进入壁垒和低退出壁垒能够推动企业的技术创新,但是用于杜绝、削减污染物排放而设定的约束考核标准也可能阻碍技术的革新。

相比之下,市场激励型环境规制的作用强度对企业的自主研发创新与技术引进的影响并不显著。市场激励型环境规制下的价格传导机制、需求转换机制和财富转移机制是主要作用机制,其将环境作为生产过程中一个重要的投入因素,因此,环境因素的价格变动能够改变企业的盈利能力,并对技术革新产生一定的作用。政府提高税率,相当于告诉企业其环境的边际使用成本提高了。企业基于利润最大化的考虑,可以将这一举措理解为其必须提高边际减排成本,此时,企业不得不进行选择:是通过技术创新降低成本,增加经济效益,还是在不采取技术升级措施的情况

---

① 张东敏、杨佳、刘座铭:《异质性环境政策对企业技术创新能力影响实证分析——基于双向固定效应模型》,《商业研究》2021 年第 4 期,68—74 页。

② 梅国平、龚海林:《环境规制对产业结构变迁的影响机制研究》,《经济经纬》2013 年第 2 期,72—76 页。

下,付出额外的成本？李青原(2020)指出,征收排污税费政策通过"倒逼"作用提高了企业生态技术创新能力,具体表现在外在压力和内部激励上；然而,环境补贴政策通过"挤出"作用削弱了企业的生态技术创新能力,具体表现在迎合政府和机会主义上。企业资源条件越丰富,征收排污税费政策对企业进行绿色创新的"倒逼"作用越显著[①]。刘海英(2021)认为,环境税收与研发补贴两制度相结合不仅可以使企业技术革新的研发投入最大化,进而更好地发挥绿色技术革新的激励效果,还可以推动环境经济高质量发展与社会经济高质量发展的增长[②]。

自愿参与型环境规制通过影响企业的外部动力与内部动力机制对企业经济绩效造成影响。在自愿参与型环境规制中,政府和社会公众对具有环保理念和社会责任感的企业支持程度更高。企业通过技术创新降低有害污染物的排放量,向社会公众展示自身具有环保理念并且具有环保责任感的企业形象,进而能够赢得政府和社会公众的支持,获得良好的声誉,增加潜在效益。游达明和杨金辉(2017)发现,从公众参与的视角分析,较高的公众举报概率是促进企业进行技术创新的必要条件[③]。此外,社会公众对企业的污染过程及产品的反对思想将在一定程度上推动技术创新的传播。曹景山(2007)发现,中国企业的环保意识和社会责任感都对推动企业积极加入签订保护环境协议起到显著作用[④]。这些环境协议中的规定也能够对企业技术创新起到推动作用。

第二节 理论分析与研究假设

本节理论分析了环境规制对企业经济绩效的影响和异质性环境规制对企业经济绩效的影响等,并提出了相关的研究假设来论证。

---

① 李青原、肖泽华:《异质性环境规制工具与企业绿色创新激励——来自上市企业绿色专利的证据》,《经济研究》2020年第9期,192—208页。
② 刘海英、郭文琪:《环境税与研发补贴政策组合的绿色技术创新诱导效应》,《科技管理研究》2021年第1期,194—202页。
③ 游达明、杨金辉:《公众参与下政府环境规制与企业生态技术创新行为的演化博弈分析》,《科技管理研究》2017年第12期,1—8页。
④ 曹景山、曹国志:《企业实施绿色供应链管理的驱动因素理论探讨》,《价值工程》2007年第10期,56—60页。

一、环境规制对企业经济绩效的影响

如前文所述,环境规制的实施会导致两种截然不同的结果,即"遵从成本效应"和"波特效应"。一方面,环境规制会带来治污成本、合规成本等额外开支,挤占企业的生产和研发资金,不利于企业进行收益和技术创新。另一方面,环境规制带来的合规成本压力会倒逼企业减少高污染、高耗能设备的使用,转而寻求清洁能源以及设备,提高在污染治理方面的研发投入,实现技术创新和转型升级后,可降低环境规制成本,企业的生产效率和竞争力也得以改善。因此,有学者提出,环境规制对企业经济发展的影响存在明显的长短期效应。当环境规制强度较弱时,虽然会增加企业环保成本,但还不足以激励企业进行创新,即使企业投入创新,由于研发周期长、风险大,短期内难以使研发成果落地,不利于企业经济发展。但随着环境规制强度的增加,企业获得技术创新成果,实现转型升级,治污能力和生产效率提高,从而避免环境规制增加的额外成本负担,这样的转型升级有助于提高企业的生产率,促进经济增长,增强市场竞争力。在这一时期,"波特效应"开始发挥作用。然而,若环境规制强度继续增加,制度遵循成本大大增加,创新补偿可能无法覆盖环境规制带来的额外成本,此时过于严格的环境规制将不利于公司的经济发展。

因此,本章将通过数理模型初步分析环境规制对企业经济绩效的影响。基于姚林如(2017)的方法,在企业生产中进一步区分清洁产品与非清洁产品[①]。用企业利润指代企业经济绩效,经济主体以利润最大化为目标,假设同一竞争市场中存在制造企业 n 家,生产同种清洁产品与非清洁产品,设非清洁产品产量占比为 θ,则清洁产品产量为 $(1-\theta)q$。n 家制造企业生产过程中排放的污染物总量为 T,与非清洁产品产量 θq 呈正相关关系,与企业治污能力呈负相关关系。$D(T)$ 表示污染物排放造成的社会经济高质量发展损失,基于思德纳(2005)的社会经济高质量发展函数 $W = \prod - D(T)$,模型设定为:

$$W = [p_1\theta q + p_2(1-\theta)q - c_1\theta q - c_2(1-\theta)q - c_3 e] - D[T(\theta q, e)] \tag{5.1}$$

[①] 姚林如、杨海军、王笑:《不同环境规制工具对企业绩效的影响分析》,《财经论丛》2017 年第 12 期,107—113 页。

式中,q 为产品在市场上的总供给量,p_1、p_2 分别为非清洁产品与清洁产品的价格,c_1、c_2 分别为生产一单位非清洁产品与清洁产品的成本,c_3 为每单位污染物的治理成本,e 为某一类型环境规制下污染物的治理量,T 为污染物排放总量。因此,经济高质量发展最大化的条件是:

一是当 $\theta = 1$ 时,即企业所生产的均为非清洁产品。

$$p_1 = c_1 + \frac{\partial D}{\partial T} \cdot \frac{\partial T}{\partial q} \tag{5.2}$$

$$c_3 = -\frac{\partial D}{\partial T} \cdot \frac{\partial T}{\partial e} \tag{5.3}$$

式(5.2)左边为每增加一单位非清洁产品时所提高的价格,右边为每增加一单位非清洁产品时需增加的成本,包括投入生产的内部成本和治理污染物排放的外部成本。由此可看出,当企业所生产的均为非清洁产品时,随着环境规制力度的增加,外部成本随之上涨,保持价格不变时必然要挤出内部成本,减少产品生产投入,不利于企业盈利,有损企业经济绩效。此时式(5.3)表明,当社会经济高质量发展最大化时,企业治理污染物排放的最佳边际成本等于社会经济高质量发展的边际损失成本。

二是当 $\theta \neq 1$ 时,即企业既生产清洁产品又生产非清洁产品。

为简单分析,假设 $p_1 = p_2 = p$,即清洁产品与非清洁产品的价格保持一致,则:

$$p = c_1\theta + c_2(1-\theta) + \frac{\partial D}{\partial M} \cdot \frac{\partial M}{\partial q} \tag{5.4}$$

此时企业内部成本不仅存在非清洁产品的生产成本,还有清洁产品的生产成本。环境规制力度增强时,每增加一单位产量会带来污染治理成本的增加,企业可通过技术创新,减少高污染高能耗设备的使用,寻求清洁能源,降低清洁产品的成本 c_2 或增加清洁产品的占比 $(1-\theta)$,以避免投入生产的成本挤出,有利于企业生产率的提升,使得收益增长,企业经济绩效得以增加。

当 $p_1 \neq p_2$ 时,清洁产品与非清洁产品价格有所差异:

$$p_1\theta + p_2(1-\theta) = c_1\theta + c_2(1-\theta) + \frac{\partial D}{\partial M} \cdot \frac{\partial M}{\partial q} \tag{5.5}$$

企业还可通过调配清洁产品与非清洁产品的价格,使企业竞争力与收益维持在一个有利的程度,获得最优企业经济绩效。因此,提出假设一:**限定其他条件,环境规制工具可驱使企业做出行动,影响企业经济绩效。**

二、异质性环境规制对企业经济绩效的影响

整体而言,环境规制工具一般分为三类,即命令控制型、市场激励型和自愿参与型。由于实施方式不同,各环境规制对企业经济绩效的影响存在差异。

政府常常使用命令型环境规制来调整企业的环保行为,强度过大会对企业经济绩效造成负外部性。徐佳(2020)等认为命令控制型环境规制工具一般通过设置更为严谨的减排指标与技术规范来控制企业污染物排放总量,从而导致企业的污染治理费用增加,通过淘汰高耗能产业中不符合绿色低碳转型的产能倒逼企业自主研发绿色创新技术,实现转型升级[1]。除了成本挤占和倒逼机制,命令控制型环境规制还通过提高企业进入壁垒和降低退出壁垒来影响企业经济绩效。"进入壁垒"是指当企业新进入一个行业所需支付的成本,包括污染排放标准和清洁技术标准等,而退出壁垒包括行政壁垒、人员壁垒和沉没成本等。命令控制型环境规制抬高了企业的行政壁垒,增加了污染的惩罚成本,可能激励行业内企业的技术创新。命令控制型环境规制还通过推拉机制对企业造成外源压力从而驱动技术革新。这里的外源压力通常是指政府通过法律等强制性手段的高要求与社会的在命令控制型环境规制条件下的高道德标准约束,体现了全体社会成员对环保的基本意志。

然而政府可能会由于信息的不对称性与环境规制的不完全性,未能有效地去控制实现企业的减排目标,这时的"政府失灵"就需要市场激励型政策来进行调整。卢洪友等(2019)认为,市场激励型环境规制实施原则是"谁污染,谁治理",如环境税,企业将共同承担环境污染的负外部性成本,进而驱动企业进行环境保护[2]。而"波特假说"认为,排污税费和减排补贴等市场激励型环境规制主要通过社会公众等利益相关者的外部压

---

[1]　徐佳、崔静波:《低碳城市和企业绿色技术创新》,《中国工业经济》2020 年第 12 期,178—196 页。

[2]　卢洪友、刘啟明、徐欣欣等:《环境保护税能实现"减污"和"增长"么?——基于中国排污费征收标准变迁视角》,《中国人口•资源与环境》2019 年第 6 期,130—137 页。

力和企业的内部激励倒逼企业进行绿色技术创新,一方面,社会公众等利益相关者的环境诉求会对污染严重的企业造成外部压力;另一方面,企业作为理性经济的经济个体,会更关注经济利益而非环保带来的社会效应。通过环保补助可缓解企业财力不足的问题,促使企业增多开发革新技术的经济投入;但同期也会受到政府的限制,不能将环保补助用于环保直接投资以外的用途。

而自愿参与型环境规制工具,通常通过外部压力与内部动力来影响企业经济绩效。自愿参与环保、承担环境责任的企业会得到更多的认可和支持。自愿参与型环境规制存在内外部动力机制,一方面,公众向政府举报企业违法违规排污行为的压力会促使企业提高污染处理技术,提升防治水平,同时来自公众的监督也可以提升政府监管效率,弥补"政府失灵",外部动力机制起效。另一方面,由企业利润、声誉和企业家道德等组成的内部动力,也会驱动企业在保证利润的同时关注环境保护。但自愿型环境规制相对而言缺乏严格的政府强制性约束,对公众环保意识和企业环境道德要求较高,目前污染防治效果存在局限性。

因此,基于上述理论提出假设二:**限定其他条件,命令控制型与市场激励型环境规制工具对企业的影响较大,能够促进企业经济绩效。**

三、基于企业异质性的进一步分析

中国各地区的经济发展程度不尽相同,不同行业的能源消费结构等也存在差异,影响着环境规制对企业经济绩效的作用。因此,本研究拟从行业特征和外部条件的差异等方面进行企业异质性分析。

(一)能源消费结构

从行业异质性的角度来看,不同行业对环境资源的利用程度、影响程度均有所差异,进行绿色创新的难度也各不相同,都会影响环境政策在各个行业的规制力度和实施效果。劳动密集型企业主要依赖充足的人力资本,造成的环境污染较小,因此受到环境规制的影响有限。资源密集型企业对煤炭等自然资源需求最大,排出的废气、废水等对环境破坏最严重,因此环境规制带来的污染治理成本增加最多,规制力度加强时会影响其资金配置,"挤出"企业生产投入和创新投入,此时"遵循成本效应"不利于企业经济绩效增长。资本密集型企业则需要大量资本投入,并且对创新技术水平存在强烈需求,更有机会获得"创新补偿效应"。

本研究拟将能源消费结构定义为各省煤炭消费量占能源消费总量的比重,以此区分各省主要的行业特征,提出假设三:**限定其他条件,在环境规制作用下,煤炭能源消费占比越高的企业获得的企业经济绩效增幅越小。**

(二) 外部条件

从地区异质性的角度来看,中国地域广阔,地区间的经济发展程度、产业结构、贸易开放度、商业化程度等存在很大差异,也会影响环境规制政策的实施效果。经济较发达地区工业化程度较高,集聚的工业企业会产生大量污染物,严重影响环境污染,来自政府的环境规制会更为严格。该地区的公众具有更强的环境诉求,会对企业污染排放进行监督和投诉,促使企业合理分配资源、加强投融资,进行技术创新活动,如引入研发资金、吸引战略投资等,助力企业,实现转型升级,最终获得可持续发展。相对于经济欠发达地区,经济发达地区的市场机制更发达、文化更开放,地方政府财力更充足,有利于营造技术创新环境,吸引专业技术人才,因此该地区更具技术创新优势,"创新补偿效应"更明显,带来的企业经济绩效增长也更快。

因此,提出假设四:**限定其他条件,在环境规制的作用下,经济发展水平越高的地区企业经济绩效增幅越大。**

四、环境规制对企业经济绩效的影响机制分析

根据前文的理论研究,环境规制有助于企业经济绩效的增长,但具体通过哪些渠道促进增长尚未厘清。因此,本研究将在借鉴学者熊艳(2012)、蔡乌赶(2017)、张峰(2019)、李健(2022)等人研究的基础上,从产业结构优化升级的角度分析环境规制影响企业经济绩效的机制[1][2][3][4]。

---

① 熊艳:《基于省际数据的环境规制与经济增长关系》,《中国人口·资源与环境》2011 年第 5 期,126—131 页。

② 蔡乌赶、周小亮:《中国环境规制对绿色全要素生产率的双重效应》,《经济学家》2017 年第 9 期,27—35 页。

③ 张峰、宋晓娜:《提高环境规制能促进高端制造业"绿色蜕变"吗——来自绿色全要素生产率的证据解释》,《科技进步与对策》,2019 年第 21 期,53—61 页。

④ 李健、武敏:《双重环境规制、FDI 与绿色全要素生产率——以长江经济带三大城市群为例》,《华东经济管理》2022 年第 1 期,31—41 页。

　　严格的环境规制会带来较多治污成本,工业企业为追求利益最大化,有动力进行节能减排,通过调整生产要素配置、对排放的污染物进行分类、主动降低对传统资源的依赖度等方式,在保证经济效益的同时达到环境规制要求,并寻求高质量的人力资本要素,提升企业自身要素结构和配置效率,驱动产业结构合理化。根据"波特假说",环境规制所带来的遵循成本会倒逼企业技术革新,进而获得"创新补偿效应",实现生态改善和经济增长双赢。因此,环境规制的作用与企业利益最大化的动力会促使企业优化生产流程,节省生产成本和环境规制成本。利用技术创新成果,有利于提升企业生产过程的专业化程度,促进产业结构向先进结构转变,实现产业转型和现代化,从而提升绿色全要素生产率,增加企业经济绩效。

　　基于以上分析,环境规制有助于引领并推动各地区产业结构不断向技术密集型和绿色环保型绿色转型,因此提出假设五:**限定其他条件,环境规制可通过产业结构优化升级提升绿色全要素生产率,增加企业经济绩效。**影响机制如图5.1所示。

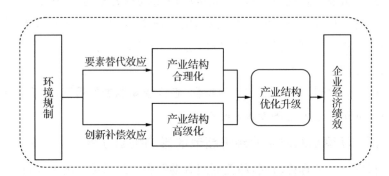

图 5.1　环境规制对企业经济绩效的影响机制图

第三节　企业经济绩效的测度

　　根据前文对企业经济绩效内涵的界定,环境规制可促使企业提高对生态技术革新的研发投资力度,转变高碳型的生产模式,最大限度地减少能源消耗量和污染物排放量,全面利用各种生产要素并增加经济产出,实质是提高绿色全要素生产率。绿色全要素生产率,既包含资本、劳动力等生产要素,又包含环境污染和资源消耗等因素,可以作为技术革新、经济发展、低碳降耗效率的评价标准。因此,本研究选择绿色全要素生产率作为企业经济绩效的衡量指标。在接下来的几个小节将介绍绿色全要素生产率的测算方法、指标选取和测算的结果。

一、企业经济绩效的测度方法

绿色全要素生产率在全要素生产率的基础上增加了环境污染和能源消耗等因素,因此需要考虑非期望产出问题。而传统的径向 DEA 模型无法很好地解决该问题,并且还要考虑投入产出的松弛变量,因而得出的测度结果不够科学和准确。针对以上不足,Tone Kaoru(2001)提出了 SBM 模型[①]。与传统的径向 DEA 模型相比,SBM 模型具有三点优势:第一,在测度无效率时解决了投入和产出的松弛性;第二,无须进行径向和角度的度量,解决了选择偏差问题;第三,能够更准确地测度生产活动的效率值。当模型中存在非期望产出时,污染物排放与能源资源消耗具有“不可分”特征,而经济产出与资本、劳动力等投入要素具有“可分”特征。但 SBM 模型无法处理投入与产出变量同时具有径向和非径向特征的问题。为此,Tone and Tsutsui(2010)提出了 EBM 模型,以处理同时具有径向和非径向的问题[②]。综上,本研究将选取兼容了径向和非径向两类函数的 EBM 模型对各省工业企业的绿色全要素生产率进行测算。

另外,由于 DEA 模型主要用于评价特定时段的生产技术,评价不同时段生产技术的变动态势具有困难,因而本研究选取了我国 2003—2017 年的省际数据,有必要分析绿色全要素生产率跨期动态变化。瑞典经济学家 Malmquist 在 1953 年分析消费过程中率先提出 Malmquist 指数,它能够利用多个时间点的数据对生产率变动等情况进行测量。后来,Cavesetal 在 Malmquist 指数的基础上提出专用于测算全要素生产率变化的 Malmquist 生产率指数。但传统的 Malmquist 指数中没有处理非期望产出的问题,通常会引起评价结果的不准确。1997 年,Chung 在 Malmquist 指数的基础上引入了非期望产出,提出 Malmquist – Luenbenrger

---

① Tone K. A slacks-based measure of efficiency in data envelopment analysis. European Journal of Operational Research,2001,130(3):498 – 509.

② Tone K,Tsutsui M. An epsilon-based measure of efficiency in DEA—A third pole of technical efficiency. European Journal of Operational Research,2010,207(3):1554 – 1563.

指数。因此,纳入了非期望产出的 Malmquist – Luenbenrger 指数更适合于本文的研究。

综上分析,本研究主要利用 EBM 模型结合 Malmquist – Luenberger 指数对各省工业企业的绿色全要素生产率(GTFP)进行测算。

(一) EBM 模型

Tone and Tsutsui(2010)提出的 EBM 模型如下[①]:

$$\gamma^* = \min \theta - \varepsilon_x \sum_{i=1}^{m} \frac{\omega_i^- s_i^-}{x_{ik}}$$

$$\text{s.t.} \quad \sum_{j=1}^{n} x_{ij}\lambda_j + s_j^- = \theta x_{ik}, \quad i=1,2,3,\cdots,m$$

$$\sum_{j=1}^{n} y_{rj}\lambda_j \geqslant y_{rk}, \quad r=1,2,3,\cdots,s$$

$$\lambda_j \geqslant 0, s_i^- \geqslant 0 \tag{5.6}$$

该模型假设有 n 个决策单元(DMU),记为 $DMU_j (j=1,2,\cdots,n)$,当前要测量的 DMU 记为 DMU_k。 式(5.6)中,γ^* 表示最佳效率,当 $\gamma^* = 1$ 时,说明被评价 DMU 为强有效;θ 表示径向部分的规划参数;ε_x 表示一个关键参数,表示非径向部分在效率值计算过程中的权重,取值在 0 到 1 之间;ω_i^- 表示各项投入指标的重要程度;s_i^- 表示第 i 个投入要素的松弛变量;x_{ik} 表示第 k 个 DMU 的第 i 种投入;y_{rk} 表示第 k 个 DMU 的第 r 种产出;m 表示投入数量,s 表示产出数量;λ 是决策单元的线性组合系数。

由于本研究涉及非期望产出,将非期望产出的 EBM 模型表示为:

$$\gamma^* = \min \frac{\theta - \varepsilon_x \sum_{i=1}^{m} \frac{\omega_i^- s_i^-}{x_{ik}}}{\varphi + \varepsilon_y \sum_{r=1}^{s} \frac{\omega_r^+ s_r^+}{y_{rk}} + \varepsilon_b \sum_{p=1}^{q} \frac{\omega_p^b s_p^b}{b_{pk}}}$$

$$\text{s.t.} \quad \sum_{j=1}^{n} x_{ij}\lambda_j + s_j^- = \theta x_{ik}, \quad i=1,2,3,\cdots,m$$

$$\sum_{j=1}^{n} y_{rj}\lambda_j - s_j^+ = \varphi y_{rk}, \quad r=1,2,3,\cdots,s$$

[①] Tone K, Tsutsui M. An epsilon-based measure of efficiency in DEA—A third pole of technical efficiency. European Journal of Operational Research, 2010, 207(3): 1554 – 1563.

$$\sum_{p=1}^{n} b_{rj}\lambda_j + s_p^{b-} = \varphi b_{ik}, \quad p=1,2,3,\cdots,q$$
$$\lambda_j \geqslant 0, s_i^-, s_r^+, s_p^{b-} \geqslant 0 \tag{5.7}$$

式中，ω_p^{b-} 和 ω_r^+ 分别表示第 p 种非期望产出和第 r 种期望产出指标的权重；s_p^{b-} 和 s_r^+ 分别表示第 p 种非期望产出和第 r 种期望产出的松弛变量；b_{tx} 表示第 k 个决策单元的第 t 种非期望产出。

（二）Malmquist-Luenberger 指数测算方法

Fare et al.用两个 Malmquist 指数的几何平均值来表示评价决策单元的 Malmquist 指数。从时期 t 到 $t+1$ 的 Malmquist 指数如式(5.8)所示，其中，$E^t(x^t,y^t,b^t)$ 表示 DMU 在 t 时期的技术效率值，$E^{t+1}(x^{t+1},y^{t+1},b^{t+1})$ 表示 DMU 在 $t+1$ 时期的技术效率值。

$$ML(x^{t+1},y^{t+1},b^{t+1},x^t,y^t,b^t) = \sqrt{\frac{E^t(x^{t+1},y^{t+1},b^{t+1})}{E^t(x^t,y^t,b^t)} \frac{E^{t+1}(x^{t+1},y^{t+1},b^{t+1})}{E^{t+1}(x^t,y^t,b^t)}} \tag{5.8}$$

式(5.9)表示两个时期的技术效率变化，当 $EC>1$ 时，表示技术效率提升。

$$EC = \frac{E^{t+1}(x^{t+1},y^{t+1},b^{t+1})}{E^t(x^t,y^t,b^t)} \tag{5.9}$$

式(5.10)表示两个时期的技术变化，当 $TC>1$ 时，表示技术进步。

$$TC = \sqrt{\frac{E^t(x^t,y^t,b^t)}{E^{t+1}(x^t,y^t,b^t)} \frac{E^t(x^{t+1},y^{t+1},b^{t+1})}{E^{t+1}(x^{t+1},y^{t+1},b^{t+1})}} \tag{5.10}$$

Malmquist 指数可以分解为技术效率变化和技术变化两部分，如式(5.11)所示，即 $ML=EC \times TC$。

$$ML(x^{t+1},y^{t+1},b^{t+1},x^t,y^t,b^t)$$
$$= \sqrt{\frac{E^t(x^{t+1},y^{t+1},b^{t+1})}{E^t(x^t,y^t,b^t)} \frac{E^{t+1}(x^{t+1},y^{t+1},b^{t+1})}{E^{t+1}(x^t,y^t,b^t)}}$$
$$= \frac{E^{t+1}(x^{t+1},y^{t+1},b^{t+1})}{E^t(x^t,y^t,b^t)} \sqrt{\frac{E^t(x^t,y^t,b^t)}{E^{t+1}(x^t,y^t,b^t)} \frac{E^t(x^{t+1},y^{t+1},b^{t+1})}{E^{t+1}(x^{t+1},y^{t+1},b^{t+1})}} \tag{5.11}$$

二、企业经济绩效的测算指标

企业经济绩效的测算指标是一个多维度、综合性的体系,旨在全面评估企业的盈利能力、偿债能力、运营效率、发展能力以及市场表现等。

(一) 样本选取及数据来源

本研究主要选用 2003—2017 年中国各个省份规模以上工业企业的相关数据对绿色全要素生产率进行测算,由于西藏等地区数据不完整且难以获取,因此样本包括剔除港澳台及西藏后的 30 个省级行政区。其中各省年末工业城镇单位从业人员数来自历年《中国统计年鉴》;工业部门固定资产投资原值、累计折旧以及工业总产值来自历年《中国工业经济统计年鉴》(2013 年后更名为《中国工业统计年鉴》);各省份能源消耗总量来自历年《中国能源统计年鉴》;工业总产值 2003—2011 年的数据来源于《工业经济统计年鉴》,2012—2017 年的数据来源于《中国城市统计年鉴》;非期望产出相关指标的数据出处为历年《中国统计年鉴》和《中国环境统计年鉴》。本研究绿色全要素生产率测算指标体系如表 5.1 所示。

表 5.1　绿色全要素生产率(GTFP)测算指标体系

变量名称	替代指标
投入	
劳动投入	各省年末工业城镇单位从业人员数
资本投入	工业部门固定资产投资净值
能源投入	各省份能源消耗总量
产出	
期望产出	工业总产值
非期望产出	大气污染:二氧化硫排放强度、烟(粉)尘排放强度
	水体污染:化学需氧量排放强度、氨氮排放强度
	土壤污染:工业固体废物产生强度

(二) 投入指标

投入包括劳动力投入、资本投入和能源投入。

劳动力投入指标:国外研究多以每小时工资来表示,这一指标可以较为准确地体现劳动量在价值创造过程中所起的作用。但是,由于我国的社会主义市场经济仍处于不断发展阶段,关于劳动量方面的统计数据还不够完善。因此,本书从数据的可获得性和实际研究目的出发,根据原毅军等人(2016)的研究,选取各省(区、市)年末工业城镇单位从业人员数作为劳动投入的替代变量[①]。

资本投入指标:国内研究多以资本存量来表示。这一指标通常通过永续盘存法来测算。在测算之前必须清楚地确定资本积累的基期、资本折旧率、固定资产价格指数、投资额等关键指标。但由于基年和折旧率存在选择差异,测算值通常存在较大差异,并且这一方法十分依赖数据,而工业部门相关数据难以收集,因此,本研究选取工业部门固定资产投资净值作为固定资本存量的替代变量,其计算方法为固定资产投资原值与累计折旧的差值,并采用固定资产投资价格指数平减为以 1999 年为基期的不变价。

能源投入指标:能源是国民经济和社会发展的主要推动力,也是环境污染问题的重要原因。本研究选取以万吨标准煤为单位的各省份能源消耗总量作为能源投入指标。

(三) 产出指标

产出包括期望产出和非期望产出。

期望产出指标:本研究选取工业总产值作为期望产出。为了消除价格因素的影响,本研究以 2003 年为基期,通过各地区的工业品出厂价格指数把各地区的工业总产值平减为基期不变价。

非期望产出指标:造成环境污染的主要是工业污染源,工业污染物源可以体现经济建设过程对环境造成的危害和影响。以往研究多选取工业废气排放量、工业废水排放量以及一般工业固体废弃物产生量作为非期望产出变量。但由于统计年鉴中的工业废气排放量以及工业废水排放量的数据只统计至 2015 年,此后没有统计两者的数据,因此本研究将选取其他指标尽可能全面地从大气污染、水体污染、土壤污染三个方面对非期望产出进行测度。参考已有研究成果,并基于数据的可获得性,本研究选取二氧化硫排放强度、烟(粉)尘排放强度代表大气污染情况;选取化学需氧量排放强度、氨氮排放强度代表水体污染情况;选取工业固体废物产生强度代表土

[①] 原毅军、谢荣辉:《环境规制的产业结构调整效应研究——基于中国省际面板数据的实证检验》,《中国工业经济》2014 年第 8 期,57—69 页。

壤污染状况。为了使测算结果更加可靠无误,本文将各项污染指标按地理区域进行相对化处理。根据环保部与财政部印发的环发〔2011〕18 号文件,将各项污染指标除以各省市行政区域面积,得到污染物的排放强度指标。

三、结果分析

本研究基于 EBM 模型及 ML 指数分解式,利用 MaxDEA 8.0 对绿色全要素生产率进行测度,并对测度结果进行分析。

(一)环境经济效率值

本研究绘制了 2003—2017 年全国及三大区域环境经济效率平均值的图像以便更加直观地观察趋势变化。如图 5.2 所示,全国环境经济效率均值在 0.65 与 0.75 之间浮动,2008 年出现最小值 0.669 3,2016 年出现最大值 0.734 0,总体上是在提高的;其次,东部与中部区域与全国的效率均值走势相似,东部区域 2003 年出现最小均值 0.736 1,2014 年出现最大值 0.839 3;中部区域 2004 年出现最小均值 0.644 5,2016 年出现最大值 0.753 4,总体都呈上升趋势;而西部区域 2004 年出现最大值 0.644 7,2012 年出现最小值 0.581 9,总体呈波动下降趋势,表明西部区域经济发展的不充分以及环境污染控制的成效差,二者之间的平衡尚未达到;整体来看,全国及三大区域经济效率均值从 2011—2017 年呈现上升趋势,这表明我国在推动经济发展的同时,将环境污染问题控制在了一个可处理的范围内,基本实现了经济发展与环境保护的平衡。

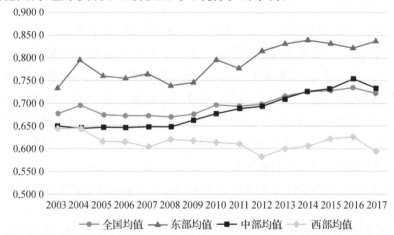

图 5.2 2003—2017 年全国及三大区域环境经济效率均值

(二) 绿色全要素生产率变化情况

根据绿色全要素生产率变化情况的测算结果(见表 5.2),在 2003—2017 年这 15 年间,全国绿色全要素生产率仅有 4 个时间跨度的均值小于 1,且总体上全国绿色全要素生产率变化的均值为 1.004 4,说明在此期间,我国绿色全要素生产率呈现上升趋势,其年均增长率为 0.44%。这正是我国大力实施创新驱动战略、制定绿色发展政策,从粗放型的经济发展方式向绿色经济增长方向转变的结果。

本研究进一步绘制了 2003—2017 年全国绿色全要素生产率变动态势图,能够更加清晰地展现我国绿色全要素生产率的变化趋势。如图 5.3 所示,我国绿色全要素生产率整体先降低后提高。其中 2009—2012 年的绿色全要素生产率出现了明显的波动,从 2009—2010 年的 1.031 1,下降到 2010—2011 年的 0.878 5,再上升至 2011—2012 年的 1.023 6。可能是因为 2008 年爆发的全球金融危机对中国经济产生了不利影响,为了应对这种严重冲击,我国政府迅速出台一系列促进经济平稳增长的措施。大规模的生产会导致环境污染程度增加,使得绿色全要素生产率出现下降趋势。2011 年 12 月 20 日,第七次全国环保大会在北京召开,会上指出要坚持在发展中保护、在保护中发展,将节约资源理念和保护生态环境意识贯穿于经济建设、社会建设的各个领域,推进绿色循环低碳路径,实现社会经济的快速、持续、均衡发展。此外,党的十八大也将生态文明建设纳入中国特色社会主义事业"五位一体"总体布局。为加强生态文明建设,国家坚持节约资源和保护环境的基本国策,着力推进绿色循环低碳发展,不断提升环境监管执法强度;同时,科学转变经济发展模式,调整产业结构,不断加强技术升级,广泛开展国际交流与合作,提高了资源开发利用效率,减少了能源消耗强度和污染物排放量,从而推动我国绿色全要素生产率稳步上升。

本研究进一步将绿色全要素生产率变化值(ML)分解为效率进步指数(EC)和技术进步指数(TC),即 $ML = EC \times TC$,以考察 2003—2017 年间我国绿色全要素生产率变化的主要来源。如图 5.4 所示,全国 ML 指数大多数年份在 1.000 以上,总体上基本实现正增长,2003—2004 年出现最大值 1.085,在 2010—2011 年、2015 年—2016 年出现低谷;技术进步指

表 5.2　2003—2017 年全国及区域绿色全要素生产率及其分解

年　份	全国均值			东部均值			中部均值			西部均值		
	ML	EC	TC	ML	EC	TC	ML	EC	TC	ML	EC	TC
2003—2004	1.085 5	1.031 8	1.053 0	1.169 7	1.100 2	1.067 1	1.026 4	0.991 1	1.035 8	1.060 3	1.004 2	1.056 2
2004—2005	0.997 8	0.982 8	1.015 2	0.998 6	0.964 7	1.034 0	1.011 2	1.006 2	1.004 9	0.983 6	0.977 6	1.006 6
2005—2006	1.044 7	0.998 5	1.047 7	1.071 0	1.001 0	1.074 5	1.025 7	0.996 8	1.029 0	1.037 5	0.997 6	1.039 8
2006—2007	1.065 3	0.999 3	1.066 1	1.085 2	1.016 1	1.067 9	1.053 8	0.998 7	1.055 5	1.057 0	0.983 2	1.074 7
2007—2008	1.040 8	0.998 9	1.043 8	1.032 7	0.974 1	1.064 8	1.044 1	1.003 1	1.040 7	1.045 5	1.019 5	1.025 9
2008—2009	1.015 4	1.007 4	1.007 8	0.996 9	1.008 8	0.987 3	1.031 9	1.016 9	1.014 7	1.017 6	0.996 6	1.021 4
2009—2010	1.031 1	1.028 5	1.006 0	1.044 3	1.074 4	0.979 5	1.037 3	1.017 7	1.019 5	1.011 6	0.993 4	1.018 9
2010—2011	0.878 5	1.004 7	0.879 3	0.796 8	0.999 8	0.806 4	0.915 1	1.023 0	0.897 4	0.923 6	0.991 3	0.934 0
2011—2012	1.023 6	1.024 8	1.001 6	1.076 4	1.095 7	0.987 4	1.000 2	1.002 6	0.997 7	0.994 2	0.976 1	1.019 7
2012—2013	1.009 9	1.022 5	0.988 6	1.023 6	1.020 6	1.004 6	1.005 2	1.019 6	0.986 1	1.000 8	1.027 4	0.975 1
2013—2014	1.002 4	1.014 0	0.988 6	0.993 9	1.012 0	0.981 9	0.991 3	1.016 2	0.975 4	1.021 9	1.013 7	1.008 3
2014—2015	1.007 7	1.009 4	0.998 2	0.988 4	0.989 2	0.999 1	1.006 8	1.010 8	0.996 1	1.028 1	1.028 3	0.999 5
2015—2016	0.898 6	1.006 6	0.892 1	0.851 0	0.985 0	0.864 8	0.891 4	1.023 7	0.869 0	0.953 3	1.011 0	0.942 5
2016—2017	0.961 0	0.987 5	0.974 5	0.986 6	1.033 2	0.957 3	0.943 3	0.977 1	0.965 1	0.953 1	0.952 1	1.001 0

数(TC)呈现与 ML 指数相似的变化走势,效率进步指数(EC)在以 1.00
为中心的上下范围波动,表明全要素生产率的提升主要依赖于技术进步,
技术效率较低成为主要制约因素;多数地区由于技术效率水平没有提高,
缺乏动力推动增长,绿色全要素生产率增长缓慢,可能是成熟的绿色产业
链管理体系具有显著外部性造成的。

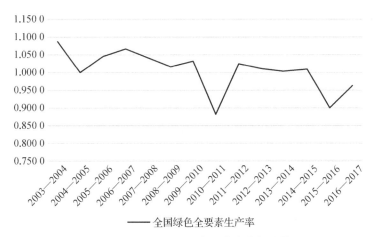

图 5.3　全国绿色全要素生产率变化趋势

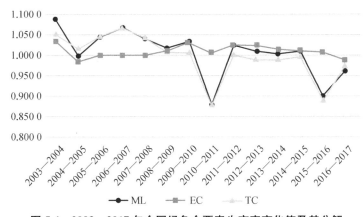

图 5.4　2003—2017 年全国绿色全要素生产率变化值及其分解

　　我国东中西部三大区域因地理位置、要素禀赋和经济发展水平等方
面存在较大的差异,因此绿色全要素生产率变化也呈现出一定的异质性。
2003—2017 年期间,东部地区的绿色全要素生产率变化均值为 1.008 2,
中部地区变化均值为 0.998 8,西部变化均值为 1.006 3,总体上东部以及

西部的绿色全要素生产率呈上升趋势,且年均增长率分别为 0.82% 和 0.63%,均高于全国年均增长率,但中部地区的绿色全要素生产率呈降低趋势,年均增长率为 −0.12%。我国东部地区经济率先发展,人口平均受教育程度和教育水平较高,公民环境理念较强,此外,产业结构不断优化升级,推动经济高质量发展,推进生态环境质量改善,进而有助于绿色全要素生产率的提高。随着东部地区产业结构和经济发展模式发生转变,部分落后的高排放、高耗能企业转向中部地区,加之中部地区自身追求黑色金属加工的工业化发展路径,使得其绿色全要素生产率呈下降趋势。而西部地区多数省份绿色资源相对丰富,高污染、高耗能企业的转移相对中部地区较晚,因此绿色全要素生产率增速相对较高。

由于平均值无法观察其动态变化趋势,只可观察到 2003—2017 年期间我国东中西部地区绿色全要素生产率的平均变化情况。因此,本研究进一步绘制了 2003—2017 年我国东中西部绿色全要素生产率变化趋势图。如图 5.5 所示,东部地区的全要素生产率在大部分时间处于全国领先地位,但区域间绿色全要素生产率的差异也在不断缩小。自 2012 年之后,三个地区的绿色全要素生产率增速均呈现下降趋势,这主要是由于我国提出建设资源节约型、环境友好型社会,并逐步实施了一系列环境保护与污染防治措施,从而取得了一定的成效。"三期叠加"的影响是绿色全要素增长率增速下降的重要原因。由于我国经济环境好转且采取政策支持,2016 年后绿色全要素生产率增速继续上升。

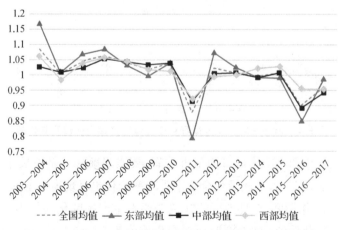

图 5.5 2003—2017 年三大区域绿色全要素生产率变化趋势

第四节　研究设计

一、样本选择与数据来源

本研究计划选用 2003—2017 年中国 30 个省级行政区（剔除了香港、澳门、台湾和西藏自治区）规模以上工业企业的相关数据。其中规模以上工业企业的经济数据、产业结构数据来源于历年《中国统计年鉴》；专利数据、规模以上工业企业 R&D 内部与外部经费支出来自历年《中国科技统计年鉴》；行业层面的能源消费结构数据出处为历年《中国能源统计年鉴》；环境规制等相关数据出处为历年《中国环境年鉴》及《中国环境统计年鉴》。

二、变量设计

（一）被解释变量：企业经济绩效（EW）

如表 5.3 所示，本研究主要采用表 5.2 测算的绿色全要素生产率（GTFP）来度量环境规制下的企业经济绩效。传统的全要素生产率体现了技术进步促进经济增长的质量，一般指资本、劳动力和经济产出等要素开发利用的效率；而绿色全要素生产率是指除了考虑原有的生产要素外，还考虑环境污染和能源消耗两种要素，既是一种技术进步率和经济发展作用的测度方法，也是一项衡量节能降碳程度的综合指标，是分析企业在环境约束的情况下是否转变经济方式和提高环境质量的理论依据。

ML 指数体现的不是绿色全要素生产率的绝对值，而是相对值。因此，本研究参考 Zhong and Li（2020），将 2003 年作为基年，统一设置各城市 2003 年的绿色全要素生产率等于 1，通过累乘法测算出各省市历年累积绿色全要素生产率[1]。

---

[1] Zhong J，Li T. Impact of Financial Development and Its Spatial Spillover Effect on Green Total Factor Productivity：Evidence from 30 Provinces in China. Mathematical Problems in Engineering，2020.

表 5.3　企业经济绩效指标

变量名称	替代指标
企业经济绩效(EW)	绿色全要素生产率(GTFP)

（二）解释变量：环境规制(ER)

由于环境规制手段的多样性，对企业经济绩效的影响也有所不同，因此本研究将对环境规制工具进行分类，分别讨论其对企业经济绩效的影响。根据不同的分类标准，环境规制工具的分类方法包括二分法、三分法和四分法。从实际研究目的出发，本研究按照环境规制作用方式的不同，将环境规制划分为命令控制型(ER_C)、市场激励型(ER_M)和自愿参与型(ER_V)三种，并采用测算较为全面准确的综合指数法计算环境规制强度指数。具体环境规制强度指标体系如表 5.4 所示。

表 5.4　环境规制强度指标体系

变量名称	替代指标
命令控制型环境规制 （ER_C）	企业"三同时"项目投资额(亿元)
	政府对环境违法事件实施的行政惩罚案件数
市场激励型环境规制 （ER_M）	排污费解缴入库金额(万元)
	工业源污染治理投资额(亿元)
	污染治理项目本年完成投资合计(万元)
自愿参与型环境规制 （ER_V）	承办的人大建议数与政协提案数
	政协提案数

命令控制型环境规制，通常以规章、法律的形式对企业有关环境的行为进行控制，企业则按照法律法规的规定进行污染治理、技术创新，一旦存在违规行为，企业会受到惩罚，以此达到规定的技术标准或排放标准。在具体指标的选取上，一方面，由于三种环境规制工具的作用强度增加均能导致排污量的降低，排污量无法正确体现命令控制型环境规制工具的作用强度，因此本研究具体指标主要来源于行政实施的层面；另一方面，由于一些指标时间不连续，因此，本研究选取企业"三同时"项目投资额以及政府办理环境行政处罚案件数作为计算命令控制型环境规制强度指数

的两个子指标。

市场激励型环境规制主要通过市场机制影响企业的利润或成本,从而激励企业进行节能减排,包括环境税、排污权交易等。中国的排污权交易制度未形成健全的法律保障体系,覆盖面较窄,碳排放权交易操作时间不长,尚未在全国有效实施和推广,而制定排污费制度的目的是促使企业加强排污管理,它已经在中国全面落地实施多年,而且数据的可获取性高。因此,本研究选取排污费、工业源污染治理投资额、污染治理项目本年完成投资三个子指标对市场激励型环境规制强度进行测算。

自愿参与型环境规制是指企业和社会公众通过政府引导或自身的环境理念,自发保护环境,控制污染排放的行为,主要包括签订自愿性环境协议、企业环境信息公开和公众绿色消费等。考虑到数据容易获取并且具有连续性等原因,本研究选取承办的人大建议数与政协提案数两个子指标衡量自愿参与型环境规制。

测算命令控制型和市场激励型环境规制强度指数的具体步骤如下:

第一步,对命令控制型和市场激励型环境规制工具的子指标进行标准化处理:

$$ER\_k_{ij}^{s} = \frac{ER\_k_{ij} - \min(ER\_k_j)}{\max(ER\_k_j) - \min(ER\_k_j)} \tag{5.12}$$

式中,i 代表省份;j 代表环境规制工具的子指标;k 代表环境规制工具的类型,k 为 C 时代表命令控制型环境规制,k 为 M 时代表市场激励型环境规制;$ER\_k_{ij}^{s}$ 代表第 i 个省份的第 j 个子指标的标准化值;ER_k_{ij} 代表第 i 个省份的第 j 个子指标的原始值;$\max(ER\_k_j)$ 和 $\min(ER\_k_j)$ 分别代表每年第 j 个子指标在所有省份中的最大值和最小值。

第二步,分别计算各地区各项子指标的调整系数。标准化值没有将所在地区的经济发展水平考虑在内,无法正确体现一个地区的某项指标在全国范围内的相对大小。比如,单考虑标准化值,如果两个地区的标准化值相等,可以认为这两个地区环境规制工具的作用强度相等,然而,在考虑到两个地区的经济发展程度或者经济规模大小后,两地环境规制工具的作用强度实际上可能是不同的。因此,必须以一个综合了不同地区经济发展程度或经济规模大小的调整系数来更准确地反映一个地区某项指标的相对水平。调整系数的测算方法如下：

$$W_{ij} = \left(P_i \Big/ \sum_{i=1}^{30} P_i \right) \Big/ \left(E_i \Big/ \sum_{i=1}^{30} E_i \right) \qquad (5.13)$$

式中，P_i 为第 i 个省份每年的工业增加值；E_i 为第 i 个省份每年的规模以上工业企业个数；W_{ij} 为第 i 个省份每年工业增加值的全国占比与第 i 个省份每年规模以上工业企业个数的全国占比的比值。之所以选取 W_{ij} 进行调整，原因在于当一个省份单项指标的相对水平较高时，那么单项指标水平相等也就说明环境规制工具的作用强度越大，因此应当加大其权重。

第三步，通过各个子指标的标准化值 $ER\_k_{ij}^s$ 和调整系数 W_{ij}，得出第 i 个省份的命令控制型和市场激励型环境规制工具的强度指数：

$$ER\_C_i = \frac{1}{2} \sum_{j=1}^{2} W_{ij} \cdot ER\_C_{ij}^s \qquad (5.14)$$

$$ER\_M_i = \frac{1}{3} \sum_{j=1}^{3} W_{ij} \cdot ER\_M_{ij}^s \qquad (5.15)$$

最后，本研究依据王红梅（2016）的做法，将每年承办的人大建议数和政协提案数的总和各省份人口的比值作为自愿参与型环境规制的强度[①]：

$$ER\_V_i = (suggestion_i + proposal_i) / population_i \qquad (5.16)$$

（三）影响机制的相关变量

落后发展国家提高经济发展水平的必然要求是推动产业结构优化与升级，包含产业结构合理化（即反映工业产业内部协调发展和资源有效利用程度）和产业结构高级化（工业产业结构不断向更高层级演进）两个层面。

产业结构合理化衡量要素投入结构和产出结构的耦合程度，目前多采用结构偏离度和泰尔指数等进行测算。干春晖等（2011）指出，泰尔指数不仅能量化产业结构合理化程度，还考虑了产业间的关联影响以及经

[①] 王红梅：《中国环境规制政策工具的比较与选择——基于贝叶斯模型平均（BMA）方法的实证研究》，《中国人口·资源与环境》，2016 年第 9 期，132—138 页。

济不均衡发展的基本特征,无须测算绝对大小[①],其公式如下:

$$TL = \sum_{i=1}^{n} \left(\frac{Y_i}{Y}\right) \ln\left(\frac{Y_i}{L_i} \Big/ \frac{Y}{L}\right) \tag{5.17}$$

式中,Y 表示产业产值;L 表示就业人员数;i 表示产业(第一产业、第二产业和第三产业);n 表示产业部门数($n=3$);$\frac{Y_i}{Y}$ 代表产出结构;$\frac{L_i}{L}$ 代表就业结构;$\frac{Y}{L}$ 代表产业生产率。当经济发展为均衡状态时,各产业生产率相等,即 $\frac{Y_i}{L_i} = \frac{Y}{L}$,因此 $TL=0$。当 $TL \neq 0$ 时,说明产业结构偏离均衡状态,产业结构不合理。

产业结构高级化衡量产业结构升级,在当前"经济服务化"的趋势下,经济结构向第三产业服务业的演化已经成为产业结构升级的一个重要特征。第三产业产值与第二产业产值的比值能够清晰地反映出一国经济结构的服务化趋势,以此来衡量产业结构高级化,公式如下:

$$TS = \frac{Y_{Sev}}{Y_{Ind}} \tag{5.18}$$

式中,Y_{Sev} 表示第三产业产值;Y_{Ind} 表示第二产业产值;TS 为两者之比。当 TS 值处于增长趋势时,表明产业结构在升级,不断朝"服务化"方向推进。具体的影响机制的变量指标体系如表 5.5 所示。

表 5.5　影响机制的变量指标体系

变量名称	指标测算
产业结构合理化(TL)	泰尔指数
产业结构高级化(TS)	第三产业增加值/第二产业增加值

(四)控制变量

根据以往研究,环境规制对企业经济绩效的影响还受到企业禀赋、行业和地区的影响,因此本研究选择以下变量作为控制变量,如表 5.6 所示:

---

① 干春晖、郑若谷、余典范:《中国产业结构变迁对经济增长和波动的影响》,《经济研究》2011 年第 5 期,4—16 页+31 页。

表 5.6　控制变量指标体系

变量名称	指 标
企业规模(Scale)	当年的规模以上工业企业平均资产总计
产权结构(Property)	国有及国有控股企业资产总计占规模以上工业企业资产总计的比重
经济发展水平(Pgdp)	所在省份人均 GDP
产业结构(Structure)	当年各省第三产业产值占该地区生产总值的比值
贸易开放度(Openness)	各省进出口总额占该地区生产总值的比重
市场化程度(Commerce)	各省规模以上工业企业数量

（1）企业规模(Scale)：企业规模是影响技术创新的关键因素。技术创新投入多、周期长、风险大，而规模较大的企业通常拥有雄厚的资本和较强的风险抵抗能力，在技术创新方面更有优势。另外，规模较大的企业往往产量较高，平均生产成本和平均环保成本较低，其应对突发事件的能力更强，因此对于不同规模的企业，其环境规制的长期和短期作用机制具有差异性。然而，值得注意的是，企业规模也可能对技术创新产生负向作用。市场上的自由竞争遵循优胜劣汰原则，如果企业通过市场上的自由竞争，不断地扩张自己的经营规模、兼并其他的企业，就会在一定程度上形成垄断，并通过各种方式提高行业进入壁垒，限制潜在企业的进入。此时，由于缺少竞争者，垄断企业可能不能继续进行技术创新。综上，本研究将采用当年的规模以上工业企业平均资产总计对企业规模进行衡量。

（2）产权结构(Property)：国有企业和非国有企业在环境规制过程中具有不同的特点和优势。国有企业通常规模较大，且往往容易获得政府支持，理论上比非国有企业更具备创新条件。在技术研发资源方面，与民营企业相比，国有企业拥有的各种生产要素更多，因此，提高国有产权比例能够促进技术创新。但正因为国有企业依赖于政府的保护性手段，所以环境政策对其的规制效应较弱，导致国有企业在技术创新方面缺少激励作用，这抑制了企业的技术创新和转型升级。因此，本研究以国有及国有控股企业资产总计占规模以上工业企业资产总计的比重对产权结构进行衡量。

（3）经济发展水平（Pgdp）：区域经济发展水平越高，创新研发经费投入水平就越高，从而推动企业进行技术创新，有助于企业的发展和转型，减少工业污染。另外，不同地区，企业对于环境规制的响应程度也不同，需要进一步研究。因此，本研究采用所在省份人均 GDP 对经济发展水平进行衡量。

（4）产业结构（Structure）：环境规制会促使高耗能高排放型生产的要素价格上升，导致企业的生产成本增加，从而倒逼企业调整生产行为，促进清洁能源及设备的使用和环保技术的研发，控制高污染、高能耗产业过快增长，驱动本地产业结构升级。产业结构升级，即产业结构高级化，是指国家经济发展或产业结构重心从第一产业逐步转移到第二、第三产业的过程。因此，本研究采用当年各省第三产业产值占该地区生产总值的比值对产业结构进行衡量。

（5）贸易开放度（Openness）：通常情况下，贸易开放程度越高意味着本土企业面临的生存挑战更大，而生存压力的增加可能会导致企业利润降低；但另一方面，对外开放程度的提升也有助于引进国外先进的技术，促进企业的技术创新，从而导致企业利润增加。因此，本研究将采用各省进出口总额占该地区生产总值的比重对贸易开放度进行衡量。

（6）市场化程度（Commerce）：市场化进程是影响企业技术创新的重要因素之一。制度经济学理论认为，制度框架是创新行为的重要约束条件，而高市场化程度可以减少政府干预，市场这只"看不见的手"能够对企业家进行资源的合理配置，激励企业进行技术创新。市场化程度提高也有助于降低行政垄断与地区市场分割程度，强化市场竞争，倒逼企业进行技术创新提高劳动制造率，夺取或者保持市场领先地位和竞争优势。另外，在市场化程度较高的地区的，资本市场往往更加成熟，要素市场也更加健全，能够合理有效地进行企业资源配置，进而推动企业发展、加快效益提升。本研究采用各省规模以上工业企业数量衡量市场化程度。

三、模型构建

（一）基准回归模型

由于未知环境规制对企业经济绩效的影响是否为线性，因此引入环境规制强度的二次项，二次项系数显著则代表线性关系成立，否则为非线

性。参考张成(2011)构建基准回归模型如下[①]:

$$GTFP_{i,t} = \beta_0 + \beta_1 ER\_k_{i,t} + \beta_2 (ER\_k_{i,t})^2 + \beta_3 Property_{i,t} +$$
$$\beta_4 Scale_{i,t} + \beta_5 LnPgdp_{i,t} + \beta_6 + \beta_7 Openness_{i,t} +$$
$$\beta_8 Commerce_{i,t} + \varepsilon_{i,t} \tag{5.19}$$

式中,i 代表省份;t 代表时间;$GTFP$ 代表绿色全要素生产率;ER 代表环境规制,是本研究要考察的核心变量;$k = C,W,V$,分别对应命令控制型、市场激励型、自愿参与型三种环境规制工具。$Property$,$Scale$,$Pgdp$,$Structure$,$Openness$,$Commerce$ 均为控制变量,分别表示产权结构、企业规模、经济发展水平、产业结构、贸易开放度以及商业化程度;ε 为随机误差;β_0 为常数项;β 均为待估系数。

(二)调节效应模型

为分析环境规制对企业绿色全要素生产率的影响过程中产业结构优化的调节作用,本研究在回归中加入了环境规制与产业结构优化的交互项,建立模型如下:

$$GTFP_{it} = \gamma_0 + \gamma_1 ER\_k_{i,t} + \gamma_2 (ER\_k_{i,t})^2 + \gamma_3 ER\_k_{i,t} \times IndS\_g_{it} +$$
$$\gamma_2 (ER\_k_{i,t})^2 \times IndS\_g_{it} + \lambda_2 X_{i,t-1} + \varepsilon_{it} \tag{5.20}$$

式中,$IndS\_g_{it}$ 表示产业结构优化,当 $g = R,A$ 时,分别对应产业结构合理化和产业结构高级化;$ER\_k_{i,t} \times IndS\_g_{it}$ 表示不同类型环境规制一次项与产业结构的交互项;$\gamma_2 (ER\_k_{i,t})^2 \times IndS\_g_{it}$ 表示不同环境规制二次项与产业结构优化的交互项;$X_{i,t}$ 为一系列控制变量 $Property$,$Scale$,$Pgdp$,$Structure$,$Openness$,$Commerce$。

第五节 实证分析

一、基准回归结果分析

本研究利用 stata 15.0 软件,采用实证模型(6.16)考察不同类型环

[①] 张成、陆旸、郭路等:《环境规制强度和生产技术进步》,《经济研究》2011 年第 2 期,113—124 页。

境规制能否提升企业绿色全要素生产率（GTFP），以增加企业经济绩效，Probit 回归结果如表 5.7 所示。

表 5.7 基准回归结果

VARIABLES	(1)	(2)	(3)
	企业绿色全要素生产率（GTFP）		
ER_C	1.944 ** (2.55)		
ER_C2	−0.977 (−1.20)		
ER_M		2.759 *** (4.19)	
ER_M2		−1.514 *** (−2.86)	
ER_V			−3.321 ** (−2.38)
ER_V2			4.116 ** (1.97)
Scale	−0.065 ** (−2.04)	−0.086 *** (−2.59)	−0.039 (−1.21)
Property	−0.655 (−1.60)	−0.768 * (−1.86)	−0.511 (−1.33)
Pgdp	−0.000 (−0.21)	−0.000 (−0.49)	0.000 (0.57)
Structure	0.580 (0.60)	1.912 * (1.86)	−0.305 (−0.34)
Openness	−0.100 (−0.49)	−0.181 (−0.82)	−0.015 (−0.08)
Commerce	−0.000 (−0.53)	−0.000 (−0.57)	0.000 (1.32)
R^2	0.007 4	0.011 0	0.005 6
Observations	450	450	450

Robust z-statistics in parentheses：*** $p<0.01$，** $p<0.05$，* $p<0.1$。

第(1)列显示命令控制型环境规制一次项系数为 1.944,在 5％的显著性水平上通过检验;二次项系数为负但不显著。一方面,短期内命令控制型环境规制通过给予环境污染治理投资以分担企业治污资金投入压力,同时对环境违法事件进行处罚和强制性执行,企业有动力将部分治污的投入用来改进生产效率,具体途径包括但不限于对产品工艺或生产流程进行技术创新来促进企业 GTFP,增加企业经济绩效,即形成"创新补偿效应"。但另一方面,随着命令控制型环境规制力度的增强,环境标准不断提高,环境污染治理投资增加,由于企业存在逐利本性以及我国地方政府竞争下的治污投资监管不力,企业为了获得政府补助可能存在信息披露违规操作,使政府环保专项资金受到不合理的占用,而政府在"锦标赛"模式下对环保补助投资的合理分配和理想化监管较难实现,从而对企业经济绩效产生"挤出效应"。因此,在"创新补偿效应"和"挤出效应"的双重作用下,命令控制型环境规制对企业经济绩效的影响呈现先提升后降低的趋势,而目前降低效应尚不明显。

第(2)列显示企业经济绩效受到市场激励型环境规制影响的一次项系数为 2.759,二次项系数为－1.514,两者均在 1％的显著性水平上通过检验,趋势形同倒"U"形。即短期内随着市场激励型环境规制强度的提高,企业经济绩效会逐渐提高,但长期内环境规制强度提高到一定程度后,企业经济绩效会下降,企业经济绩效也将受到不利影响。排污费等费用的征收这一市场激励型环境规制措施以"谁污染,谁付费"为原则,能够促使企业发挥自身主观能动性进行一系列污染物源头或末端治理的技术升级,给企业带来竞争优势,以此减缓或抵消创新的合规成本,进而提升企业经济效益,增加企业经济绩效;但当排污费等费用的征收超过企业所能承担的上限时,会增加企业成本压力,会挤出用于产品创新等非生产性资金缴纳排污费或环境税,并通过扩大生产规模弥补环境处罚成本,环境质量受损,企业经济绩效也受到不利影响,阻碍企业经济绩效增长。2017年 10 月 18 日,党的十九大召开,将坚持绿色发展纳入五大发展理念,指出"建立市场化、多元化生态补偿机制",强调市场机制在环境保护工作中发挥的作用。2018 年 12 月 28 日,国家发展改革委等 9 部门联合印发并实施了《建立市场化、多元化生态保护补偿机制行动计划》,给出了生态保护补偿资金来源渠道,企业可获得污染物减排补偿、水资源节约补偿、碳排放权抵消补偿等发展权补偿。党的二十大报告提出"完善支持绿色发展的财税、金融、投资、价格政策和标准体系",进一步强调运用好政府手段的引导作用和市场经济政策的激励功能。完善市场激励型环境规制,健全排污权交易体制仍是进一步开展绿色环保工作的方向。

而自愿参与型环境规制一次项、二次项系数分别为一3.321 和 4.116,且均在 5%的显著性水平上通过检验,趋势形同"U"形,与蔡乌赶等(2017)[①]学者的研究结论一致。自愿参与型环境规制主要反映企业受到公众的监督,公众的环保自觉性和监督意识越强,环境诉求越多,越积极与污染密集型企业展开博弈。协商不成时通过媒体曝光、到环境法庭投诉污染企业,或对污染密集型产品进行抵制,通过商品市场的购买和资本市场的投资选择行为,影响污染企业的收益及其环境保护行为,进而影响企业产品竞争力。在短期,一定水平内自愿参与型环境规制的增强,导致企业环保压力增加,环保成本上升,对企业经济效益和企业经济绩效产生负面影响;但是长期来看,由于社会压力的存在以及经济利益的下降,企业适时进行绿色技术创新或环境污染防治,从而提升企业经济效益和企业经济绩效。然而目前我国环境保护工作中的公众参与制度以及政府或环保机构的信息反馈机制还有待健全,公众向政府当局或管制机构施加压力和表达环境诉求的途径十分有限。

控制变量在不同的环境规制政策下产生的作用不同。企业规模在命令控制型与市场激励型环境规制下表现为负向显著,但系数较小,随着企业规模的扩大,企业在扩大产量的同时排污量将增加,所付出的环境成本也将越多。即使企业通过技术创新降低单位排污量,但也可能刺激企业生产更多产品,出现"能源反弹效应",不利于提升企业经济绩效。产权结构在市场激励型环境规制作用下显著为负,国有企业由于对政府有依赖性,缺乏创新激励,因此尚未观察到环境规制对国有企业经济绩效影响的积极影响。产业结构在市场激励型环境规制背景下表现为显著正相关,市场手段倒逼企业调整生产行为,降低高污染、高能耗产业比重,向服务化发展,有助于企业经济绩效的增长。

综上所述,长、短期内环境规制均可对企业经济绩效产生影响,验证

---

① 蔡乌赶、周小亮:《中国环境规制对绿色全要素生产率的双重效应》,《经济学家》2017 年第 9 期,27—35 页。

了假设一。其中,短期内多由命令控制型和市场激励型环境规制发挥积极作用,而长期内自愿参与型环境规制积极作用更明显。因此,政策制定时应当注重组合搭配,协调不同环境规制强度,关注不同环境规制手段下其他因素的影响,以实现作用最大化。

二、稳健性检验

(一)解释变量滞后一期

由于环境规制政策实施具有滞后性,本研究将所有环境规制类型滞后一期以缓解内生性问题,滞后一期回归结果如表5.8所示。结果表明,命令控制型环境规制滞后一期仍保持一次项正向显著而二次项为负但作用不明显;市场激励型环境规制滞后一期对企业经济绩效的影响仍呈现倒"U"形趋势,表现为一定强度内增加企业经济绩效,但超过某一临界点将不利于增加企业经济绩效;自愿型环境规制滞后一期对企业经济绩效的影响仍呈先降低后增加的"U"形趋势,以上结论均与基准回归结果一致,验证本研究结论的可靠性。同时,环境规制政策滞后一期的显著性表明政策具有时滞性,且系数都略小于基准回归结果,表明三类环境规制政策对企业经济绩效不仅具有当期影响,还具有延续性影响,且作用并未减弱太多。

表 5.8　稳健性检验一

VARIABLES	(1)	(2)	(3)
	GTFP		
L.ER_C	1.921** (2.18)		
L.ER_C2	−1.003 (−0.97)		
L.ER_M		2.612*** (3.73)	
L.ER_M2		−1.375** (−2.43)	
L.ER_V			−2.953** (−2.10)
L.ER_V2			3.605* (1.67)

续　表

VARIABLES	(1)	(2)	(3)
	GTFP		
Property	−0.489 (−1.17)	−0.579 (−1.37)	−0.285 (−0.72)
Scale	−0.076** (−2.45)	−0.105*** (−3.33)	−0.055* (−1.76)
Pgdp	−0.000 (−1.12)	−0.000 (−1.30)	−0.000 (−0.14)
Structure	1.197 (1.20)	2.535** (2.39)	0.280 (0.29)
Openness	0.009 (0.05)	−0.071 (−0.32)	0.064 (0.33)
Commerce	−0.000 (−0.28)	−0.000 (−0.41)	0.000 (1.54)
R^2	0.007 4	0.010 6	0.005 8
Observations	420	420	420

Robust z-statistics in parentheses：*** $p<0.01$, ** $p<0.05$, * $p<0.1$。

（二）变量替代法

再次验证上述结果的可靠性，本研究采用变量替代法对上述模型进行稳健性检验。由于 GTFP 是一个综合衡量了创新水平和企业经济增长的指标，因此将其替换为衡量企业经济增长水平的经济效益（LR）和企业可持续性发展水平的技术创新（TI）。

不同类型环境规制对企业经济效益（LR）回归结果如表 5.9 所示，除系数略变大且命令控制型环境规制二次项系数更为显著外，各类环境规制的作用与基准结果基本保持一致，再次验证基准结果的可靠性。具体来看，命令控制型与市场激励型环境规制均使企业经济效益显著增长，即有利于企业经济绩效提升；然而随着这两类环境规制的力度增强，企业污染治理成本和制度遵循成本加大，不得不采取减产、停工等措施，有损企业经济效益与企业经济绩效。短期来看，公众自愿型环境规制披露了企业环境违法事件，企业被当地政府勒令停工休整，对企业经济效益造成不利影响；长期来看，公众自愿型环境规制的增强有利于帮助引导企业采取积极的环境措施,为企业提供积极正面的声誉,从而有助于提升企业经济效益与企业经济绩效。企业可在环保和经济效益之间取得最佳平衡,兼顾绿色发展和企业经济绩效的提升。

表 5.9 稳健性检验二

VARIABLES	(1)	(2)	(3)
	经济效益(LR)		
ER_C	4.653*** (6.17)		
ER_C2	−3.034*** (−3.81)		
ER_M		4.914*** (7.62)	
ER_M2		−2.920*** (−5.94)	
ER_V			−8.558*** (−5.21)
ER_V2			9.261** (2.38)
Property	−0.367 (−0.85)	−0.409 (−0.94)	−0.249 (−0.51)
Scale	−0.195*** (−6.09)	−0.227*** (−6.80)	−0.142*** (−4.40)
Pgdp	0.000*** (15.81)	0.000*** (14.65)	0.000*** (15.68)
Structure	−7.668*** (−7.76)	−6.259*** (−6.00)	−9.283*** (−9.26)
Openness	−1.245*** (−6.59)	−1.403*** (−7.74)	−1.148*** (−6.54)
Commerce	0.000*** (4.39)	0.000*** (5.46)	0.000*** (6.99)
R^2	0.135 4	0.140 9	0.132 7
Observations	448	448	448

Robust z-statistics in parentheses: *** $p < 0.01$, ** $p < 0.05$, * $p < 0.1$。

技术创新（TI）用创新研发投入（IE）和有效发明专利数（PF）表示，表征企业的可持续发展状况，回归结果如表 5.10 所示。第（1）～（3）、（4）～（6）列分别表示不同类型的环境规制对创新研发投入（IE）和有效发明专利数（PF）的影响。总体来说与基准回归结果基本一致，表明结果稳健。

表 5.10　稳健性检验三

VARIABLES	(1)	(2)	(3)	(1)	(2)	(3)
	创新研发投入（IE）			有效发明专利数（PF）		
ER_C	3.064*** (3.47)			2.310*** (3.10)		
ER_C2	−1.570 (−1.46)			−1.813** (−2.23)		
ER_M		3.440*** (5.21)			2.006*** (3.32)	
ER_M2		−1.825*** (−3.61)			−1.634*** (−3.44)	
ER_V			−4.155*** (−2.86)			−2.730* (−1.86)
ER_V2			3.255 (1.16)			1.906 (0.56)
Property	0.118 (0.24)	0.103 (0.22)	0.323 (0.60)	−0.502 (−1.19)	−0.435 (−1.04)	−0.431 (−0.97)
Scale	−0.232*** (−6.81)	−0.255*** (−6.90)	−0.189*** (−5.16)	−0.120*** (−3.78)	−0.117*** (−3.51)	−0.103*** (−3.11)
Pgdp	0.000*** (15.82)	0.000*** (15.09)	0.000*** (15.80)	0.000*** (13.45)	0.000*** (13.49)	0.000*** (13.95)
Structure	−4.194*** (−4.51)	−2.923*** (−3.19)	−5.433*** (−5.91)	1.670* (1.84)	1.637* (1.82)	0.794 (0.94)
Openness	−1.508*** (−7.15)	−1.597*** (−7.72)	−1.381*** (−6.46)	−1.607*** (−7.55)	−1.592*** (−7.56)	−1.556*** (−7.30)
Commerce	0.000*** (5.56)	0.000*** (6.35)	0.000*** (7.06)	0.000*** (5.88)	0.000*** (6.41)	0.000*** (7.43)
R^2	0.161 6	0.165 1	0.157 9	0.127 3	0.127 1	0.126 5
Observations	450	450	450	450	450	450

Robust z-statistics in parentheses：*** $p<0.01$，** $p<0.05$，* $p<0.1$。

具体来看，命令控制型环境规制对技术创新的一次项系数依旧显著为正，二次项系数为负且显著性增强，呈倒"U"形趋势。命令控制型环境规制可给予企业环境保护投资，降低企业技术创新的风险，提升技术创新能力进而增加创新技术产出；然而环保补助是为加快环境污染防治的专项补助资金，需要按照核准的规定用途专款专用，其只能应用于重点污染源的防治和环境污染的综合性整治，不得挪作他用。即环保补助指明用于环保直接投资，虽然对技术创新存在积极作用但长期来看作用有限。

市场激励型环境规制同样呈现一次项系数为正、二次项系数为负的倒"U"形趋势，且通过 1% 的显著性水平检验。市场激励型环境规制中的排污费征收会激励企业进行从生产产品到污染治理的一系列绿色创新以实现资源配置优化，同时绿色创新带来的产品竞争优势会引来同行甚至不同行业的学习和良性竞争，从而不断提高企业创新水平，增加企业经济绩效；但排污费等费用的征收也会加重企业资金负担，给企业带来现金流压力，企业将谨慎对待周期长、高投入和高风险的创新活动，甚至放弃研发投入，从而对企业创新造成"挤出"效应。

自愿参与型环境规制的一次项系数在 10% 的显著性水平上为负，二次项系数为正但不显著。自愿型环境规制作为一种"俱乐部"物品，要求企业投入人力、财力和物力等成本，但是企业形象等荣誉的受益人是俱乐部构成的利益共同体。并且自愿型环境规制缺乏强制性惩罚机制，基于企业是理性经济个体的假设，企业可能会利用一定的机会盲目追求经济效益，虽然参与了自愿规制项目，却没有人员真正负责制度的落地实施，最终会导致"逆向选择"和"道德风险"，难以真正提高技术创新水平。

三、异质性分析

（一）能源结构异质性

为进一步区分各地区的行业特征，本研究拟将能源消费结构定义为各省煤炭消费量占能源消费总量的比重，以全国煤炭消费量占比均值作为标准，高于该标准记为高煤炭地区，低于该标准记为低煤炭地区，回归结果如表5.11所示。

表 5.11　能源结构差异地区环境规制效应

VARIABLES	高煤炭地区			低煤炭地区		
	(1)	(2)	(3)	(4)	(5)	(6)
	GTFP					
ER_C	3.870***			−0.077		
	(3.69)			(−0.07)		
ER_C2	−3.205***			0.773		
	(−3.64)			(0.62)		
ER_M		3.539***			0.141	
		(3.58)			(0.11)	
ER_M2		−2.376***			1.079	
		(−3.56)			(0.67)	
ER_V			0.272			−4.555**
			(0.10)			(−2.53)
ER_V2			0.977			5.283**
			(0.26)			(2.07)
Property	−0.675	−0.685	−0.811	0.232	0.221	0.335
	(−0.88)	(−0.91)	(−1.07)	(0.45)	(0.43)	(0.71)
Scale	−0.111	−0.151	−0.035	−0.098**	−0.099***	−0.093**
	(−1.10)	(−1.40)	(−0.37)	(−2.56)	(−2.63)	(−2.54)
Pgdp	0.000	0.000*	0.000	0.000	0.000	0.000
	(1.52)	(1.81)	(1.43)	(0.42)	(0.32)	(0.92)
Structure	4.152**	4.096**	1.690	−0.914	−0.417	−1.267
	(2.45)	(2.51)	(1.11)	(−0.73)	(−0.30)	(−1.06)
Openness	−2.231**	−1.019	−1.821*	0.386*	0.306	0.322
	(−2.06)	(−1.00)	(−1.84)	(1.93)	(1.33)	(1.60)
Commerce	0.000*	0.000	0.000***	−0.000	−0.000	0.000
	(1.67)	(0.76)	(2.79)	(−0.18)	(−0.21)	(0.68)
R^2	0.035 9	0.037 0	0.030 2	0.010 0	0.010 7	0.011 1
Observations	195	195	195	255	255	255

Robust z-statistics in parentheses：*** $p<0.01$，** $p<0.05$，* $p<0.1$。

第(1)～(3)列表示在高煤炭地区各类环境规制对企业经济绩效的影

响。在高污染、高排放产业集聚的高煤炭地区，命令控制型和市场激励型环境规制的一次项系数为正，二次项系数为负，均通过了 1% 的显著性检验，对企业经济绩效呈倒"U"形趋势，而自愿参与型环境规制的一次项和二次项系数均不显著，表明命令控制型与市场激励型两类环境规制对高煤炭地区的产业结构优化产生了显著的倒逼效应，而自愿控制型环境规制尚未起到明显作用。对于该区域内实力雄厚的大型企业而言，不断增强的命令控制型和市场激励型环境规制力度将促使企业投入更多资源进行研发，利用清洁生产设备从源头上控制污染的产生和排放，从长远来看将有助于减少污染边际治理成本，获得"创新补偿"效应；在此过程中，企业也有动力由以生产污染密集型产品为主转向生产更多清洁型产品，从而引领行业优化升级。而对于区域内的中小型企业而言，难以承受大幅上涨的环境规制成本，部分企业即使努力减排依然难以满足规制要求，或将退出市场，行业规模逐渐萎缩。无论是大型企业还是中小型企业，面对公众监督造成的成本与企业的高利润率相比显得微不足道，因此企业更愿意认缴罚金，损失部分成本，而整体效益未受太大影响。因此，在高煤炭地区，需要严厉的命令控制型和市场激励型环境规制倒逼污染密集型产能的顺利淘汰，驱动产业结构调整，但这两类环境规制手段过于严厉时依然会增加企业成本，有损企业经济绩效。

第(4)~(6)列表示低煤炭地区各类环境规制对企业经济绩效的影响。其中，只有自愿控制型环境规制一次项与二次项显著，对企业经济绩效的影响呈"U"形趋势，而其他两类环境规制效应不明显。由于该地区大多分布着低煤炭消费、低污染排放行业，整体边际治污成本较低，命令控制型、市场激励型环境规制的增强造成的影响较小，该地区行业"绿色"发展优势凸显，成为物质资本和人力资本等生产要素的流入地，实现进一步发展和规模扩张，逐步成为拉动国民经济增长的新动力。

（二）东中西部地区异质性

如表 5.12 所示，东部地区的市场激励型环境规制与企业经济绩效之间存在显著"U"形关系，随着环境规制政策力度不断加大，短期内环境规制会抑制企业经济绩效，但长期来看企业经济绩效会得到明显改善。主要原因在于，东部地区经济已处于经济集约型增长方式阶段，为推进生态文明建设而重视制度的顶层设计,作为"环保"的领跑者地区,工业企业竞争力强,能够承受一定程度的环境成本负担。在国家创新驱动战略的实施背景下,东部大部分地区已进入后工业化阶段,企业转型升级能力强,朝着高技术、低污染等方向迅速发展,高污染、低附加值的企业逐渐被淘汰,市场化程度相对更高,能够实现"波特假说"的技术创新"补偿效应",以自身的技术优势突破拐点。因此市场激励型的排污收费制度工具具有更高的处理效率,长期来看能提升企业经济绩效,促进东部地区的工业企业可持续发展。

表 5.12　东部地区环境规制效应

VARIABLES	(1)	(2)	(3)
	GTFP		
ER_C	−1.159 (−1.02)		
ER_C2	1.281 (1.37)		
ER_M		−2.014* (−1.89)	
ER_M2		2.421** (2.38)	
ER_V			0.198 (0.07)
ER_V2			−7.757 (−1.30)
Property	3.127*** (3.36)	2.950*** (3.44)	2.522*** (3.23)
Scale	0.089 (1.61)	0.088* (1.70)	0.064 (1.06)
Pgdp	−0.000 (−0.29)	0.000 (0.05)	−0.000 (−0.22)
Structure	−3.999** (−2.25)	−4.317** (−2.30)	−3.097* (−1.79)
Openness	0.295 (1.17)	0.440* (1.70)	0.169 (0.64)

续　表

VARIABLES	(1)	(2)	(3)
	GTFP		
Commerce	0.000** (2.45)	0.000** (2.49)	0.000*** (3.35)
R^2	0.013 7	0.018 6	0.014 4
Observations	165	165	165

Robust z-statistics in parentheses：*** $p<0.01$，** $p<0.05$，* $p<0.1$。

如表 5.13 所示，中部地区的命令控制型、市场激励型环境规制与企业经济绩效之间存在显著倒"U"形关系，环境规制在短期内对中部地区的企业经济绩效产生显著的积极作用，而随着环境规制力度的不断加大，长期来看中部地区的企业经济绩效反而呈现下降的趋势。这是由于中部地区的主要产业仍是传统制造业、原材料加工业等重工业，属于环境敏感型行业，其经济增长主要依赖于生产要素的高投入与高能耗，因而短期内，命令控制型与市场激励型环境规制工具能够促使其被动或投机式地投入生产要素，以换取企业经济绩效的提高。但长期来看，由于难以突破技术创新瓶颈，未能实现"创新补偿效应"，高额的环境规制成本会对企业经济绩效造成不利影响，长期的强制性规制约束会导致中部地区工业发展萎缩，从而造成生产效率的大幅度下滑。

表 5.13　中部地区环境规制效应

VARIABLES	(1)	(2)	(3)
	GTFP		
ER_C	4.492** (2.49)		
ER_C2	−4.257** (−2.13)		
ER_M		5.592*** (3.45)	
ER_M2		−3.674*** (−3.39)	

续　表

VARIABLES	(1)	(2)	(3)
	GTFP		
ER_V			0.473 (0.11)
ER_V2			−7.045 (−0.55)
Property	−2.692** (−2.34)	−2.181* (−1.94)	−2.526** (−2.26)
Scale	−0.117 (−1.44)	−0.268*** (−2.63)	−0.066 (−0.81)
Pgdp	0.000 (0.37)	0.000 (1.47)	0.000 (0.86)
Structure	1.109 (0.64)	1.605 (0.91)	−1.226 (−0.78)
Openness	−3.006 (−1.63)	−1.475 (−0.81)	−4.149** (−2.12)
Commerce	−0.000 (−0.06)	−0.000 (−0.78)	−0.000 (−0.01)
R^2	0.024 0	0.032 7	0.019 9
Observations	150	150	150

Robust z-statistics in parentheses：*** $p < 0.01$, ** $p < 0.05$, * $p < 0.1$。

　　如表 5.14 所示,西部地区的企业经济绩效主要受到市场激励型环境规制的显著影响,呈倒"U"形关系,随着规制力度的不断增强,短期内存在积极作用,但长期来看西部地区的企业经济绩效不升反降。这是由于西部地区生态环境最脆弱,部分工业企业基础核心技术薄弱,发展质量和效益不高,环境规制的增强激励企业进行末端治理,或投机性地改变投入要素边际替代率,故短期来看,企业经济绩效会明显增加,但长期来看企业难以承担高额的末端治理费用,西部地区的经济发展无法与环境承载力协调一致,最终造成企业经济绩效不升反降这一现象。

表5.14 西部地区环境规制效应

VARIABLES	(1)	(2)	(3)
	GTFP		
ER_C	2.423 (0.89)		
ER_C2	−4.713 (−0.73)		
ER_M		8.588*** (3.95)	
ER_M2		−11.179*** (−3.31)	
ER_V			−3.613 (−1.28)
ER_V2			4.702 (1.19)
Property	−0.737 (−0.57)	−1.045 (−0.75)	−1.205 (−0.84)
Scale	−0.135 (−1.63)	−0.191** (−2.40)	−0.131 (−1.59)
Pgdp	0.000* (1.86)	0.000* (1.69)	0.000** (1.98)
Structure	−5.856** (−2.17)	−0.322 (−0.10)	−6.032** (−2.29)
Openness	−6.098*** (−4.99)	−5.717*** (−4.26)	−5.337*** (−4.44)
Commerce	0.000* (1.93)	0.000* (1.77)	0.000** (2.20)
R^2	0.039 1	0.051 6	0.039 5
Observations	135	135	135

Robust z-statistics in parentheses：*** $p<0.01$，** $p<0.05$，* $p<0.1$。

值得注意的是,在全国层面进行检验时,自愿型环境规制的作用显著,然而由于细分到各区域层面时样本量大幅减少,自愿型环境规制的作用方向虽仍保持一致,但作用不明显。

四、产业结构优化机制分析

产业结构调整是协调经济可持续发展和环境保护的关键路线。通过调整产业结构,既可以增加技术密集型、知识密集型产业的比重,推动技术发展,支持新兴产业;又可以降低高污染、高能耗产业的比重,激励环保技术研发和清洁生产设备投入,从源头上限制污染的产生和排放。而环境规制能够通过对企业进行环境约束进而激励企业实现产业结构优化,即通过环境规制增加企业内部成本,导致企业为了维持发展必须对其产品结构、组织结构、管理模式、技术水平等做出适当的调整,以实现驱动产业结构升级的目的。因此,为进一步探索不同类型环境规制影响企业经济绩效的机制路径,在模型中加入产业结构优化与环境规制一次项和二次项的交互项,并将产业结构优化细分为产业合理化与产业高级化,即采用实证模型(6.17)进行检验,结果如表 5.15所示。

表 5.15 产业结构优化机制

VARIABLES	(1)	(2)	(3)	(4)	(5)	(6)
	产业结构合理化			产业结构高级化		
	GTFP					
ER_C * TL	3.259 ** (2.02)					
ER_C2 * TL	−4.840 ** (−2.33)					
ER_C * TS				2.187 *** (3.13)		
ER_C2 * TS				−1.661 ** (−2.26)		
ER_M * TL		5.557 *** (3.60)				
ER_M2 * TL		−8.385 *** (−4.49)				

VARIABLES	(1)	(2)	(3)	(4)	(5)	(6)
	产业结构合理化			产业结构高级化		
	GTFP					
ER_M * TS					−0.203 (−0.23)	
ER_M2 * TS					2.014 (1.58)	
ER_V * TL			−0.931 (−0.35)			
ER_V2 * TL			31.538*** (3.13)			
ER_V * TS						12.109*** (3.70)
ER_V2 * TS						−40.292** (−2.15)
ER_C	0.304 (0.23)			−0.640 (−0.55)		
ER_C2	1.211 (0.95)			0.938 (0.72)		
ER_M		−1.109 (−0.90)			2.246** (2.25)	
ER_M2		4.105*** (2.88)			−2.473** (−2.45)	
ER_V			−2.081 (−0.83)			−13.445*** (−4.82)
ER_V2			−15.514** (−2.25)			39.980** (2.54)
Property	−0.829* (−1.92)	−1.160*** (−2.58)	−0.737* (−1.74)	−0.949** (−2.25)	−0.816* (−1.90)	−0.734* (−1.90)
Scale	−0.070** (−2.21)	−0.089*** (−2.66)	−0.056* (−1.75)	−0.065** (−2.12)	−0.083** (−2.46)	−0.049 (−1.63)
Pgdp	0.000 (0.10)	0.000 (0.39)	0.000 (1.18)	−0.000 (−0.62)	−0.000 (−0.61)	0.000 (0.74)
Structure	0.640 (0.66)	1.466 (1.39)	−0.238 (−0.26)	−1.619 (−1.41)	0.920 (0.75)	−4.968*** (−3.37)

续　表

VARIABLES	(1)	(2)	(3)	(4)	(5)	(6)
	产业结构合理化			产业结构高级化		
	GTFP					
Openness	−0.000 (−0.00)	0.076 (0.32)	−0.035 (−0.17)	−0.053 (−0.25)	−0.075 (−0.33)	0.030 (0.15)
Commerce	−0.000 (−0.44)	−0.000 (−1.24)	0.000 (1.60)	−0.000 (−0.30)	−0.000 (−0.68)	0.000 (1.28)
R^2	0.008 3	0.014 3	0.008 5	0.009 4	0.012 5	0.008 7
Observations	450	450	450	450	450	450

Robust z-statistics in parentheses：*** $p < 0.01$，** $p < 0.05$，* $p < 0.1$。

第(1)列与第(4)分别表示命令控制型环境规制与产业结构合理化、产业结构高级化的交互项回归结果。命令型环境规制一次项与产业结构合理化、高级化的交互项系数均显著为正,其二次项与产业结构合理化、高级化的交互项系数均显著为负,表明产业结构合理化、高级化均增强了命令控制型环境规制对企业经济绩效的影响,特别是促使其长期影响变得显著,整体呈先增强后减弱的倒"U"形趋势。命令控制型环境规制在短期内通过影响产业结构合理化、高级化对企业经济绩效产生显著促进作用,但长期内通过影响产业结构合理化、高级化显著抑制企业经济绩效增长。命令控制型环境规制可通过专项资金补偿与强制性行动调节产业内部资源配置,并扩大服务业部门,进而增加产业产值,推动产业结构向服务化发展。然而基于我国经济发展过程中出现明显的资本密集度过度提升现象,资金资源投入过多、过快势必导致资本的产出效率下降,因此命令控制型环境规制需保持一定强度。

第(2)列和第(5)列显示了市场激励型环境规制与产业合理化、产业高级化的交互项回归结果。市场激励型环境规制一次项、二次项与产业结构合理化的交互项系数均显著,与产业结构高级化的交互项系数均不显著,表明产业结构合理化增强了市场激励型环境规制对企业经济绩效的影响,同样呈先增强后减弱的倒"U"形趋势,此时产业结构高级化未见明显作用。市场激励型环境规制主要通过作用于产业结构合理化显著影响企业经济绩效,短期内排污费等费用的征收有利于产业资源配置,提升产业结构合理化,有利于企业经济绩效的增长,但长期来看征收费用过多将影响产出,不利于资源配置,进而有损企业经济绩效。

第(3)列和第(6)列分别表示自愿型环境规制与产业合理化、产业高级化的交互项回归结果。自愿参与型环境规制一次项只与产业结构高级化的交互项系数显著且为正,其二次项与产业结构合理化的交互项系数显著为正而与产业结构高级化的交互项系数显著为负。结合表5.6基准回归结果自愿型环境规制的系数来看,短期内产业结构高级化增强了自愿型环境规制对企业经济绩效的消极影响,而产业结构合理化的作用不明显;长期内产业结构合理化增强自愿型环境规制对企业经济绩效的积极影响而产业结构高级化将弱化该积极影响,结合两者系数绝对值大小来看,弱化作用将更大。

综上所述,三类环境规制政策均可通过作用于产业结构优化或其中某一方面进而影响企业经济绩效,但长短期内具体作用方式有所差异。就我国目前情况来看,环境规制水平与产业结构层次均发展至一定高度,通过强制重污染企业停业整改、低产能企业合并重组等严格的环境规制手段和来自社会公众的监督与行动,淘汰了部分高污染型的落后企业,有效地抑制了资源消耗型的生产方式,有助于提升整个社会的企业经济绩效,形成可持续发展。值得注意的是,提升环境规制强度要考虑企业的承受能力,不可一味加大。否则,当环境规制过于严格,大幅上涨的环境规制成本将超出大部分企业的可承担范围,企业短时间内难以周转而被淘汰。大量企业退出市场将会严重影响我国经济发展,产业结构调整反而进展停滞甚至出现"逆淘汰"现象。因此,适度的环境规制政策会促进产业结构优化进而提升企业经济绩效,长期来看要注意协调环境规制力度与产业结构之间的平衡,不可盲目加大环境规制力度。

第六节　结论及政策建议

一、结论

本章首先通过文献梳理了环境规制的分类及其对企业经济绩效的影响,基于2003—2017年30个省级行政区的相关面板数据测算命令控制型、市场激励型和自愿参与型三类环境规制强度与企业经济绩效指标,采用 Probit 模型分别探究三类环境规制对企业经济绩效的作用,并分不同地区进行异质性检验,最后将产业结构优化纳入框架,探究其在环境规制对企业经济绩效的作用路径。本研究主要结论如下:

第一,从全国层面来看,三类环境规制对企业经济绩效的长短期作用和作用方向、强度均有不同。其中,短期内多由命令控制型、市场激励型环境规制产生正面影响,自愿控制型环境规制存在负面影响,而长期内市场激励型环境规制不利于企业经济绩效提升,命令控制型环境规制则作用不明显,自愿参与型环境规制发挥积极作用。引入环境规制滞后一期、企业经济效益与技术创新作为替代变量进行稳健性分析,结果基本一致,具有稳健性。三类环境规制均存在时滞性,对企业经济绩效的影响具有延续性。此外,企业规模、产权结构降低了企业经济绩效,产业结构提升了企业经济绩效。

第二,从地区层面来看,三类环境规制对我国不同地区企业经济绩效的影响存在差异。分高煤炭和低煤炭地区来看,高煤炭地区同时受到命令控制型和市场激励型环境规制的显著影响,均呈先增加后减弱的倒“U”形趋势;低煤炭地区主要受到自愿参与型环境规制的显著影响,呈先降低后增加的“U”形趋势。分东中西部地区来看,东部地区企业经济绩效主要受到市场激励型环境规制的作用,呈先降低后增加的“U”形趋势;中部地区企业经济绩效同时受到命令控制型、市场激励型环境规制的作用,呈先增加后减弱的倒“U”形趋势;西部地区主要受到市场激励型环境规制的作用,呈先增加后减弱的倒“U”形趋势,细分各区域后样本量有限,自愿参与型环境规制虽存在一定作用但并不显著。

第三,引入产业结构优化作用机制,发现命令控制型环境规制长短期内均可同时作用于产业结构合理化、高级化进而影响企业经济绩效,与产业结构交互项对企业经济绩效的影响呈先增加后减弱的倒“U”形趋势;市场激励型环境规制主要通过作用于产业结构合理化影响企业经济绩效,与产业结构合理化的交互项对企业经济绩效的影响同样呈现出先增加后减弱的倒“U”形变化趋势;自愿参与型环境规制短期内主要与产业结构高级化共同促进企业经济绩效,长期内与产业结构合理化有共同的正面作用而与产业结构高级化有共同的负面作用。

二、政策建议

依据不同类型环境规制对企业经济绩效的实证分析结果,本研究提出以下政策建议:

第一,注重环境规制政策工具组合,积极鼓励公众参与环境保护。

面对不同环境规制在长短期内产生的作用差异及互补性,政府应当探索更为合理的环境规制力度与搭配使用,落实环境规制工具的有效组合。适当调整污染专项治理投资,加强对企业绿色创新活动的扶持而非局限于对企业环境直接投资;谨慎选择环境收费依据,适度提升环境税执法效能,持续推进市场激励型环境规制的"倒逼效应";健全政府治理体系,强化执法信息公开保障制度,畅通群众信访举报渠道,为公众监督提供有效反馈途径,在长期内命令控制型与市场激励型环境规制积极作用减弱时可促进企业经济绩效。

第二,因地制宜落实环境规制,制定差异化环境规制政策。

我国区域发展不平衡,不同地区产业结构变迁所处的阶段有所不同,环境规制落实情况也具有差异性。制定政策时应当充分考虑区域、企业等特征异质性,具体来说,对市场机制最完善的东部地区和煤炭使用量较低的地区,应积极引导企业创新,建立合理的创新评价机制,使程序透明化;对依赖传统能源的中部地区、煤炭使用量较高的地区,强制执法手段与激励创新手段双管齐下,加强环保专项资金监管,鼓励生态技术创新;对产业结构单一的西部地区,应当构建绿色金融体系,适当拓宽企业融资渠道,最大限度利用国家政策偏移、有效放大国家各项扶持的政策红利,吸引外部优秀人才进行治污技术自主研发,以便有选择地承接东部地区产业转移。

第三,优化产业结构机制路径,促进资源配置与经济服务化。

产业结构调整在不同环境规制对企业经济绩效的影响路径中存在差异化作用,注意协调环境规制力度与产业结构之间的平衡,贯彻循序渐进的原则,在企业可承受的范围之内实现逐步强化,最大限度地推动地区污染产业结构的资源配置和服务化升级;推动污染型企业的环保投资,设立专项基金助力发展节能降碳产业,稳定环境友好型企业的发展预期和信心;提升环保标准要求,落实环境规制工具的有效组合,完善环境税制度体系,推动排污权交易制度建设。

第七节　本章小结

本章第一部分说明了企业经济绩效研究现状,第二部分基于理论分析了环境规制对企业经济绩效的影响及机制,第三部分测算了企业经济绩效并进行时空特征分析,第四部分设计了环境规制影响企业经济绩效的研究方法,第五部分实证分析了环境规制对企业经济绩效的影响及其影响机制,第六部分总结了本章研究结果并针对结果提出了相关政策建议。

在第一部分企业经济绩效研究现状中,介绍了不同类型环境规制对企业经济绩效和环境规制对不同类型企业的经济高质量发展的影响,并深入探究环境规制对企业经济绩效的影响机制。现有研究将环境规制细分为命令控制型、市场激励型和自愿参与型三类,各具特点,对企业技术创新、企业绩效、产业结构优化等均存在差异性作用。

第二部分基于理论分析,认为环境规制的实施会导致两种截然不同的结果,即"遵从成本效应"和"波特效应",并存在明显的长短期效应。基于姚林如(2017)的研究,构建了企业生产清洁产品和非清洁产品的数理模型,推导结果表明企业受到环境规制影响时有动力进行技术创新,以增强企业竞争力,提升企业经济绩效,而这种影响会存在企业异质性。随后,进一步从产业结构优化升级角度分析环境规制对企业经济绩效的影响机制。

第三部分对企业经济绩效进行分析与测度。选取绿色全要素生产率作为衡量指标,从经济增长和可持续发展的角度全面概括企业经济绩效。构建了绿色全要素生产率指标体系,以劳动投入、资本投入和能源投入作为投入指标,以工业总产值作为期望产出指标,以大气污染、水体污染和土壤污染作为非期望产出,运用 EBM 模型结合 Malmquist - Luenberger 指数对各省工业企业的绿色全要素生产率(GTFP)进行测算。测度结果显示,从环境经济效率均值视角来看,2003—2017 年全国、东部和中部地区环境经济效率均值总体呈上升趋势,基本实现经济发展和环境保护的平衡;西部地区环境经济效率均值总体呈波动下降趋势,区域经济发展与环境污染控制成效尚未达到平衡。从绿色全要素生产率(GTFP)视角来看,2001—2017 年,总体上全国绿色全要素生产率变化指数(ML)的均值为 1.004 4,我国 GTFP 呈现上升趋势。

进一步将绿色全要素生产率变化值(ML)分解为效率进步指数(EC)和技术进步指数(TC),技术进步指数(TC)呈现与 ML 指数相似的变化走势,效率进步指数(EC)在以 1.00 为中心的上下范围内波动,表明 GTFP 的提升主要依赖于技术进步,技术效率较低成为主要制约因素。

在第四部分研究设计中,对变量选择、数据来源进行了描述,测算命令控制型、市场激励型和自愿参与型三类环境规制变量。产业结构优化作为影响机制变量,进一步分为产业结构合理化与产业结构高级化两个方面。基于 Probit 模型,引入环境规制的二次项,构建基准回归模型以实证检验三种环境规制对企业经济绩效的影响。在此基础上,纳入环境规制与产业结构优化的交互项,构建调节效应模型,进一步分析环境规制是否通过产业结构优化影响企业经济绩效。

在第五部分环境规制影响企业经济绩效的实证检验中,首先对基准回归结果进行分析,发现长、短期内环境规制均可对企业经济绩效产生影响,其中,短期内多由命令控制型和市场激励型环境规制发挥积极作用,市场激励型环境规制呈"U"形,而长期内自愿参与型环境规制积极作用更明显,整体上呈现倒"U"形。采用环境规制滞后一期和企业经济绩效替换变量进行稳健性检验,基准回归结果保持稳健。其次,根据行业能源消费结构特征分为高、低碳消费地区,发现在高碳消费地区,命令控制型、市场激励型环境规制具有长、短期作用,均呈倒"U"形;低碳消费地区只有自愿参与型环境规制具有长短期作用,呈"U"形。又根据经济发展特征,分为东、中、西部进行异质性分析,发现东部地区市场激励型环境规制长、短期作用更为明显,呈"U"形;中部地区命令控制型、市场激励型环境规制具有长、短期作用,均呈倒"U"形;西部地区市场激励型环境规制呈倒"U"形,同样具有长、短期影响。最后,基于产业结构优化机制分析,发现三类环境规制政策均可通过作用于产业结构优化或其中某一方面进而影响企业经济绩效,但长短期内具体作用方式有所差异。

在第六部分结论与政策建议中,从全国层面的影响效果、地区异质性分析和产业结构优化机制分析三个角度总结命令控制型、市场激励型和自愿参与型三类环境规制对企业经济绩效的影响,并针对性提出三个政策建议:注重环境规制政策工具组合,加强公众参与环境规制力量;因地制宜落实环境规制,制定差异化环境规制政策;优化产业结构机制路径,促进资源配置与经济服务化。

第6章

环境规制与生态质量绩效影响

环境规制与生态质量绩效影响研究是一个复杂而重要的议题。随着工业化进程的加速,环境污染和生态破坏问题日益严峻,已经成为制约经济可持续发展的重大障碍。为了应对这一挑战,各国政府纷纷出台了一系列环境规制政策,旨在通过法律、经济和市场手段引导企业减少污染排放,改善生态环境质量。本章旨在探讨环境规制对生态质量绩效的影响,以期为制定更为有效的环境政策提供理论依据和实践指导。

第一节　生态质量绩效研究现状

一、生态质量绩效的影响因素研究

已有研究发现,生态质量绩效的影响因素错综复杂,由经济发展水平、城镇化水平、产业结构、技术创新水平、对外开放程度、人口密度与能源结构等众多的因素互相作用,驱动、调节、抑制、抵消效应可能就此产生,它们共同使生态质量绩效的动态变化过程受到牵动,且在不同阶段产生不同的影响。

(一) 经济发展水平

现有文献在经济发展水平对生态质量绩效的影响的研究上较丰富但尚有争议,主要有以下几类结果:

一是认为经济水平对生态质量绩效有促进作用。郭炳南等(2018)在使用 SBM 超效率模型计算长江经济带 110 个城市生态质量绩效水平基础上,使用 Tobit 模型深入探究该区域城市的生态质量绩效影响因素,发现经济规模对长江经济带城市生态质量绩效有促进作用,城市 GDP 占全国 GDP 比重每增加 1%,生态质量绩效提高 22.49%,且在各影响因素中,经济规模的影响最大①。

二是认为经济增长对生态质量绩效有阻碍作用。粗放型经济增长模式下,资源消耗和环境污染加剧,弱化了经济增长的经济高质量发展转化效应②,经济快速增长背后是人类经济高质量发展水平的降低,经济产出贡献率与生态质量绩效负相关③,呈现"高经济增长,低经济高质量发展增长"局面。刘国平等(2014)通过超效率 DEA 模型,基于中国省级层面数据对全要素经济高质量发展绩效展开测算,研究发现多数省市的绩效值呈下降趋势④。臧漫丹等(2013)在对 G20 国家的研究中发现发达国家生态质量绩效大多低于平均值水平,而发展中国家高于平均值;而从1996—2007 年的趋势看,19 国中只有巴西、墨西哥、中国这 3 个发展中国家生态质量绩效降低,其中中国具有最快的下降趋势,其余 16 个国家的生态质量绩效均是增加的,可见经济发展速度对生态质量绩效或许有较大影响⑤。

三是发现经济增长与生态质量绩效间呈现"U"形曲线关系。Dietz等(2012)用 58 个国家的面板数据进行实证研究,将出生预期寿命与人均生态足迹的比值作为生态质量绩效的计算方法,研究证明了经济增长与生态质量绩效之间的关系是呈"U"形曲线⑥。国内学者刘国平等(2016)探究了 APEC 国家碳排放经济高质量发展绩效驱动效应及与经济增长的关系,基于碳排放视角也得出相同结论,即经济增长与碳经济高质量发

---

① 郭炳南、卜亚:《长江经济带城市生态经济高质量发展绩效评价及影响因素研究——以长江经济带 110 个城市为例》,《企业经济》2018 年第 8 期,30—37 页。
② 贺俊、程佳敏、万红燕:《人口结构、经济增长与中国社会经济高质量发展水平》,《东北大学学报(社会科学版)》2018 年第 1 期,19—26 页。
③ 龙亮军、王霞、郭兵:《基于改进 DEA 模型的城市生态经济高质量发展绩效评价研究——以我国 35 个大中城市为例》,《自然资源学报》2017 年第 4 期,595—605 页。
④ 刘国平、朱远:《碳排放约束下的中国省域全要素经济高质量发展绩效研究》,《软科学》2014 年第 8 期,88—93 页。
⑤ 臧漫丹、诸大建、刘国平:《生态经济高质量发展绩效:概念、内涵及 G20 实证》,《中国人口·资源与环境》2013 年第 5 期,118—124 页。
⑥ Dietz T, Rosa E A, York R. Environmentally Efficient Well-Being: Is There a Kuznets Curve? Applied Geography, 2012, 32(1): 21 - 28.

展绩效为"U"形曲线关系,经济发展一开始不利于经济高质量发展绩效提高,但当达到一定水平后,对碳经济高质量发展绩效有愈发明显的促进作用[①]。

四是得出生态质量绩效与经济增长之间呈现倒"U"形曲线关系。何林等(2011)通过计算社会经济高质量发展指数与生态资源负荷之间的比值得出生态质量绩效指数,衡量经济发展的可持续性,发现1990—2009年,陕西省生态质量绩效指数与经济增长呈现倒"U"形关系,其中1990—1997年生态质量绩效指数是波动变化的,整体略下降,1998—2000年生态质量绩效指数平稳上升,而到2001—2009年资源负荷大过经济增长速度,生态质量绩效指数下降[②]。Knight(2010)用105个国家数据回归得人均GDP系数为正且显著,而二次项系数为负值且显著,表明经济发展与生态质量绩效为倒"U"形关系,生态质量绩效随经济发展水平提高而提高,但到一定水平后开始下降[③]。

诸大建等(2014)对124个国家的生态质量绩效水平进行研究后发现两者呈倒"U"形关系,在经济发展水平低于一定门槛值时,经济发展为可持续发展模式,但当越过门槛值后,生态质量绩效开始递减,逐渐背离可持续发展轨道[④]。方时娇等(2019)通过超效率DEA模型及空间计量模型探究了2005—2016年区域生态质量绩效水平,也证实了我国生态质量绩效与经济发展水平不是简单的线性关系,而是呈现倒"U"形关系[⑤]。

(二)城镇化水平

城镇化水平的提高促进了人口、产业、资源的空间聚集和基础设施完善,但同时也造成了交通拥挤、资源消耗加大和生态环境恶化等不利于生态质量绩效提高的问题,在无形中给资源环境造成了巨大的生态压力,相

---

① 刘国平、朱远:《亚太国家经济增长与碳排放经济高质量发展绩效比较》,《亚太经济》2016年第1期,86—91页。

② 何林、陈欣:《基于生态经济高质量发展的陕西省经济可持续发展研究》,《开发研究》2011年第6期,24—28页。

③ Knight K W, Rosa E A. The environmental efficiency of well-being: A cross-national analysis. Social Science Research, 2010, 40(3): 931-949.

④ 诸大建、张帅:《生态经济高质量发展绩效及其与经济增长的关系研究》,《中国人口·资源与环境》2014年第9期,59—67页。

⑤ 方时娇、肖权:《中国区域生态经济高质量发展绩效水平及其空间效应研究》,《中国人口·资源与环境》2019年第3期,1—10页。

关实证研究也表明城镇化对生态质量绩效起着负向作用[2][1][2][3],有研究还发现城镇化不仅对本地区生态质量绩效水平有负向影响,对其他地区也有抑制作用[4]。

(三) 产业结构

随着产业结构高级化,国内以煤炭、钢铁、水泥、有色金属等中高污染产业为代表的第二产业比重逐渐下降,第三产业势头强劲,对经济增长贡献占比不断提高。产业结构升级对生态质量绩效作用显著为正[3][4],可能是由于清洁能源、循环经济等中介效应,第二产业结构比重高则生态质量绩效降低[1][5]。但也有研究发现,在全国范围第二产业占比高对生态质量绩效增长率的影响在 10％ 水平下显著为正,可能是第二产业产生环境污染的同时也加快了国内产业转型升级和污染治理水平的提高[5]。

研究还发现,产业结构的影响效果存在空间差异,煤炭消费占比高的能源结构对本地区生态质量绩效有负向作用但对其他地区有正向作用[1],可能是因为本地环境污染较严重而迫使本地人口和产业(主要为第三产业)迁移至周边地区。

(四) 技术创新水平

技术创新是引领发展的第一动力,相关实证研究表明技术进步推动了生态质量绩效积极变动[6][7],在提高生产效率、提高资源利用率、节能减排和污染治理等方面发挥重要作用[8],优化了能源、资本、劳动力等要素

---

① 肖黎明、吉荟茹:《绿色技术创新视域下中国生态经济高质量发展绩效的时空演变及影响因素——基于省域尺度的数据检验》,《科技管理研究》2018 年第 17 期,243—251 页。

② 郭炳南、王宇、姜彦彦等:《技术进步偏向对中国生态经济高质量发展绩效的影响》,《经济论坛》2021 年第 6 期,59—71 页。

③ 刘国平、朱远.亚太国家经济增长与碳排放经济高质量发展绩效比较[J].亚太经济,2016(01):86-91.

④ 顾典、陈妍:《产业结构优化对生态经济高质量发展绩效的影响研究——基于中国省级面板数据的实证分析》,《价格理论与实践》2020 年第 11 期,177—180 页。

⑤ 邓远建、杨旭、马强文等:《中国生态经济高质量发展绩效水平的地区差距及收敛性》,《中国人口·资源与环境》2021 年第 4 期,132—143 页。

⑥ 龙亮军、王霞、郭兵:《基于改进 DEA 模型的城市生态经济高质量发展绩效评价研究——以我国 35 个大中城市为例》,《自然资源学报》2017 年第 4 期,595—605 页。

⑦ 刘国平、朱远:《碳排放约束下的中国省域全要素经济高质量发展绩效研究》,《软科学》2014 年第 8 期,88—93 页。

⑧ 王海龙、连晓宇、林德明:《绿色技术创新效率对区域绿色增长绩效的影响实证分析》,《科学学与科学技术管理》2016 年第 6 期,80—87 页。

的组合与配置,使其释放出更大的动能。肖黎明等(2018)采用 Tobit 回归模型研究绿色技术创新对生态质量绩效的影响,发现绿色技术创新效率对生态质量绩效有显著促进作用①。而方时姣(2019)通过空间杜宾模型得出技术进步对生态质量绩效影响不显著,认为技术创新虽对治污能力弱和产能低的企业具有明显的"挤出效应",但对减少非期望产出并没有明显作用,且随技术提高,产量扩张、规模扩大,污染总量未必减少②。

　　研究还发现技术进步对生态质量绩效的影响可能还与技术进步的偏向和研究地区有关系。郭炳南等(2021)在计算技术进步偏向指数后回归发现技术进步偏向劳动对我国生态质量绩效有促进作用,技术进步偏向资本却对生态质量绩效有抑制作用③。邓远建等(2021)在采用空间 β 收敛模型对中国生态质量绩效水平的地区差异研究中发现技术进步对东部地区作用显著为正,但对中、西部地区作用为负,且中部更加显著,分析原因可能是东部地区的高新技术需求更大,技术进步积极作用明显,尤其资源节约利用和污染治理等新技术的利用有助于生态质量绩效的提升,而技术进步对中、西部地区可能更多是"技术回弹"效应的作用,即技术进步带来的生产规模扩大加大了资源消耗和污染排放,且由于中部地区产业链更加完整,技术应用更多,因此对中部的影响高于对西部的影响④。

(五)对外开放程度

　　对外开放程度对生态环境的影响主要有"污染避难所"效应和技术溢出效应,两者产生一定的抵消作用。一方面,发达国家将高能耗高污染产业转移至发展中国家,使充当"世界工厂"的发展中国家污染加剧,形成"污染避难所"效应⑤;另一方面,贸易开放给本国带来先进技术和管理方

---

①　肖黎明、吉荟茹:《绿色技术创新视域下中国生态经济高质量发展绩效的时空演变及影响因素——基于省域尺度的数据检验》,《科技管理研究》2018 第 17 期,243—251 页。

②　方时姣、肖权:《中国区域生态经济高质量发展绩效水平及其空间效应研究》,《中国人口·资源与环境》2019 第 3 期,1—10 页。

③　郭炳南、王宇、姜彦彦等:《技术进步偏向对中国生态经济高质量发展绩效的影响》,《经济论坛》2021 年第 6 期,59—71 页。

④　邓远建、杨旭、马强文等:《中国生态经济高质量发展绩效水平的地区差距及收敛性》,《中国人口·资源与环境》2021 年第 4 期,132—143 页。

⑤　余姗、张文彬:《FDI 是否促进了生态效率的提高——来自我国省际数据的考察》,《国际商务(对外经济贸易大学学报)》2016 年第 1 期,60—69 页。

式,刺激经济发展方式转变,替代落后产能,存在着技术溢出效应①,使得对外开放程度对生态质量绩效产生促进作用②②③④,其中方时姣(2019)还发现除提高本地的生态质量绩效以外,外商直接投资水平的提高还对其他省份的生态质量绩效有促进作用,可能是先进技术和管理经验也引来临近地区的学习和借鉴的原因。邓远建等(2021)的研究发现对外开放程度在全国范围内与生态质量绩效在5%水平上显著为正,但在地区上仅对西部地区的生态质量绩效在5%水平下显著,可能是由于目前西部对外开放程度相对东、中部较低,而对外开放程度越大,西部生态质量绩效的提升就越显著①。

(六) 其他因素

有研究得出城市紧凑度和绿化与生态质量绩效为显著正相关⑤,但也有研究得出城市人口密度和绿化水平对生态质量绩效无显著影响,且人口密度与生态质量绩效相关系数为负。国外学者 Knight(2010)的研究还发现国家政治民主与生态质量绩效关系不显著,不平等对生态质量绩效有负向影响,气候(用冬季严寒程度衡量)对生态质量绩效有显著负影响,可能是供暖需求给能源带来额外的负担⑥。

总结现有生态质量绩效的影响因素研究可发现,除城镇化水平的提高对生态质量绩效提升有抑制作用这一结论被大多数学者所验证,其他影响因素都在一定程度上存在不同的结论,多数学者认同经济发展水平与生态质量绩效呈倒"U"形关系,产业结构升级、技术进步和对外开放水平提高促进生态质量绩效提升。

---

① 李金凯、程立燕、张同斌:《外商直接投资是否具有"污染光环"效应?》,《中国人口·资源与环境》2017年第10期,74—83页。
② 方时姣、肖权:《中国区域生态经济高质量发展绩效水平及其空间效应研究》,《中国人口·资源与环境》2019第3期,1—10页。
③ 郭炳南、卜亚:《长江经济带城市生态经济高质量发展绩效评价及影响因素研究——以长江经济带110个城市为例》,《企业经济》2018第8期,30—37页。
④ 肖黎明、吉荟茹:《绿色技术创新视域下中国生态经济高质量发展绩效的时空演变及影响因素——基于省域尺度的数据检验》,《科技管理研究》2018年第18期,243—251页。
⑤ 龙亮军、王霞、郭兵:《基于改进DEA模型的城市生态经济高质量发展绩效评价研究——以我国35个大中城市为例》,《自然资源学报》2017年4期,595—605页。
⑥ Kyle W Knight, Eugene A Rosa. The environmental efficiency of well-being: A cross-national analysis. Social Science Research, 2010, 40(3): 931 - 949.

二、环境规制与生态质量绩效

环境规制是以环境保护为目的、以个体或组织为对象、通过有形制度或无形意识产生作用的约束性力量[1]，包括政府对环境资源直接和间接的干预，除行政法规外，还包括各类经济手段和社会宣传。中国作为世界上最大的发展中国家，为了在新时代更好地进行生态文明建设，未来经济的发展必须综合考虑经济增长和环境保护，走"绿色发展"道路，而环境规制就是一种重要的手段。在环境规制对生态质量绩效的影响研究中，主要存在以下三类观点，如图 6.1 所示。

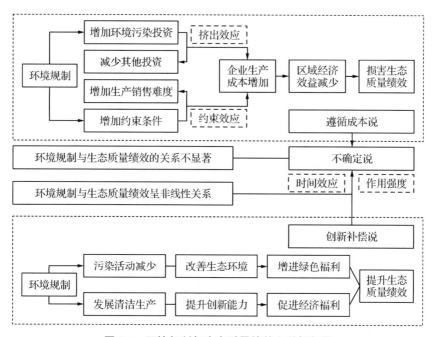

图 6.1　环境规制与生态质量绩效文献框架图

首先是"遵循成本说"。李玲等（2012）认为，企业成本的增加是环境规制所带来的影响[2]。因为企业为努力实现政府设定的环保要求，不得不加大对环境治理方面的投资，从而对其他投资产生"挤出效应"。同时

---

[1] 赵玉民、朱方明、贺立龙：《环境规制的界定、分类与演进研究》，《中国人口・资源与环境》2009年第 6 期，85—90 页。

[2] 李玲、陶锋：《中国制造业最优环境规制强度的选择——基于绿色全要素生产率的视角》，《中国工业经济》2012 年第 5 期，70—82 页。

还会增加企业在生产和销售环节的"约束效应"。因此,环境规制会导致企业成本上涨,进而市场竞争力下降。最终影响该地区的经济效益,对生态质量绩效产生负面影响。但相关领域得出负向影响的结论较少,而在生态效率与环境规制关系的研究中,不少学者[如任海军、姚银环(2016)]都得出了环境规制对生态效率呈负相关关系[①]。

其次是"创新补偿说"。该理论与"遵循成本说"刚好相反,认为环境规制能够调动企业的研发积极性,从而降低生产成本,提升生产率,促进地方经济增长,提高生态质量绩效。代表学者如波特(1991),他发现长期来看环境规制可以刺激企业改进技术,不仅可以降低污染还可以提高效率[②]。因此,适宜的环境规制对生态质量绩效具有促进作用,实现环境与经济的"双赢",最终提高该地区的生态质量绩效。现有研究多集中于地区层面,大多基于SBM超效率模型对生态质量绩效进行测算。例如,学者邓远建等(2021)采用该模型测算了中国29个省份的生态质量绩效,也验证了环境规制对生态质量绩效有着显著的驱动作用[③]。

此外,还有一种介于两者之间的"不确定说",认为环境规制对生态质量绩效的影响是正负皆有。既有可能增加企业成本,降低地区的生态质量绩效,也有可能倒逼企业进行技术创新,提高生态质量绩效。方时姣等(2019)研究发现环境规制对生态质量绩效、生态效率的影响并不显著[④]。杨文举(2015)基于跨期DEA-Tobit两阶段模型测算了我国工业环境绩效并探究其影响因素,得出了相一致的结论[⑤]。一方面,环境规制可以倒逼企业使用清洁能源、改进技术,从而提高生态质量绩效。另一方面,环境规制强度越大说明该地区污染越严重,在两方对立的影响下,环境规制对生态质量绩效的作用变得不再显著。

① 任海军、姚银环:《资源依赖视角下环境规制对生态效率的影响分析——基于SBM超效率模型》,《软科学》2016年第6期,35—38页。
② Porter M E. Towards a Dynamic Theory of Strategy. Strategic Management Journal, 1991, 12.
③ 邓远建、杨旭、马强文等:《中国生态经济高质量发展绩效水平的地区差距及收敛性》,《中国人口·资源与环境》2021年第4期,132—143页。
④ 方时姣、肖权:《中国区域生态经济高质量发展绩效水平及其空间效应研究》,《中国人口·资源与环境》2019年第3期,1—10页。
⑤ 杨文举:《中国省份工业的环境绩效影响因素——基于跨期DEA-Tobit模型的经验分析》,《北京理工大学学报(社会科学版)》2015年第2期,40—48页。

但正负两种影响的发生是存在先后顺序的,在短期内,由于进行了环境规制,必然导致企业的成本升高,负向影响首先发生,在企业积累了一定的资本后,通过创新降低成本提高效率,此时,正向影响在长期中慢慢出现①。因此,从时间维度上看,环境规制对生态质量绩效的影响呈非线性的"U"形关系。张子龙等(2015)基于非角度、非径向的 SBM 模型,对我国 30 个省级行政区的生态效率进行了测算,并分析了其时空演变趋势,研究结果也证实了以上说法②。同时李斌等(2017)在研究了环境规制对我国循环经济绩效的影响后,也验证了环境规制与生态质量绩效的"U"形假说③。而张华(2014)在环境规制与碳排放绩效的关系研究中得出倒"U"性结论,随着时间的推移,创新补偿效应逐渐转变为遵循成本效应,目前我国正处于倒"U"形拐点的左侧④。

综上所述,"遵循成本说""创新补偿说"和"不确定说"三类说法分别阐述了环境规制对生态质量绩效的三种不同影响。"遵循成本说"主张环境规制产生负向影响,会增加企业负担,降低生态质量绩效;"创新补偿说"刚好相反;而"不确定说"介于两者之间,认为正负影响兼有。由此可见,在环境规制对生态质量绩效影响的研究领域尚未得出一致结论,说明对该领域的研究相对有限。此外,不同的环境规制工具对生态质量绩效产生影响的机理不同,但现有研究较少区分环境规制的类型,多是统一从污染物视角界定环境规制强度,学者对异质性环境规制对生态质量绩效的影响的研究较为有限,因此本研究将环境规制分为命令控制型、市场激励型和自愿参与型三种,分别分析异质性环境规制工具对生态质量绩效的影响。最后,目前学者对生态质量绩效的研究多集中于长江经济带长江三角洲,对全国层面生态质量绩效的测算及影响的分析较少,而环境的投入与产出情况在全国范围内存在较大差异,环境规制在不同区域的执行情况也存在差异,因此,本研究将全国分为东、中、西三个区域,分析环

---

① 张成、陆旸、郭路等:《环境规制强度和生产技术进步》,《经济研究》2011 年第 2 期,113—124 页。

② 张子龙、王开泳、陈兴鹏:《中国生态效率演变与环境规制的关系——基于 SBM 模型和省际面板数据估计》,《经济经纬》2015 年第 3 期,126—131 页。

③ 李斌、曹万林:《环境规制对我国循环经济绩效的影响研究——基于生态创新的视角》,《中国软科学》2017 第 6 期,140—154 页。

④ 张华:《环境规制提升了碳排放绩效吗?——空间溢出视角下的解答》,《经济管理》2014 年第 12 期,166—175 页。

境规制在不同区域对生态质量绩效的影响。

第二节 环境规制影响生态质量绩效的机理研究

一、环境规制对生态质量绩效的影响

本研究从理论模型角度分析环境规制对区域生态质量绩效的影响，因此构建了一个中性技术进步的两阶段模型。

基于 Acemoglu(2012)的研究，该模型包括中间产品生产部门、最终产品生产部门和要素供给部门三个部门[1]。假设要素在不同部门之间能够自由流动，第一阶段为中间产品的生产，中间产品部门生产两类中间产品，包括生态型中间产品和污染型中间产品，其中生态型中间产品能促使产量增加而不对环境产生负担，污染型中间产品能促进产量的增加，但会给生态环境带来污染；第二阶段为最终产品的生产。部门生产过程如图 6.2 所示。

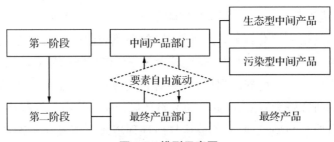

图 6.2 模型示意图

将模型设定为 Cobb‐Douglas 生产函数及资本增加项技术进步，则第一阶段中间产品的生产函数为：

$$I_{it} = (A_{it}K)_{it}^{\beta}L_{it}^{1-\beta}, \quad i = e, p \tag{6.1}$$

式中，t 为时间；i 为不同类型的中间产品，其中 e 代表生态型中间产品，p 代表污染型中间产品；I_{it} 为中间产品 i 在 t 时间段内的产出；A_{it} 代表 i 在 t 时间段内的技术进步；K_{it} 代表中间产品 i 在 t 时间段内的资本投入；

---

[1] Acemoglu D, Aghion P, Bursztyn L, et al. The Environment and Directed Technical Change. American Economic Review，2012：102.

L_{it} 代表中间产品 i 在 t 时间段内的劳动力投入,将劳动力投入总量标准化为 1,那么 $L_{it} \leqslant 1$;β 为资本产出贡献额,$\beta \in (0,1)$。

第二阶段最终产品的生产函数可表示为:

$$F_{it} = (I_{et}^{\frac{\alpha-1}{\alpha}} + I_{pt}^{\frac{\alpha-1}{\alpha}})^{\frac{\alpha}{\alpha-1}} \tag{6.2}$$

式中,F_{it} 为最终产品的产出;I_{et} 代表生态型中间产品在 t 时间段内的产量;I_{pt} 代表污染型中间产品在 t 时间段内的产量;α 为两类中间产品的替代弹性,$\alpha \in (1, +\infty)$。此时中间产品技术创新函数可表示为:

$$A_{it} = (1 + \lambda \varepsilon_i P_{it}) \cdot A_{i,t-1}, \quad i = e, p \tag{6.3}$$

式中,λ 为技术存量增长率;ε_i 为中间产品 i 的技术创新成功率;P_{it} 为中间产品 i 在 t 时间段内技术创新活动的参与人数。那么,在 $t = 0$ 初始状态下,生态型与污染型技术创新的比值为:

$$\frac{A_{e0}}{A_{p0}} < \left(\frac{r_e}{r_p}\right)^{\beta} / (1 + \lambda \varepsilon_e) \tag{6.4}$$

式中,r 为中间产品物质资本的投入成本。

基于之前的模型设定,污染型中间产品的生产会对环境产生负外部性,而生态型中间产品能够给社会带来一定的绿色经济高质量发展。因此,在产权明晰的情况下,假设污染型中间产品受到的环境规制成本为 c,生态型中间产品受到政府的生态补贴为 q,t 时间段内资本的价格为 m_t,t 时间段内劳动力的价格为 w_t,则生态型中间产品和污染型中间产品生产者的利润 π_{et} 和 π_{pt} 可分别表示为中间产品的产出与资本、劳动力价格的差值,如式(6.5)和式(6.6)所示:

$$S_{et} = P_{et}(1 - c_t) \cdot (A_{et} K_{et})^{\beta} - m_t \cdot K_{et} - w_t \cdot L_{et} \tag{6.5}$$

$$S_{pt} = P_{pt}(1 + q_t) \cdot (A_{pt} K_{pt})^{\beta} - m_t \cdot K_{pt} - w_t \cdot L_{pt} \tag{6.6}$$

对生态型中间产品的资本投入与劳动力投入求导可得:

$$K_{et} = \left[\frac{\beta \cdot P_{et}(1+q)}{m}\right]^{\frac{1}{1-\beta}} \cdot A_{et}^{\frac{\beta}{1-\beta}} \cdot L_{et} \tag{6.7}$$

$$w_t = (1 - \beta) \cdot P_{et} \cdot (1 + q_t) \cdot A_{et} \cdot K_{et}^{\beta} \cdot L_{et}^{-\beta} \tag{6.8}$$

而生态型中间产品要素供给部门的利润为：

$$E_{mt} = m_t K_{et} - \beta^2 r_e K_{et} \qquad (6.9)$$

对生态型中间产品的资本价格求导可得：

$$m_t = \beta \cdot r_e \qquad (6.10)$$

因此，生态型中间产品的技术供给部门 T_{et} 的利润可表示为：

$$T_{et} = \beta(1-\beta) \cdot r_e^{\frac{-\beta}{1-\beta}} \cdot \left[P_{et}(1-q_t) \right]^{\frac{1}{1-\beta}} \cdot A_{et}^{\frac{\beta}{1-\beta}} \cdot L_{et} \qquad (6.11)$$

同理可得污染型中间产品的技术供给部门的利润：

$$T_{pt} = \beta(1-\beta) \cdot r_p^{\frac{-\beta}{1-\beta}} \cdot \left[_{pt}(1-c_t) \right]^{\frac{1}{1-\beta}} \cdot A_{pt}^{\frac{\beta}{1-\beta}} \cdot L_{pt} \qquad (6.12)$$

生态型中间产品与污染型中间产品的技术供给部门利润之比为：

$$\frac{T_{et}}{T_{pt}} = \left[(1-q_t)(1-c_t) \right]^{\frac{-1}{1-\beta}} \cdot \left(\frac{r_e}{r_p} \right)^{\frac{-\beta}{1-\beta}} \cdot \left(\frac{P_{et}}{P_{pt}} \right)^{\frac{1}{1-\beta}} \cdot \left(\frac{A_{et}}{A_{pt}} \right)^{\frac{\beta}{1-\beta}} \cdot \left(\frac{L_{et}}{L_{pt}} \right)$$

$$(6.13)$$

从式(6.13)可以得知，环境规制能够对生态型中间产品与污染型中间产品的相对利润产生影响，进而影响企业节能减排活动与生产污染，最终对区域的生态质量绩效水平产生作用。

二、异质性环境规制对生态质量绩效的不同作用

在第四章环境规制的经济高质量发展机理中已得出环境规制通过影响生态环境质量和经济发展质量对生态质量绩效产生作用。由于执行强度和作用机理的不同，命令控制型、市场激励型、自愿参与型环境规制间存在异质性，对生态环境质量和经济发展质量的影响程度不同，因此对生态质量绩效的影响可能也会有所差异。

命令控制型环境规制通过行政手段达到减少污染排放、保护生态环境的目的，执行强度较其他两种环境规制较大，以更为严格的强制性规制干预企业污染排放，可较为有效地降低环境污染，改善生态环境质量，然而在强制性的规制下，环境规制对企业造成的"挤出效应"大于"补偿效应"，可能对经济发展质量造成一定程度损害。在对生态环境质量和经济发展质量作用效果

可能相反情况下,命令控制型环境规制对生态质量绩效的作用难以确定。

市场激励型环境规制多依靠市场激励手段(如税收减免、排污收费等)促进企业加大污染治理力度,在进行环境规制的同时考虑到了企业经济效益,激发企业增强绿色技术创新、节能减排的内驱动力,通过环境规制的创新补偿效应达到既降低污染又促进发展的目的,对生态质量绩效产生积极的正向影响。有研究表明,市场激励型环境规制显著提高工业绿色增长指数[①],但当技术创新或污染治理成本大于不采取改进措施的成本时,企业可能选择不采取措施应对政府的市场激励型环境规制,市场激励型环境规制对生态质量绩效的影响未必显著。因此,市场激励型环境规制对生态质量绩效可能产生积极的正向作用,也可能不产生显著影响。

自愿参与型环境规制鼓励企业自发地保护生态,促进人与自然和谐发展。在自愿参与型环境下,企业和公民拥有最大的选择空间和缓冲时间,选用环保节能的材料和工艺、加大绿色创新投入是企业社会责任感的体现,在节能减排降低污染的同时有利于企业被社会认可,长期看来环境规制有助于提高企业竞争力,增加企业经济收入,但短期内可能减少企业收入,使生态质量绩效先降低后升高。由于企业数量众多,不同企业治理污染和节能环保的意识和参与力度不一致,自愿参与型环境规制对总体生态质量绩效的影响可能不太显著。

结合以上分析得,异质性环境规制对生态质量绩效可能会产生不同作用,但作用效果难以确定,需进一步实证分析得出结果。

三、同类环境规制工具对不同区域的异质性作用

由于我国东、中、西部有着各自独特的地理位置和环境资源,各区域间的经济水平和生态水平都存在巨大的差异。对于前文提到的生态质量绩效影响因素,即经济发展水平、城镇化水平、产业结构、技术创新水平、对外开放程度、人口密度与能源结构等诸多因素,我国东、中、西部区域都存在显著差异性,总体呈现梯度下降分布。此外,在我国财政分权格局下,即使是同一类型的环境规制工具,其具体标准和执行力度也存在不同,因此同类的环境规制工具对我国不同地区的生态质量绩效影响可能

[①] 张江雪、蔡宁、杨陈:《环境规制对中国工业绿色增长指数的影响》,《中国人口·资源与环境》2015 年第 1 期,24—31 页。

存在较大异质性,且作用机理并不相同。

东部地区由于沿海和平原的天然地理优势,自古以来对外贸易往来方便,加上改革开放后国家大力扶持,吸引了大量的人才、资金和先进技术,经济发展具有显著优势,技术创新能力强。然而在其科技产业高速发展过程中,部分产业由于早期发展模式不够绿色环保、环境监管体系尚不完善等原因,产生了大气污染、水污染等大量环境污染。在国家重视生态保护,强调"既要金山银山,又要绿水青山"后,经济和产业高速发展的东部地区迎来的是更为严格的环境规制政策,更为严格的环境规制可能会对东部地区的生态质量绩效起到正向作用。

首先,因为有人才和资金的加持,环境规制对东部地区的绿色技术创新水平的提高可能有着更大的促进作用,即遵循"创新补偿说"。节能低碳技术的创新不仅会降低该地环境污染,还可能给该地区带来经济高质量发展,对该地区生态质量绩效的提高起到积极作用。同时,环境规制存在空间溢出效应,环境规制带来的技术创新可能对周边地区产生辐射效应。一方面,该地区的污染物排放减少,环境质量优化,对周围环境也会起到一定的净化作用;另一方面,可能带动其他地区一起使用先进的低碳环保技术,在享受技术经济高质量发展的同时加大对污染治理和节能减排的投入,两者共同作用产生正向的空间溢出效应,使得东部地区整体的生态质量绩效得到提高。

其次,环境规制对东部地区企业带来更高的治污减排成本,降低了企业的市场竞争力,即符合"遵循成本说"。高污染高耗能的企业迫于东部地区严格的环境规制压力不得不采取各种措施减少污染,一些不愿意放弃所得经济红利且绿色创新水平不高的企业可能会选择将高污染高耗能的产业转移到环境规制相对宽松的中西部低污染地区,进而减少当地污染,同时也保持了自己的经济红利。

中、西部地区相对东部地区经济发展水平较低,技术创新能力较弱,但能源等生态资源相对丰富,又有着强烈的经济发展和技术创新需要,能源的开采、资源的破坏,加上发达地区转移过来的污染产业,可能使其生态环境下降,但对经济发展有促进作用。且对于中、西部的低污染地区,环境规制强度相对较弱,地方政府可能为发展经济而适当牺牲生态环境。在可能降低生态环境质量但提高经济发展水平情况下,环境规制对中、西部地区的影响可能相较于对东部地区的影响效果更加微弱,且产生的效应难以确定。

综合以上分析,推测同类环境规制工具对东部地区可能产生正向作用,但对中、西部地区的影响不如东部地区显著,产生的效应也难以确定。

第三节　环境规制与生态质量绩效的测度

一、异质性环境规制测算

基于上一小节的分析可以说明,不同类型的环境规制工具对我国生态质量绩效可能存在不同的影响,因此本节将对不同类型的环境规制工具进行测算。目前国内学者普遍将环境规制分为三种,即命令控制型环境规制、市场激励型环境规制和自愿参与型环境规制[1][2]。命令控制型环境规制为政府的强制性措施,干预企业的污染排放,以减少环境污染的外部性。我国的命令控制型环境规制工具主要包括各项环境法律法规、环境影响评价制度、建设项目"三同时"项目,污染物排放控制制度和排污许可证制度。鉴于我国的基本国情,环境规制以命令控制型为主,尤其是企业"三同时"制度与环境行政处罚制度在我国推行时间长,实行范围广,因此本研究参照王红梅的做法,选取企业"三同时"投资额与环境违法处罚数作为命令控制型环境规制的二级指标,用 CER 表示[3]。市场激励型环境规制是指通过市场经济的调节,以经济利益刺激企业的排污行为,主要从 20 世纪 80 年代后开始执行,包括排污费、污染治理补贴、环境税等。我国的排污费制度自 1979 年开始实行,直到 2018 年环境税取代排污费。考虑到数据的连贯性与可得性,本研究采用江永红等的方法,选取排污费缴械入库金额、工业源污染治理投资额和污染治理项目本年完成投资合计 3 个二级指标来衡量市场激励型环境规制[4]。与前两种环境规制不

---

① 孙振清、成晓斐、谷文姗:《异质性环境规制对工业绿色发展绩效的影响》,《华东经济管理》2021 年第 8 期,1—10 页。

② 李小平、余东升、余娟娟:《异质性环境规制对碳生产率的空间溢出效应——基于空间杜宾模型》,《中国软科学》2020 年第 4 期,82—96 页。

③ 王红梅:《中国环境规制政策工具的比较与选择——基于贝叶斯模型平均(BMA)方法的实证研究》,《中国人口·资源与环境》2016 年第 9 期,132—138 页。

④ 江永红、申慧玲:《环境规制模式与就业技能结构升级:理论机理与实证检验》,《江海学刊》2020 第 5 期,248—253 页。

同,自愿参与型环境规制是一种由政府、企业或非营利组织建立的非法定的协议,其目的是使环境质量得到改善,自然资源得到有效利用,主要包括环境审计、环境认证、环境协议、生态标签等。国内外学者有采用环境相关信访人次、环境标志个数等指标来衡量自愿参与型环境规制。同样鉴于数据的连贯性,本研究采用人大建议数和政协提案数作为自愿参与型环境规制的二级指标。三类环境规制的指标体系如表6.1所示。

表 6.1 异质性环境规制指标体系

一级指标	二级指标	单位	数据来源
命令控制型环境规制 (CER)	企业"三同时"投资额	亿元	
	环境违法处罚数	件	
市场激励型环境规制 (MER)	排污费缴械入库金额	万元	《中国环境 统计年鉴》
	工业源污染治理投资额	亿元	
	污染治理项目本年完成投资合计	万元	
自愿参与型环境规制 (VER)	人大建议数	个	
	政协提案数	个	

基于上述指标体系的构建,本研究采取熵权法计算 3 类环境规制的数值。鉴于不同的环境规制二级指标单位不同,存在量纲差异,无法直接相加,本研究参照博京燕、李丽莎(2010)的算法,先对数值进行标准化处理[1]。因为各省的工业规模存在差异,因此利用各省工业总产值和规模以上工业企业的数量计算每个省份相应的权重。将各个二级指标的标准化值与相应权重相乘,算出二级指标的最终值,最后将每一类环境规制的二级指标取加权平均值,分别求出三种类型环境规制的强度值,具体算法如式(6.14)～式(6.18)所示。

$$ER_{ij}^s = \frac{ER_{ij} - \min(ER_j)}{\max(ER_j) - \min(ER_j)} \tag{6.14}$$

式中,i 代表省份;j 代表环境规制的二级指标;ER_{ij}^s 代表第 i 个省份的第 j 个二级指标的标准化值;ER_{ij} 代表第 i 个省份的第 j 个二级指标的

---

[1] 博京燕、李丽莎:《环境规制、要素禀赋与产业国际竞争力的实证研究——基于中国制造业的面板数据》,《管理世界》2010 第 10 期,87—98 页＋187 页。

原始值；$max(ER_j)$ 和 $min(ER_j)$ 分别代表每年第 j 个二级指标在所有省份中的最大值和最小值。

$$W_{ij} = \left(P_i \Big/ \sum_{i=1}^{30} P_i \right) \Big/ \left(E_i \Big/ \sum_{i=1}^{30} E_i \right) \qquad (6.15)$$

式(6.15)代表各省份权重的计算方法。其中，P_i 为第 i 个省份每年的工业总产值；E_i 为第 i 个省份每年的规模以上工业企业个数；W_{ij} 为第 i 个省份每年工业总产值的全国占比与第 i 个省份每年规模以上工业企业个数的全国占比的比值。

$$CER_i = \sum_{j=1}^{2} ER_{ij}^{s} \cdot W_{ij} \qquad (6.16)$$

$$MER_i = \sum_{j=1}^{3} ER_{ij}^{s} \cdot W_{ij} \qquad (6.17)$$

式(6.16)和式(6.17)中，CER_i 和 MER_i 分别为第 i 个省份的三种类型环境规制的强度，由各省份第 j 个二级指标的最终值加权平均求出。

$$VER_i = (\text{suggestion}_i + \text{proposal}_i)/\text{population}_i \qquad (6.18)$$

最后，本研究依据王红梅(2016)的做法，将每年承办的人大建议数和政协提案数的总和与各省份人口的比值作为自愿参与型环境规制的强度[①]。

根据以上指标和方法，本研究测算了 2003—2017 年全国 30 个省级行政区的三类环境规制指标，具体结果如图 6.3、图 6.4 和表 6.2 所示。从全国层面而言，命令控制型环境规制 15 年里的均值为 0.227 5，市场激励型环境规制 15 年里的均值为 0.248 8，自愿参与型环境规制 15 年里的均值为 0.111 0，市场激励型环境规制强度大于命令控制型环境规制，大于自愿参与型环境规制。由图 6.3 可得，全国层面命令控制型环境规制在 2003—2017 年最大值为 2016 年，其值为 0.295 1；最小值为 2008 年，其值为 0.160 3；市场激励型环境规制在 2003—2017 年最大值为 2013 年，其值为 0.319 3；最小值为 2003 年，其值为 0.201 1；自愿参与型环境规制在 2003—2017 年最大值为 2014 年，其值为 0.144 1；最小值为 2006 年，其值为 0.086 3。

[①] 王红梅：《中国环境规制政策工具的比较与选择——基于贝叶斯模型平均(BMA)方法的实证研究》，《中国人口·资源与环境》2016 第 9 期，132—138 页。

图 6.3　2003—2017 年全国环境规制变动趋势

从区域层面来看,命令控制型环境规制在东部地区的 15 年里均值为 0.274 8,市场激励型环境规制 15 年里的均值为 0.301 3,自愿参与型环境规制 15 年里的均值为 0.1013 ,可以看出东部地区市场激励型环境规制最强,自愿参与型环境规制最弱。在中部地区,命令控制型环境规制 15 年里的均值为 0.285 5,市场激励型环境规制 15 年里的均值为 0.315 6,自愿参与型环境规制 15 年里的均值为 0.105 5,可以看出中部地区自愿参与型环境规制最弱,市场激励型环境规制最强。而在西部地区,命令控制型环境规制 15 年里的均值为 0.117 3,市场激励型环境规制 15 年里的均值为 0.126 1,自愿参与型环境规制 15 年里的均值为 0.133 8,可以看出西部地区自愿参与型环境规制最强,命令控制型环境规制最弱。

由图 6.4 可得,东部地区命令控制型环境规制 2003—2017 年最大值为 2014 年,其值为 0.458 8;最小值为 2008 年,其值为 0.279 4;市场激励型环境规制 2003—2017 年最大值为 2015 年,其值为 0.418 2;最小值为 2008 年,其值为 0.253 2;自愿参与型环境规制 2003—2017 年最大值为 2014 年,其值为 0.155 4;最小值为 2010 年,其值为 0.087 8。中部地区命令控制型环境规制 2003—2017 年最大值为 2011 年,其值为 0.258 5;最小值为 2005 年,其值为 0.099 8;市场激励型环境规制 2003—2017 年最大值为 2011 年,其值为 0.369 0;最小值为 2003 年,其值为 0.103 8;自愿参与型环境规制 2003—2017 年最大值为 2016 年,其值为 0.129 3;最小值为 2006 年,其值为 0.055 5。西部地区命令控制型环境规制 2003—2017 年最大值为 2014 年,其值为 0.198 4;最小值为 2008 年,其值为

0.062 7；市场激励型环境规制 2003—2017 年最大值为 2011 年，其值为 0.228 3；
最小值为 2017 年，其值为 0.055 9；自愿参与型环境规制 2003—2017 年最大值
为 2012 年，其值为 0.227 4；最小值为 2007 年，其值为 0.100 5。

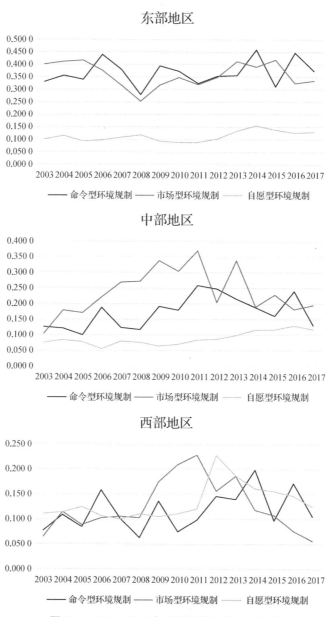

图 6.4　2003—2017 年区域环境规制变动趋势

从省份层面而言,命令控制型环境规制居于首位的是山东省,而江苏省、广东省、辽宁省和河北省分别位列二到五位。市场激励型环境规制第一的省份是山东省,第二的省份是山西省,第三的省份是江苏省,第四的省份是河北省,第五的省份是广东省。自愿参与型规制则是浙江省居于首位,而宁夏、重庆、福建省和四川省分列二到五位。表 6.2 为各省份 15 年里命令控制型环境规制、市场激励型环境规制和自愿参与型环境规制的均值。

表 6.2   2003—2017 年各省环境规制强度

	命令控制型 环境规制均值	市场激励型 环境规制均值	自愿参与型 环境规制均值
北京	0.340 6	0.192 9	0.100 2
安徽	0.118 2	0.104 7	0.084 8
福建	0.143 6	0.175 3	0.170 7
甘肃	0.071 7	0.159 2	0.095 2
广东	0.606 8	0.446 4	0.084 3
广西	0.104 0	0.112 1	0.081 7
贵州	0.051 8	0.083 7	0.072 5
海南	0.012 3	0.009 1	0.064 6
河北	0.432 0	0.476 9	0.075 4
河南	0.220 6	0.337 2	0.091 8
黑龙江	0.236 3	0.128 3	0.055 3
湖北	0.151 7	0.180 5	0.122 1
湖南	0.116 7	0.125 1	0.100 5
吉林	0.089 0	0.100 1	0.047 2
江苏	0.620 2	0.629 4	0.131 2
江西	0.108 5	0.098 3	0.116 7
辽宁	0.504 5	0.353 3	0.106 5
内蒙古	0.274 5	0.406 9	0.115 4
宁夏	0.045 3	0.075 1	0.197 0
青海	0.016 2	0.017 5	0.134 4
山东	0.653 5	1.029 0	0.113 5
山西	0.305 0	0.782 6	0.073 1
陕西	0.168 1	0.285 4	0.088 5
上海	0.233 3	0.150 6	0.097 2
四川	0.217 7	0.168 3	0.164 0

续　表

	命令控制型 环境规制均值	市场激励型 环境规制均值	自愿参与型 环境规制均值
天津	0.131 7	0.283 0	0.092 6
新疆	0.189 5	0.150 4	0.133 9
云南	0.149 5	0.138 6	0.133 3
浙江	0.366 8	0.206 1	0.234 3
重庆	0.145 4	0.056 6	0.185 1

二、生态质量绩效测算

生态质量绩效作为反映社会经济高质量发展与资源消耗脱钩程度的重要工具,国内外学者对它测算方法的研究成果也是层出不穷。

关于生态质量绩效的测算方法,目前通常分为两类,如表 6.3 所示:一类是单一比值法,即单位自然消耗的经济高质量发展产出水平,也称为比例算法。这种方法在国内学者当中常用,比如何林在 2011 年对陕西省的经济可持续发展研究中就采用这种方法,使分子为经济高质量发展水平,分母为自然消耗①。单一比值法局在一些局限性,如比例算法容易受到分子、分母变化大的影响,从而出现较大的波动性。基于这些缺点,一些学者提倡沿用生态效率模型来分析生态质量绩效,比如超效率 DEA 模型、全要素生产率、考虑非期望产出的 SBM - DEA 模型、随机前沿模型(SFA)等。

表 6.3　生态质量绩效测算方法比较

方　法	具体算法	优　点	缺　点
单一比值法	经济高质量发展水平/自然消耗	简单易于操作	误差大,易波动
生态效率模型	DEA 模型 SBM - DEA 模型 随机前沿模型	普遍性 误差小 考虑全面	操作相对烦琐

以上两种方法各有优劣,但对于计算生态质量绩效而言,最重要的就是通过何种指标来进行计算。在比例算法当中,分子常常用人类发展指

① 何林、陈欣:《基于生态经济高质量发展的陕西省经济可持续发展研究》,《开发研究》2011 第 6 期,24—28 页。

数或以其他指标衡量的社会经济高质量发展水平来表示,分母则常用生态足迹或其他可以计算生态消耗的指标来表示。

作为分子的社会经济高质量发展水平可以利用客观指标和主观指标来衡量,客观指标通常包括受教育程度(如人均受教育年限),医疗卫生水平(如通过新生儿死亡率,预期寿命进一步具体计算),以及经济发展水平(包括 GDP 以及由此改进的 GS 和 GPI 等)。这三类指标覆盖教育、健康和收入三个维度,而且简单通俗,因此得到了广泛的应用。除客观指标以外,国外有些研究学者,比如在盖洛普世界民意调查中,采用微观个体的主观对生活满意程度的平均值作为衡量一个社会的经济高质量发展水平的指标。此种指标虽具有一定程度的主观性,但是社会整体本身就是由一个个微观个体组成的,随着社会的进步,人们的收入和生活质量不断提高,人们的生活满意度也应作为一个考虑的角度,主观经济高质量发展可以更好地反映人们的主观感受。

作为分母的生态消耗,常用生态足迹和资源消耗作为指标。生态足迹分为国家层面和国内层面,前者可以通过全球生态足迹网络查询,国内足迹则依赖于学者的自主测算。资源消耗作为另一个指标,往往被运用于测算生态足迹数据缺乏的地区,通常具体又包括各省份人均用水量、人均建筑面积、人均消耗标准煤等指标。

在以往的一些文献当中,如何林等(2011)对陕西省经济可持续性发展的研究中,用生态质量绩效指数来反映社会经济高质量发展与生态消耗的相对变化趋势,用人类发展指数 HDI 作为经济高质量发展产出指标,以生态足迹 EF 作为资源消耗的指标,故生态质量绩效指数可以表示为 HDI/EF[1]。

采用类似指标作为研究方法的学者还有诸大建(2008)、冯吉芳(2016)、刘应元(2019)等[2][3][4]。此外,一些学者采用其他指标来表示自然消耗,如诸

---

[1] 何林、陈欣:《基于生态经济高质量发展的陕西省经济可持续发展研究》,《开发研究》2011 第 6 期,24—28 页。

[2] 诸大建、邱寿丰:《作为我国循环经济测度的生态效率指标及其实证研究》,《长江流域资源与环境》2008 年第 1 期,1—5 页。

[3] 冯吉芳、袁健红:《中国区域生态经济高质量发展绩效及其影响因素》,《中国科技论坛》2016 第 3 期,100—105 页。

[4] 刘应元、庹婧:《基于超效率 DEA 模型的长江经济带生态效率研究》,《特区经济》2019 第 2 期,112—115 页。

大建(2014)、徐煜东(2017)采用资源消耗指数[①②],谌伟(2011)采用碳排放量(2011)[③],刘国平(2013)(2016)采用人均碳排放量[④⑤]。一些学者也采用其他指标来表示经济高质量发展产出,如刘国平(2016)采用人均预期寿命[⑤],臧漫丹(2013)采用出生时预期寿命等[⑥]。针对经济高质量发展产出的衡量,上述学者多采用的客观指标。一些国外的研究学者提出用主观指标来反映社会的经济高质量发展产出水平,如 Knight 等(2010)在盖洛普世界民意调查中,就采用了人们的主观满意度作为衡量经济高质量发展产出的指标[⑦]。

　　综合以往生态质量绩效研究文献指标选取方法,参考郭炳南(2021)、方时姣(2019)等多位学者的研究,以资源消耗作为投入指标,以人类发展指数(HDI)为期望产出,以环境污染为非期望产出,构建如下指标体系,如表 6.4 所示[⑧⑨]。

表 6.4　生态质量绩效以往研究文献

分　子	指标类型	具体指标	作　者
社会经济高质量发展水平	客观指标	人类发展指数 HDI	何林(2011)、诸大建(2008)、冯吉芳(2016)、刘应元(2019)
		人均预期寿命	刘国平(2016)
		出生时预期寿命	臧漫丹(2013)
	主观指标	个体主观对生活满意程度的平均值	Knight 和 Rosa(2011)

① 诸大建、张帅:《生态经济高质量发展绩效及其与经济增长的关系研究》,《中国人口·资源与环境》2014 年第 9 期,59—67 页。
② 亓朋、徐昱东、邓丽娜:《国内外生态经济高质量发展绩效研究综述》,《沈阳工业大学学报(社会科学版)》2017 年第 6 期,521—526 页。
③ 谌伟、诸大建:《中国二氧化碳排放效率低么? ——基于经济高质量发展视角的国际比较》,《经济与管理研究》2011 第 1 期,56—63 页。
④ 刘国平、诸大建:《中国省域碳排放经济高质量发展绩效研究》,《会计与经济研究》2013 第 6 期,74—81 页。
⑤ 刘国平、朱远:《亚太国家经济增长与碳排放经济高质量发展绩效比较》,《亚太经济》2016 第 1 期,86—91 页。
⑥ 臧漫丹、诸大建、刘国平:《生态经济高质量发展绩效:概念、内涵及 G20 实证》,《中国人口·资源与环境》2013 年第 5 期,118—124 页。
⑦ Knight K W, Rosa E A. The environmental efficiency of well-being: A cross-national analysis. Social Science Research, 2010, 40(3): 931-949.
⑧ 郭炳南、林基、刘堂发:《环境规制对长三角地区城市生态经济高质量发展绩效的影响》,《统计与决策》2021 年第 4 期,15—18 页。
⑨ 方时姣、肖ާ:《中国区域生态经济高质量发展绩效水平及其空间效应研究》,《中国人口·资源与环境》2019 年第 3 期,1—10 页。

续 表

分 母	指标类型	具体指标	作 者
自然消耗	/	资源消耗指数	诸大建(2014)、徐煜东(2017)
		生态足迹	何林(2011)、诸大建(2008)、冯吉芳(2016)、刘应元(2018)
		碳排放量	谌伟(2011)
		人均碳排放量	刘国平(2013,2016)

投入指标包括水、土地、能源等资源的消耗，分别以各省份人均用水量、人均建成区面积和人均消耗标准煤表示；期望产出综合考虑居民受教育水平、健康水平和收入水平，根据联合国开发计划署人类发展指数的衡量方法，以人均受教育年限、平均预期寿命和人均 GDP 水平作为衡量指标；非期望产出则为废水、废气和固体废弃物的排放，分别以人均工业化学需氧量、人均 SO_2 排放量和人均工业固体废物产生量来度量。其中，受教育程度按照人力资本依照陈钊等(2004)的算法，通过现行学制与各学历层次人口加权平均算出人均受教育年限[①]。具体计算方法为：人均受教育年限＝(中小学层次人数×6＋初中层次人数×9＋高中及中专层次人数×12＋大专及以上层次人数×15)/6 岁以上总人口。而平均预期寿命在《中国人口和就业统计年鉴》中仅有 1990 年、2000 年和 2010 年的数据，因此参照徐昱东等(2017)的做法，基于该三年的数据，用自然增长率补齐各省份 2003—2019年的预期寿命[②]。生态质量绩效指标体系如表 6.5 所示。

表 6.5 生态质量绩效指标体系

类 型	维 度	衡量指标	具体算法	数据来源
投入指标	资源消耗	各省份人均用水量	—	Wind 数据库
		人均建成区面积	—	中国环境统计年鉴
		人均消耗标准煤	各省能源消耗量/各省年末人口数	中国能源统计年鉴中国统计年鉴

---

① 陈钊、陆铭、金煜：《中国人力资本和教育发展的区域差异：对于面板数据的估算》，《世界经济》2004 年第 12 期，25—31 页＋77 页。
② 徐昱东、亓朋、童临风：《中国省级地区生态经济高质量发展绩效水平时空分异格局研究》，《区域经济评论》2017 年第 4 期，123—131 页。

类　型	维　度	衡量指标	具体算法	数据来源
期望产出指标	人类发展指数	受教育程度	人均受教育年限	中国统计年鉴
		医疗卫生水平	预期寿命	
		经济发展水平	人均 GDP	
非期望产出指标	环境污染排放	废气排放量	人均 SO_2 排放量	中国环境统计年鉴
		废水排放量	人均化学需氧量	
		固体废弃物排放量	人均固体废弃物产生量	

　　传统的 DEA 模型只能从投入或产出的角度进行测算,并且无法解决投入与产出的松弛问题,通过此方法计算的结果往往与实际不符。因此,本研究采用非径向、非角度的超效率 SBM 模型,效率值能够随投入与产出的松弛变化而变化,同时超效率模型避免了多个决策单位效率同时为 1 而无法排序的问题[1]。本研究基于可变规模报酬的假设,将超效率 SBM 模型设定如下:

$$\min \eta = \frac{1}{m}\sum_{i=1}^{m}\frac{\overline{x}}{x_{ik}}\Big/\Big[\frac{1}{s_1+s_2}\Big(\sum_{r=1}^{s_1}\frac{\overline{y^g}}{y_{rk}^g}+\sum_{h=1}^{s_2}\frac{\overline{y^b}}{y_{rk}^b}\Big)\Big]$$

$$\overline{x}\geqslant\sum_{j=1,j\neq k}^{n}x_{ij}\lambda_j;\overline{y^g}\leqslant\sum_{j=1,j\neq k}^{n}y_{rj}^g\lambda_j;\overline{y^b}\geqslant y_k^b;\overline{x}\geqslant x_k \quad (6.19)$$

$$\lambda_j\geqslant0,i=1,2,\cdots,m;j=1,2,\cdots,n,j\neq0$$

$$r=1,2,\cdots,s_1;h=1,2,\cdots,s_2$$

式中,假定有 n 个决策单元,x 和 y 分别代表投入指标和产出指标,共有 m 个投入要素,s_1 种期望产出和 s_2 个非期望产出,y^g,y^b 分别为其对应的矩阵,η 为该决策单元的生态质量绩效,当 η 大于等于 1 时,则决策单元相对有效;当 η 小于 1 时,则决策单元相对无效。η 越大,则代表生态质量绩效值越大。基于以上模型设定,本研究利用 MaxDEA Ultra 对 2003—2019 年全国 30 个省份的生态质量绩效进行了测算,结果如图 6.5 所示。

　　从全国整体层面看,生态质量绩效整体水平不高,变化趋势基本与中部地区一致,呈现"下降—上升—下降—上升"趋势,从 2003 年的 0.689 上升到 2019 年的 0.699。

① Tone K. A slacks-based measure of super-efficiency in data envelopment analysis. European Journal of Operational Research,2002,143(1):32-41.

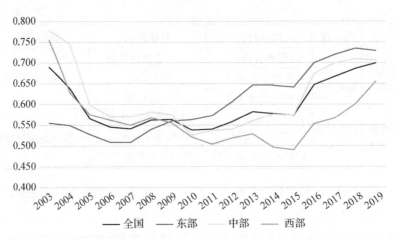

图 6.5　全国与东中西部地区 2003—2019 年生态质量绩效变化趋势图

从区域层面看,2003—2009 年,生态质量绩效值呈现"中部最高、西部次之、东部最低"的格局,2009 年以后,东部生态质量绩效超过中、西部,并在接下来的十年均居于领先地位,呈现"东部最高、中部次之、西部最低"的格局。从演变趋势看,2003—2019 年,东部生态质量绩效整体呈上升趋势,从 2003 年的 0.555 上升到 2019 年的 0.729。中部和西部在 2003—2019 年生态质量绩效波动变化整体呈先下降后上升的"U"形变化趋势,中部地区生态绩效值在 2010 年处于最低点,西部地区的拐点则出现在 2015 年。可能原因是东部地区依靠技术和人才的优势,注重经济发展与生态文明共进,大力发展节能减排技术,资源投入转化为经济高质量发展产出的效率得以提升;而中西部地区经济发展落后,在 2010 年以前还处于粗放式经济发展模式,资源投入高,经济高质量发展产出低,但随着生态文明建设的大力推进,经济发展方式开始注重效率,生态质量绩效先后提高。

从省域层面看,各省份生态质量绩效差异明显,如表 6.6 所示。总体均值来看,2003—2019 年生态质量绩效均值排在前五的省份是海南、贵州、河南、山西和陕西,其值分别为 0.900、0.843、0.838、0.829 和 0.798。生态质量绩效均值排在后五位的省份是辽宁、黑龙江、内蒙古、新疆和宁夏,其值依次为 0.399、0.388、0.292、0.248 和 0.191,后五位省份和邓远建(2021)、方时姣(2019)等学者的研究结果大体一致,可能原因是这些省份的产业结构落后、仍以粗放型经济发展方式为主,经济发展速度缓慢,居民的收入、教育和医疗水平较为落后①②。值得注意的是，从变化趋势看，在 2003—2019 年期间生态质量绩效值增长最快的地区为北京和上海，增幅超过 150%，年平均增速达到了 7.41% 和 6.58%，一定程度上体现出北京、上海这两座超大城市由高速度发展向高质量发展的经济发展方式成效显著，其次是四川（5.10%）、河北（4.02%）和吉林（4.02%）。而年平均增速排名后五位的省份为广西、安徽、天津、江西和青海，在 2003—2019 年里的平均增速均为负，在一定程度上表明这些省份仍未转变经济发展方式，经济效率有待提高。

表 6.6　各省份生态质量绩效均值与增速排名

各省份生态质量绩效均值排名

排名	省份	均值	地区	排名	省份	均值	地区
1	海南	0.900	东部	26	辽宁	0.399	东部
2	贵州	0.843	西部	27	黑龙江	0.388	中部
3	河南	0.838	中部	28	内蒙古	0.292	中部
4	山西	0.829	中部	29	新疆	0.248	西部
5	陕西	0.798	西部	30	宁夏	0.191	西部

各省份生态质量绩效年平均增速排名

排名	省份	年平均增速	地区	排名	省份	年平均增速	地区
1	北京	7.41%	东部	26	广西	−1.36%	中部
2	上海	6.58%	东部	27	安徽	−1.51%	中部
3	四川	5.10%	西部	28	天津	−1.80%	东部
4	河北	4.02%	东部	29	江西	−2.56%	中部
5	吉林	2.28%	中部	30	青海	−3.98%	西部

为探究我国 30 个省级行政区生态质量绩效的空间分布情况，本研究进一步基于 Arcgis 软件绘制了各省生态质量绩效均值图，并选取 2007 年和 2015 年两个年份绘制各省生态质量绩效图，如图 6.6 所示。

① 邓远建、杨旭、马强文等：《中国生态经济高质量发展绩效水平的地区差距及收敛性》，《中国人口·资源与环境》2021 年第 4 期，132—143 页。
② 方时姣、肖权：《中国区域生态经济高质量发展绩效水平及其空间效应研究》，《中国人口·资源与环境》2019 年第 3 期，1—10 页。

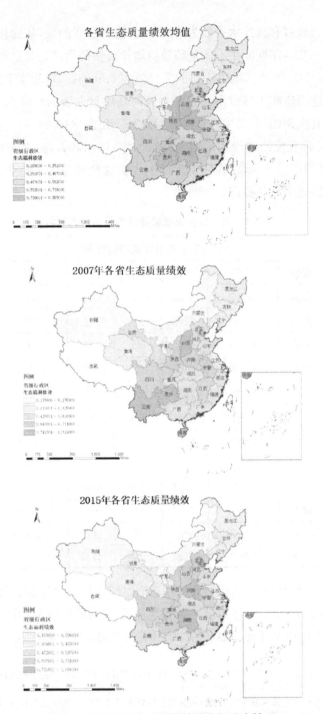

图 6.6　我国区域生态质量绩效空间分布情况

从图 6.6 各省生态质量绩效均值图中可以看出,山西、陕西、河南、贵州和海南颜色最深,意味着这五个省份生态质量绩效均值排名前五;相对而言,新疆、内蒙古和宁夏这三个省级行政区颜色最浅,其生态质量绩效均值排在后三位。在 2007 年和 2015 年各省生态质量绩效图中,总体而言,2007 年是中西部高于东部,而 2015 年是东部高于中西部,且差距较大。2007 年,山西、云南、贵州和海南这些省份和地区颜色最深,而 2015 年分别是北京、天津、湖南、河南和上海,说明在对应年份中这些省份和地区的生态质量绩效值位于全国的前列。同样地,在 2007 年和 2015 年各省生态质量绩效图中颜色最浅的都是新疆、内蒙古和宁夏,意味着生态质量绩效最低。

第四节　环境规制对生态质量绩效影响分析

一、模型设定和数据来源

本研究选取 2003—2019 年我国 30 个省级行政区的面板数据,旨在研究环境规制对生态质量绩效的影响,基于 Tobit 模型构建回归方程,分别探究命令控制型、市场激励型和自愿参与型环境规制对生态质量绩效的作用。Tobit 模型适用于因变量受限的回归方程,针对取值在某个范围内产生了截断或归并的因变量,主要为部分离散分布和部分连续分布的变量。由上一小节对生态质量绩效的测算可知,2003—2019 年我国 30 个省级行政区的生态质量绩效值均大于 0 且小于 1.1,符合 Tobit 模型因变量受限的条件。此外,为了初步判断三类环境规制对生态质量绩效的影响,本研究绘制了环境规制与生态质量绩效的局部散点图,结果表明三类环境规制与生态质量绩效基本均呈一次相关关系,如图 6.7 所示,因此,本研究构建以下面板 Tobit 回归方程:

$$ew_{it} = \beta_0 + \beta_1 \cdot cer_{it} + \beta_2 \cdot X_{it} + \varepsilon_{it} \tag{6.20}$$

$$ew_{it} = \beta_0 + \beta_1 \cdot mer_{it} + \beta_2 \cdot X_{it} + \varepsilon_{it} \tag{6.21}$$

$$ew_{it} = \beta_0 + \beta_1 \cdot ver_{it} + \beta_2 \cdot X_{it} + \varepsilon_{it} \tag{6.22}$$

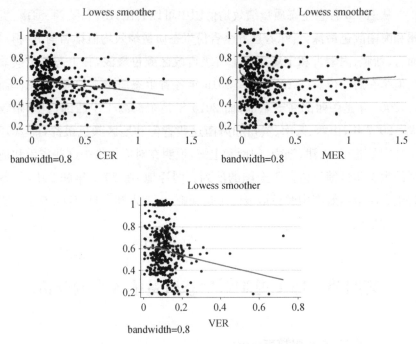

图 6.7　三类环境规制与生态质量绩效散点图

式中，ew_{it} 代表第 i 个省份在 t 年的生态质量绩效值，是本研究的被解释变量；cer_{it}、mer_{it}、ver_{it} 分别表示第 i 个省份在 t 年的命令控制型环境规制值、市场激励型环境规制值和自愿参与型环境规制值，为本研究的核心解释变量；X_{it} 表示控制变量，包括经济发展水平、城镇化水平、产业结构、能源消费结构和技术进步，如表 6.7 所示；ε_{it} 表示随机误差项。因部分数据缺失，研究剔除了西藏及港澳台的省际数据。数据来源于 wind 数据库、《中国统计年鉴》《中国环境年鉴》《中国能源统计年鉴》和《中国科技统计年鉴》。对所有指标的描述性统计如表 6.8 所示。

表 6.7　指标说明表

变量类型	指　标	符　号	具体算法
核心解释 变量	命令控制型环境规制	*cer*	综合指标法
	市场激励型环境规制	*mer*	
	自愿参与型环境规制	*ver*	

续　表

变量类型	指　　标	符　号	具体算法
被解释变量	生态质量绩效	ew	SBM 超效率模型
控制变量	经济发展水平	gdp	人均 GDP
	城镇化水平	urb	城镇人口比重
	产业结构	ind	工业增加值占 GDP 比重
	能源消费结构	ene	煤炭消费比重
	技术进步	rd	R&D 经费内部支出

表 6.8　描述性统计

指　　标	符　号	均　值	标准差	中位数	最大值	最小值
命令控制型环境规制	cer	0.228	0.218	0.159	1.236	0.000
市场激励型环境规制	mer	0.249	0.263	0.148	1.430	0.000
自愿参与型环境规制	ver	0.111	0.070	0.103	0.724	0.004
生态质量绩效	ew	0.586	0.212	0.563	1.043	0.179
经济发展水平	gdp	35 326	24 413	31 308	128 994	3 603
城镇化水平	urb	51.717	14.337	49.700	89.600	24.770
产业结构	ind	3 947	830	4 080	5 575	1 184
能源消费结构	ene	0.682	0.268	0.641	1.529	0.049
技术进步	rd	1 665 224	3 017 710	480 188	18 650 313	1 693

二、基准回归分析

为避免"伪回归",本研究在实证回归之前首先对面板数据进行平稳性检验,考虑到单一的单位根检验方法可能存在偏差,因此选择 LLC、IPS 检验、ADF - Fisher 和 PP - Fisher 三种方法进行检验,如表 6.9 所示,结果表明环境规制、对外贸易和科技创新的对数在原序列接受了存在单位根的假设,在处于 0 阶不平稳状态。在对其取一阶差分后,发现 1 阶差分序列平稳,拒绝原假设,结果稳健可靠。

表 6.9　平稳性检验

变量名	LLC 检验	IPS 检验	ADF - fisher 检验	PP - fisher 检验
ew	−10.170 (0.000)	−1.715 (0.043)	86.794 (0.013)	116.987 (0.000)
cer	−7.714 (0.000)	−4.619 (0.000)	116.559 (0.000)	113.076 (0.000)
mer	−5.313 (0.000)	−3.710 (0.000)	103.095 (0.000)	123.594 (0.000)
ver	−6.272 (0.000)	−4.551 (0.000)	116.726 (0.000)	121.202 (0.000)
gdp	−17.191 (0.000)	−7.528 (0.000)	178.128 (0.000)	249.651 (0.000)
urb	−8.895 (0.000)	−2.358 (0.009)	127.311 (0.000)	248.168 (0.000)
ind	−4.286 (0.000)	4.702 (1.000)	54.363 (0.681)	62.061 (0.403)
Δind	0.000 (0.000)	0.000 (0.000)	0.000 (0.000)	0.000 (0.000)
ene	−5.211 (0.000)	−1.252 (0.105)	78.583 (0.054)	98.981 (0.001)
Δene	0.000 (0.000)	0.000 (0.000)	0.000 (0.000)	0.000 (0.000)
rd	−2.564 (0.005)	2.893 (0.998)	22.346 (1.000)	22.532 (1.000)
Δrd	0.000 (0.000)	0.000 (0.000)	0.000 (0.000)	0.000 (0.000)

　　基于 Tobit 模型,分别将命令控制型、市场激励型和自愿参与型三类环境规制对生态质量绩效的影响进行实证回归,结果如表 6.10 所示。命令控制型环境规制的系数为−0.050,但结果不显著,意味着命令控制型环境规制在一定程度上会抑制地区生态质量绩效的提升,但该种负向影响并不明显。通过政府立法,以行政命令的方式强制企业遵守规制政策,可以快速达到改善环境的目的,具有见效快的特点,但是政府的施压,企

业在短期内成本上升,使得环境规制对企业造成的"挤出效应"大于"补偿效应",影响企业的经济发展质量,对生态环境质量和经济发展质量具有相反的作用,因此命令控制型环境规制对生态质量绩效的影响尚不确定。

回归结果显示,市场激励型环境规制的系数为 0.128,且对生态质量绩效的测算结果在 1% 水平上正向显著,说明在通过市场的激励手段,比如税收减免、排污收费等可以促进企业采取有利于环境保护的措施,在保证企业利益的情况下加大环保的力度。这一点与谢宜章等(2021)的结果一致,市场激励型环境规制中,环保补助发挥了"激励效应",与企业绿色投资呈显著正相关关系[1]。在 2018 年以后,由原来的排污费转变为环境税,能够进一步促使经济主体考虑成本收益而减少污染。

与市场激励型规制相比,自愿参与型环境规制对生态质量绩效的作用并不理想,回归发现自愿参与型环境规制系数为-0.365,在 1% 水平上呈现负向显著,说明自愿参与型反而会适得其反,不利于减少污染。通过鼓励企业自发采取环保措施,在短期内可能会减少企业收入,同时因为没有政府约束,一些企业的环保意识仍然很差,所以结果并不能让人满意。一些学者曾提出自愿规制总体持"失败论"的观点(Olson M,1965),他们从理性人的角度出发,认为企业在缺乏惩罚机制约束的时候,总是存在机会主义倾向,表面上自愿加入环境规制项目,实际上并不会严格按照环保要求进行节能减排,清洁生产,因此目前我国的自愿参与型环境规制难以对生态质量绩效产生理想的效果[2]。

在影响生态质量绩效的控制变量中:第一,经济发展水平在三种类型的环境规制下对生态环境绩效的影响都显示在 1% 水平下负向显著,且负向影响从大到小依次为命令控制型、市场激励型、自愿参与型,用 gdp 对指标进行衡量,三者系数分别为-0.149、-0.146、-0.125,这点与龙亮军等(2017)研究结果一致,其研究结果表明经济发达的地区生态质量绩效却排名靠后,经济产出贡献率和生态质量绩效呈负相关,且三种环境规制类型的强制力依次递减,因此经济发展水平对负向影响

---

① 谢宜章、邹丹:《市场激励型环境规制对企业绿色投资的影响——基于沪深 A 股高污染上市公司的实证研究》,《云南师范大学学报(哲学社会科学版)》2021 年第 6 期,75—83 页。

② Olson M. The logic of collective action: public goods and the theory of groups. Cambridge: Harvard University Press,1965.

力也依次递减①。我国正从粗放式经济发展模式转变为集约式经济发展模式,过去太过追求经济发展,给城市资源和环境生态带来了很大的压力,居民的生活幸福感下降,威胁着城市的可持续发展,因此从 2014 年开始,我国更加注重生产要素的质量和利用效率,以此来实现经济增长,实现经济效益的同时把消耗降到最小。

第二,城镇化水平是衡量地区发展情况的指标,城镇化水平的不断提高,一方面促进了人口的聚集和基础设施的完善,另一方面造成了资源的短缺,环境压力的增大。本研究的回归分析中,城镇化水平在命令控制型、市场激励型、自愿参与型环境规制下对生态质量绩效的影响系数分别为 -0.061、-0.087、-0.105,说明城镇化水平高对生态质量绩效产生了负向作用,人口众多,使得资源损耗很大,生态环境问题也尤为突出。此外,相关学者提出城镇化水平无论是直接还是间接效应都对生态质量绩效具有抑制作用,同时由于区域生态质量绩效存在较强的空间相关性,不仅会对当地产生负向影响,对于周边地区也存在抑制作用(方时姣等,2020)②。

第三,回归结论显示,不论是对命令控制型、市场激励型,还是对自愿参与型环境规制来说,产业结构都在 1% 水平下具有负向显著作用,系数在三种环境规制下分别为 -0.259、-0.307、-0.261,表明随着工业增加值占 GDP 比值的增加,地区的生态质量绩效有所降低。随着工业化进程的深入,对经济发展确实会带来不小的提升,但是化工等重工业所带来的污染问题也愈加严重,一定程度上会阻碍地区经济的进一步发展,同时污染也会降低居民的生活幸福度,使得生态质量绩效下降。随着产业结构的转型升级,当第三产业成为主导产业时,产业结构升级使得服务业占据主导地位,将对生态质量绩效的作用产生正向作用。

第四,在三种环境规制下,能源消费结构对生态质量绩效的影响都为负向,本研究采用煤炭消费比重来计算能源消费结构指标,强制型、市场激励型、自愿参与型下系数分别为 -0.063、-0.094、-0.072。除了自愿参与型环境规制是在 10% 水平下负向显著,其他两种均为 5% 水平下负向显著。

---

① 龙亮军、王霞、郭兵:《基于改进 DEA 模型的城市生态经济高质量发展绩效评价研究——以我国 35 个大中城市为例》,《自然资源学报》2017 年第 4 期,595—605 页。

② 方时姣、肖权:《中国区域生态经济高质量发展绩效水平及其空间效应研究》,《中国人口·资源与环境》2019 年第 3 期,1—10 页。

习近平总书记在 2014 年的一次会议中提出:"推动能源消费革命,抑制不合理能源消费。"我国正在推进工业化,推进城镇化,在未来的很长一段时间里面,煤炭的消费还是刚需,会继续增长,对能源的消耗也会进一步增加,煤炭的消费比重增加,对生态环境来说都会造成更大的污染。因此,促进我国能源消费结构低碳化仍是一项艰巨的任务,这是一场攻坚战,更是一场持久战。

最后,本研究发现技术进步在三种环境规制下对生态质量绩效的影响均在 1% 水平下显著为正,强制型、市场激励型、自愿参与型下系数分别为 0.057、0.051、0.053。创新是第一生产力,而技术创新对生态质量绩效的积极影响十分广泛,技术进步在提高生产效率、资源利用率以及降低污染治理成本等方面都发挥着重要的作用,可以优化当前的资源配置,使得现有的资源可以发挥最大的价值。国内不少学者在这方面都有研究,比如韩瑾(2017)以宁波市为例,发现随着技术升级,工业发展效益向好[①]。

表 6.10　环境规制对生态质量绩效影响的基准回归

	命令控制型	市场激励型	自愿参与型
er	−0.050 (−1.07)	0.128*** (3.33)	−0.365*** (−2.82)
$\ln gdp$	−0.149*** (−4.47)	−0.146*** (4.44)	−0.125*** (−3.69)
$\ln urb$	−0.061 (−0.85)	−0.087 (−1.25)	−0.105 (−1.49)
$\ln ind$	−0.259*** (−6.73)	−0.307*** (−7.91)	−0.261*** (−6.98)
ene	−0.063** (−1.69)	−0.094** (−2.47)	−0.072* (−1.93)
$\ln rd$	0.057*** (7.29)	0.051*** (6.75)	0.053*** (7.04)
c	3.815*** (10.74)	4.329*** (12.12)	3.836*** (11.32)
Wald chi2	1 141.31***		
LR chi2		124.59***	121.56***

注:Robust z-statistics in parentheses: *** $p<0.01$, ** $p<0.05$, * $p<0.1$。

[①] 韩瑾:《生态经济高质量发展绩效评价及影响因素研究——以宁波市为例》,《经济论坛》2017 第 10 期,49—53 页。

三、稳健性检验

基准回归中,基于非期望产出的 SBM 模型,将环境污染作为非期望产出指标,测算出生态质量绩效 ew_1。为了检验结果的稳健性,本研究调整测算模型,参照龙亮军等(2017)和陈少炜等(2021)的测算方法,将环境污染作为生态质量绩效的投入指标,基于不包含非期望产出的 SBM 模型计算生态质量绩效 ew_2,其指标体系如表 6.11 所示[①②]。若两种测算模型得出的结论一致,即可证明基准回归结果稳健。

表 6.11 生态质量绩效 ew_2 指标体系

类型	维 度	衡量指标	具体算法	数据来源
投入指标	资源消耗	各省份人均用水量	—	wind 数据库
		人均建成区面积	—	中国环境统计年鉴
		人均消耗标准煤	各省能源消耗量/各省年末人口数	中国能源统计年鉴 中国统计年鉴
	环境污染排放	废气排放量	人均 SO_2 排放量	
		废水排放量	人均化学需氧量	中国环境统计年鉴
		固体废弃物排放量	人均固体废弃物产生量	
期望产出指标	人类发展指数	受教育程度	人均受教育年限	
		医疗卫生水平	预期寿命	中国统计年鉴
		经济发展水平	人均 GDP	

如表 6.12 所示,命令控制型环境规制对生态质量绩效 ew_2 的影响系数为负,但不显著。而市场激励型环境规制和自愿参与型环境规制对生态质量绩效的影响系数分别是正向显著和负向显著,意味着市场激励型环境规制会显著增加生态质量绩效,产生积极的正向影响;而自愿参与型环境规制会显著降低生态质量绩效,对生态质量绩效产生消极的负向影响。结论与基准回归结果一致,进一步证明本研究结论具有稳健性。

---

① 龙亮军、王霞、郭兵:《基于改进 DEA 模型的城市生态经济高质量发展绩效评价研究——以我国 35 个大中城市为例》,《自然资源学报》2017 年第 4 期,595—605 页。
② 陈少炜、罗林杰、查欣洁:《黄河流域生态经济高质量发展绩效测算及影响因素分析》,《生态经济》2021 第 9 期,10 页。

表 6.12　稳健性检验

变　量	命令控制型	市场激励型	自愿参与型
er	−0.091 (−1.43)	0.102** (2.26)	−0.362** (−2.38)
$\ln gdp$	−0.091*** (−2.60)	−0.085** (−2.18)	−0.064 (−1.61)
$\ln urb$	−0.232*** (−2.85)	−0.266*** (−3.23)	−0.287*** (−3.44)
$\ln ind$	−0.278*** (−6.33)	−0.326*** (−7.12)	−0.075* (−1.72)
ene	−0.067** (−1.70)	−0.092** (−2.04)	−0.287*** (−6.55)
$\ln rd$	0.056*** (5.97)	0.049*** (5.57)	0.050*** (5.75)
c	3.997*** (10.04)	4.522*** (10.73)	4.111*** (10.33)

注：Robust z-statistics in parentheses；*** $p<0.01$, ** $p<0.05$, * $p<0.1$。

控制变量中,经济发展水平在命令控制型和市场激励型两种环境规制模型中对生态质量绩效的影响是负向显著的,并且在命令控制型环境规制中的影响比市场激励型大,这与基准回归结果一致。城镇化水平不论是基准回归结果还是稳健性检验结果,系数均为负值。产业结构和能源消费结构在命令控制型、市场激励型、自愿参与型环境规制中的系数均显著为负,与基准回归结果大致相同。而技术进步在三种环境规制模型中的系数均显著为正,并且其系数比较与基准回归结果一致,均是命令控制型＞自愿参与型＞市场激励型。以上稳健性结果也进一步证明了结论的可靠性。

四、异质性分析

为了进一步研究环境规制是如何影响我国不同地区生态质量绩效的,研究将样本分为东部、中部、西部 3 个区域,以便进行地区异质性分析。

如表 6.13 所示,命令控制型环境规制对东、中、西部生态质量绩效的回归结果均负向不显著。这与全国层面回归结果一致,说明命令控制型环境规制不改善生态质量绩效这一结果在不同区域也成立,可能是因为严厉的规制方式符合"遵循成本说",加重了企业负担,在有效减少污染的同时对经济发展造成了较大伤害,使得生态质量绩效改善不明显。从回归系数看,命令控制型环境规制对西部地区生态质量绩效的抑制作用大于东部和中部地区。这一现象也提示了政策制定者在采用命令控制型环境规制降低污染的同时应尽可能少地伤害经济发展,注重环境和经济的协调发展。

表 6.13 环境规制对生态质量绩效的地区异质性分析

变 量	全 国	东 部	中 部	西 部
命令控制型环境规制对东中西部生态质量绩效的影响				
cer	−0.050 (−1.07)	−0.015 (−0.39)	−0.002 (−0.02)	−0.303 (−1.64)
$\ln gdp$	−0.149 *** (−4.47)	0.235 *** (5.91)	−0.078 (−1.50)	−0.323 *** (−5.20)
$\ln urb$	−0.061 (−0.85)	−0.563 *** (−7.19)	−0.910 *** (−7.40)	0.069 (0.38)
$\ln ind$	−0.259 *** (−6.73)	−0.163 *** (−4.54)	−0.154 *** (−1.86)	0.133 (1.26)
ene	−0.063 ** (−1.69)	−0.475 *** (−4.81)	0.152 (2.83)	0.024 (0.39)
$\ln rd$	0.057 *** (7.29)	−0.034 *** (−3.71)	0.079 *** (5.73)	0.120 *** (9.27)
c	3.815 *** (10.74)	2.465 *** (7.23)	5.025 *** (6.82)	0.984 (1.15)
Wald chi2	130.77 ***	244.80 ***	160.44 ***	126.34 ***
LR chi2	114.80 ***	150.11 ***	109.10 ***	89.17 ***
市场激励型环境规制对东中西部生态质量绩效的影响				
mer	0.128 *** (3.33)	0.115 *** (3.20)	0.215 *** (3.48)	−0.357 ** (−2.17)
$\ln gdp$	−0.146 *** (−4.44)	0.243 *** (6.45)	−0.095 * (−1.89)	−0.298 *** (−4.81)

续　表

变　量	全　国	东　部	中　部	西　部
ln*urb*	−0.087 (−1.25)	−0.544 *** (−7.12)	−0.843 *** (−7.03)	−0.050 (−0.27)
ln*ind*	−0.307 *** (−7.91)	−0.172 *** (−4.96)	−0.239 *** (−2.91)	0.212 * (1.90)
ene	−0.094 ** (−2.47)	−0.567 *** (−5.67)	0.034 (0.57)	0.066 (1.05)
ln*rd*	0.051 *** (6.75)	−0.041 *** (−4.88)	0.077 *** (5.82)	0.121 *** (9.66)
c	4.329 *** (12.12)	2.464 *** (7.46)	5.716 *** (7.92)	0.488 (0.55)
Wald chi2	143.54 ***	269.77 ***	185.44 ***	130.20 ***
LR chi2	124.59 ***	159.87 ***	120.72 ***	91.15 ***

自愿参与型环境规制对东中西部生态质量绩效的影响

变　量	全　国	东　部	中　部	西　部
ver	−0.365 *** (−2.82)	−0.414 *** (−2.87)	0.574 * (1.96)	−0.307 * (−1.72)
ln*gdp*	−0.125 *** (−3.69)	0.260 *** (6.72)	−0.103 * (−1.95)	−0.316 *** (−5.1)
ln*urb*	−0.105 (−1.49)	−0.589 *** (−7.65)	−0.864 *** (−6.99)	0.108 (0.59)
ln*ind*	−0.072 * (−1.93)	−0.147 *** (−4.19)	−0.128 (−1.57)	0.122 (1.16)
ene	−0.261 *** (−6.98)	−0.484 *** (−5.01)	0.157 *** (3.14)	0.030 (0.49)
ln*rd*	0.053 *** (7.04)	−0.037 *** (−4.43)	0.079 *** (5.79)	0.110 *** (9.49)
c	3.836 *** (11.32)	2.264 *** (6.68)	4.839 *** (6.73)	0.968 (1.13)
Wald chi2	139.56 ***	264.81 ***	168.43 ***	126.86 ***
LR chi2	121.56 ***	157.97 ***	112.92 ***	89.44 ***

注：Robust z-statistics in parentheses：*** $p < 0.01$，** $p < 0.05$，* $p < 0.1$。

　　市场激励型环境规制显著提高了东、中部地区生态质量绩效,而对西部地区生态质量绩效则产生了抑制作用,说明市场激励型环境规制在东、中部地区的确可以在降低污染的同时又促进发展,而对生态基础相对较好、主要问题是发展水平落后的西部地区,市场激励型环境规制对其经济发展的阻碍作用大于绿色经济高质量发展的促进作用,造成西部地区生态质量绩效水平降低。此外,市场激励型环境规制对中部地区生态质量绩效的促进作用大于对东部地区的促进作用,可能是由于两者的作用途径不同造成的。市场激励型环境规制主要通过保护东部地区的经济发展水平来提高生态质量绩效,东部地区人均 GDP 每提高 1%,生态质量绩效提高 24.3%;对于中部地区,市场激励型环境规制则是通过激励其加大清洁技术研发投入水平来达到节能减排的目的,进而提高中部地区的生态质量绩效水平。

　　自愿参与型环境规制对东部地区和西部地区的生态质量绩效存在负向效应,对中部地区的生态质量绩效则产生积极影响,相较于中西部地区,东部地区更为显著,说明东部地区对自愿参与型环境规制更为敏感,中部和西部对自愿参与型环境规制比较不敏感,可能是因为东部地区采取自愿参与型环境规制的企业较中西部地区更多,而采取自愿参与型环境规制一定程度降低了东部地区的经济发展水平,进而降低了东部地区的生态质量绩效。

　　从控制变量的回归结果可看出对三大区域生态质量绩效值有显著影响的因素:经济发展水平、城镇化、产业结构、能源消费结构和技术进步对东部地区的生态质量绩效值均有显著影响,其中经济发展水平起促进作用,其余皆为抑制作用。

　　与东部地区不同的是,经济发展水平对中部地区的生态质量绩效的影响不显著或只在 10% 的水平下负向显著;而城镇化水平大大降低了中部地区的生态质量绩效,城镇人口比重每提高 1%,中部地区生态质量绩效降低 84.3%~91%;而技术进步可以提高中部地区生态质量绩效。这一现象提示应重视中部地区城镇化进程对环境的污染,加大中部地区技术研发水平投入的力度。

　　西部地区的生态质量绩效仅对经济发展水平和技术进步更为敏感,对城镇化、产业结构和能源消费结构比较不敏感。人均 GDP 每提高 1%,西部地区的生态质量绩效降低 29.8%~32.3%,而研发经费支出每提高 1%,西部地区生态质量绩效可提高 11%~12.1%,对西部地区生态质量绩效的影响不显著。这与西部地区经济发展水平落后、技术创新水平低有很大关系,应更加重视西部地区的经济发展与环境保护协同发展,加大西部地区节能环保技术的研发投入。

五、时滞性分析

基准回归和地区异质性的实证结果均表明,命令控制型环境规制对生态质量绩效的影响并不显著。一方面,命令控制型环境规制可能通过遵循成本效应和创新激励效应影响生态质量绩效,使得最终的作用效果不明朗,另一方面,生态质量绩效包括环境、经济与社会多方面的内涵,因此环境规制对生态质量绩效的影响是一个复杂、长期的过程,尤其如环境法规、规章制度等命令控制型环境规制政策,从颁布到落实、执行需要政府协调组织,环境规制的效果可能无法立即体现,存在时间滞后效应。因此,为了进一步验证命令控制型、市场激励型和自愿参与型环境规制是否存在时间滞后效应,本研究在基准回归方程中将环境规制滞后 1 期。同时,为了验证遗漏变量及其他控制变量之间互相影响而产生的内生性问题,本研究采用动态面板 GMM 模型,引入生态质量绩效的滞后 1 期,具体设定如下:

$$ew_{it} = \beta_0 + \beta_1 ew_{it-1} + \beta_2 cer_{it} + \beta_3 cer_{it-1} + \beta_5 X_{it} + \varepsilon_{it} \quad (6.23)$$

$$ew_{it} = \beta_0 + \beta_1 ew_{it-1} + \beta_2 mer_{it} + \beta_3 mer_{it-1} + \beta_5 X_{it} + \varepsilon_{it} \quad (6.24)$$

$$ew_{it} = \beta_0 + \beta_1 ew_{it-1} + \beta_2 ver_{it} + \beta_3 ver_{it-1} + \beta_5 X_{it} + \varepsilon_{it} \quad (6.25)$$

如表 6.14 所示,三种类型的环境规制均存在不同程度的时间滞后效应。首先,对于命令控制型环境规制而言,当期系数不显著,而滞后 1 期的系数在东部、中部与西部地区均显著,且系数的绝对值大于当期的系数,表明政府制定的环境规制政策产生效果需要一定的时间,到第二年才能对生态质量绩效产生影响。其次,对于市场激励型环境规制而言,当期与滞后 1 期的系数均显著,但在东部、中部与西部,当期环境规制的系数均大于滞后 1 期的系数,表明了市场调节的灵敏性,当实行市场激励型环境规制时,地方企业能够迅速对企业生产做出调整,加强技术创新,保证企业利润的同时减少污染排放,进而促进地方生态质量绩效的提高。最后,对于自愿参与型环境规制而言,当期系数显著而滞后 1 期系数不显著,时间滞后效应并不明显。较命令控制型、市场激励型环境规制而言,自愿参与型环境规制整体作用较弱,对地方生态质量绩效难以产生长期持久的影响,因此仅对当期的生态质量绩效存在显著影响。

表 6.14　环境规制对生态质量绩效时间滞后效应分析

	东　部	中　部	西　部
cer	−0.241 (−0.16)	−0.008 (−0.05)	−0.071 (−0.93)
cer(−1)	−0.492** −2.54	−0.017*** −1.03	−0.988* −1.68
mer	0.056** 1.48	0.120** 2.35	−0.047* 0.49
mer(−1)	0.042*** 1.24	0.054* 1.12	−0.025* 0.25
ver	−0.134* −1.08	0.047*** −0.20	−0.081** −0.94
ver(−1)	−0.213* −1.78	0.011** 0.05	−0.024 −0.28
控制变量	是	是	是

注:Robust z-statistics in parentheses: *** $p<0.01$, ** $p<0.05$, * $p<0.1$。

第五节　生态质量绩效的空间溢出效应

一、空间溢出效应的理论分析

空间依赖性是指在样本观测时,处于某位置的观测会受到其他位置观测的影响。各省域虽然是互相独立的行政区域,但各省域之间的技术扩散、要素流动以及产业趋同等现象,一定程度上使得其在环境、资源、经济系统演化方面存在空间相互作用。例如,各区域生态效率水平受到能源消费结构趋同、技术水平外溢、环保意识相互影响等因素作用而存在空间交互效应。Tobler(1970)认为一切事物都相互联系、相互影响,并且距离越近,影响的作用就更强烈,这一规律被称为"地理学第一定律"[1]。在

---

[1] Tobler W R. A computer movie simulating urban growth in the Detroit region. Economic geography,1970,46(supl):234−240.

自然地理因素水流、风向等的作用下，两个相邻地区的环境会相互影响。另外，产业转移、贸易等人为因素，也会进一步加强地区间环境质量与经济发展的空间联动，影响环境经济问题的空间因素不容忽视。

空间异质性指的是在地理空间上观测区域存在不均衡性，如存在内陆地区和沿海地区，落后地区和先进地区，郊区和中心区等，经济地理结构上的区别使得各区域在经济发展方面存在较大的空间差异性。空间异质性体现了空间观测单元之间经济行为关系在经济实践中的不稳定性。中国地域广阔，各地区的地理区位和资源禀赋都有较大差异。同样地，在经济发展水平、城镇化水平、产业结构、技术创新水平、对外开放程度、人口密度与能源结构方面均存在地区差异性，因此空间因素在进行环境经济学相关研究中起到不可忽视的作用。

研究环境规制对生态质量绩效的影响时，考虑不同地区生态质量绩效的空间依赖性与空间异质性显得尤为必要。鉴于生态环境的公共物品属性，环境污染表现出明显的负外部性，大量实证研究表明环境污染存在空间溢出效应。国际公认的空间计量专家 Anselin(2001) 专门探讨了空间因素对于环境经济问题研究的重要意义[1]。Rupasingha 等 (2004) 基于美国县级层面数据，最早运用空间计量方法探讨人均收入与大气污染之间的关联，研究结果表明引入空间变量使计量模型的准确性得到大大提升[2]。Maddison(2007) 以欧洲国家为例，将 SO_2，NO_x 等污染物作为环境质量衡量指标，发现国家间污染和治理均存在显著溢出效应[3]。Poonetal(2006) 引入空间计量模型，研究能源、交通以及对外贸易对中国大气环境的影响，其中主要针对大气中的 SO_2 和烟尘进行研究，中国省域之间存在溢出效应得到有效证实[4]。Hosseini 等 (2011) 学者同样以空间计量模型为基础，基于 1990—2007 年国家面板数据对 CO_2 和 PM10 展开相应

① Anselin L. Spatial effects in econometric practice in environmental and resource economics. American Journal of Agricultural Economics，2001，83(3)：705 - 710.

② Rupasingha A，Goetz S J，Debertin D L，et al. The environmental Kuznets curve for US counties：A spatial econometric analysis with extensions. Papers in regional Science，2004，83 (2)：407 - 424.

③ Maddison D. Modelling sulphur emissions in Europe：a spatial econometric approach[J]. Oxford Economic Papers，2007，59(4)：726 - 743.

④ Poon J P H，Casas I，He C. The impact of energy，transport，and trade on air pollution in China. Eurasian Geography and Economics，2006，47(5)：568 - 584.

研究,研究发现这两类污染物都存在明显空间溢出效应,证实了在研究环境污染问题中纳入空间因素的必要性①。Hosseini 和 Kaneko(2013)运用六类权重矩阵构建了六个空间模型,证实各国之间的确存在污染及环境政策方面的空间溢出效应②。马利梅(2014)运用空间计量方法对雾霾污染及其影响因素进行研究,实证结果表明中国各地区的雾霾污染存在正向的空间自相关性,且长期处于稳定状态,雾霾污染存在显著的溢出效应。而与环境污染相反,环境规制具有正外部性③。环境规制除了使得本地区环境污染减少,还会对周边地区产生辐射效应。一方面,环境规制能够通过技术外溢带动周边地区一起使用低碳技术,加大对污染的治理和对节能减排的投入,从而改善周边环境;另一方面,环境规制使得本地区环保意识增强,通过环保意识相互影响,使得周边地区对环境保护更加重视,从而改善周边环境。

传统的面板数据方法在研究各省份生态质量绩效时,忽视省域间的空间关联性,仅考虑本地区资源禀赋、经济结构和发展水平对本地区生态质量绩效的影响,而邻近省份生态质量绩效或经济因素对本地产生的外溢效应并没有被考虑到,因此会带来一定程度的偏差。方时姣(2019)运用超效率DEA 和空间计量方法发现区域生态质量绩效具有较强的空间相关性,本地区各因素和周边区域经济、产业结构、开放水平对生态质量绩效水平均有影响④。因此,本研究在探究环境规制对生态质量绩效的影响时将空间因素纳入实证研究,以进一步分析环境规制对生态质量绩效的空间溢出效应。

二、空间自相关检验

空间自相关指的是某一变量在同一分布区内的相邻或相近空间单元之间存在潜在的相互依赖性,包括全局空间自相关与局部空间自相关。关于空间自相关的由来,最早可以追溯到 20 世纪,一些国外学者,如 Moran(1948,1950),将这种方法应用于生物计量学研究,直到现在,空间自相关分

---

① Hosseini H M, Rahbar F. Spatial environmental Kuznets curve for Asian countries: study of CO2 and PM10. Journal of Environmental Studies, 2011, 37(58):1-14.
② Hosseini H M, Kaneko S. Can environmental quality spread through institutions?. Energy Policy, 2013, 56: 312-321.
③ 马丽梅、张晓:《中国雾霾污染的空间效应及经济、能源结构影响》,《中国工业经济》2014 年第 4 期,19—31 页。
④ 方时姣、肖权:《中国区域生态经济高质量发展绩效水平及其空间效应研究》,《中国人口·资源与环境》2019 年第 3 期,1—10 页。

析仍然是一种十分常用的方法,已经成为理论地理学的基本方法之一[1][2]。20 世纪 50 年代左右,Moran(1948,1950)基于生物现象的空间分析将一维空间概念的相关系数推广到二维空间,从而定义了 Moran 指数[1][2]。此后不久,Geary(1954)类比回归分析的 Durbin‐Watson 统计量提出了另一概念,即 Geary 系数[3]。自此,空间自相关分析方法的雏形正式形成。

后来,在前人的基础上,空间自相关分析分为全局自相关与局部自相关两类。全局空间自相关是用来描述在整个研究区域所有对象之间的平均关联程度、空间分布模式及其显著性;可通过局部空间自相关检验识别不同空间位置上可能存在的空间关联模式,从而找出空间的局部不平稳性,以便更为准确地把握局部空间要素的聚集性和分异特征,为分类和决策提供依据。

通常选用 Moran's I 和 Local Moran's I 指数来描述全局空间自相关和局部空间自相关性,从而对空间自相关性进行计算。借鉴国内学者姚小薇等(2015)的检验方法,以 Moran's I 作为全局自相关统计量,它的计算公式如下[4]:

$$I = \frac{\sum\limits_{i=1}^{n} \sum\limits_{j \neq i}^{n} W_{ij} \cdot (Y_i - \bar{Y}) \cdot (Y_j - \bar{Y})}{S^2 \cdot \sum\limits_{i=1}^{n} \sum\limits_{j \neq i}^{n} W_{ij}} \tag{6.26}$$

全局 Moran's I 指数在(0,1)区间内,表明所测变量呈正空间自相关,且其值越大,空间相关性越明显;全局 Moran's I 指数在(−1,0)区间内,表明所测变量呈负空间自相关,其值越小,空间差异性越大;全局 Moran's I 指数为 0,表明所测变量无空间自相关。进行局部空间自相关分析可使用 Gi 统计量、Moran 散点图、LISA 集聚图等方法,与全局空间自相关相比,局部空间自相关能够反映出每个空间单元与邻近空间单元之间的空间异质性。

---

① Moran PAP. The interpretation of statistical maps. Journal of the Royal Statistical Society B, 1948,37:243‐251.

② Moran PAP. Notes on continuous stochastic phenomena. Biometrika,1950,37:17‐33.

③ Geary R C. The Contiguity Ratio and Statistical Mapping. The Icorporporated Statistician, 1954,5(3):115‐145.

④ 姚小薇、曾杰、李旺君:《武汉城市圈城镇化与土地生态系统服务价值空间相关特征》,《农业工程学报》2015 年第 9 期,249—256 页。

对于单个空间单元 i,Local Moran's I 指数的计算公式如下:

$$I = \frac{Y_i - \bar{Y}}{S_i^2} \cdot \sum_{i=1, j \neq i}^{n} W_{ij} \cdot (Y_i - \bar{Y}) \tag{6.27}$$

式中,$S^2 = \frac{1}{n} \sum_{i=1}^{n} (Y_i - \bar{Y})$;$\bar{Y} = \frac{1}{n} \sum_{i=1}^{n} Y_i$,$Y_i$ 和 Y_j 分别表示单元 i 和单元 j 的属性值;n 为空间单元数量,W_{ij} 则为基于空间邻接关系建立的权重矩阵。当 $Ii > 0$ 时,表明邻近单元属性间同质特征明显,Ii 值越大同质性越强,$Ii < 0$,表明邻近单元属性间具有异质性,Ii 值越小异质越显著。

当出现多个变量时,原先的空间相关性检验不再适用,于是需要建立多变量空间相关分析,国外学者 Anselin 等(2006)在单变量空间自相关的基础上提出了双变量空间自相关[1]。姚小薇等(2015)运用双变量空间自相关分析讨论城镇化水平不同时,生态系统服务价值空间分异有何变化[2]。雷金睿等(2019)探索海南岛东北部土地利用程度与 ESV 之间的空间关系,结果发现两者之间存在显著的空间负相关关系,即随着土地利用程度的增加,ESV 在总体上呈现出下降的趋势[3]。

本研究根据 2003—2017 年我国生态质量绩效,基于地理距离权重矩阵计算全局莫兰指数,分析各省之间生态质量绩效的空间依赖性,结果如表 6.15 所示。自 2003—2017 年我国 30 个省级行政区的全局莫兰指数均显著为正,说明我国生态质量绩效表现出较强的空间集聚性与依赖性。各省份的生态质量绩效不仅受到自身经济发展水平、环境保护能力等因素的影响,同时也会受到相邻省份经济发展、产业结构、生态建设的影响。生态质量绩效较高的省份与同样高生态质量绩效省份相邻,生态质量绩效较低的省份与同样低生态质量绩效省份相邻。2014 年我国生态质量绩效的空间相关性最强,系数为 0.399,可能与 2014 年《环境保护法》的修订有关。各个省份相互影响,呈现显著的空间依赖现象。2015 年,生态

---

[1] Anselin L, Syabri I, Kho Y. GeoDa: An Introduction to Spatial Data Analysis. Geographical Analysis, 2006, 38(1): 5-22.

[2] 姚小薇、曾杰、李旺君:《武汉城市圈城镇化与土地生态系统服务价值空间相关特征》,《农业工程学报》2015 年第 9 期,249—256 页。

[3] 雷金睿、陈宗铸、吴庭天:《海南岛东北部土地利用与生态系统服务价值空间自相关格局分析》,《生态学报》2019 年第 7 期,2366—2377 页。

质量绩效次之,系数为 0.391,而 2016 年我国生态质量绩效的空间相关性最弱,系数为 0.299。

表 6.15 我国生态质量绩效全局莫兰指数分析

年 份	莫兰指数	z 值
2003	0.304***	2.70
2004	0.285***	2.55
2005	0.285***	2.61
2006	0.355***	3.19
2007	0.338***	3.03
2008	0.270***	2.51
2009	0.241**	2.27
2010	0.258***	2.44
2011	0.362***	3.23
2012	0.328***	2.97
2013	0.344***	3.12
2014	0.399***	3.56
2015	0.391***	3.50
2016	0.229***	2.14
2017	0.254***	2.34

注:*** $p<0.01$,** $p<0.05$,* $p<0.1$。

莫兰指数的局部散点图可以分为四个象限,第一象限为高—高集聚模式(H-H),第二象限为低—高集聚模式(L-H),第三象限为低—低集聚模式(L-L),第四象限为高—低集聚模式(H-L)。若省级行政区处于第一、第三象限,则表明我国省级生态质量绩效表现出正向空间相关性;若省级行政区处于第二、第四象限,则表明我国生态质量绩效表现出负向空间相关性。本研究基于 2007 年与 2015 年各省生态质量绩效值,做出局部莫兰指数散点图,分析各省级行政区生态质量绩效的空间差异性,结果如图 6.8 所示。我国大部分省级行政区的局部莫兰指数处于 H-H 集聚和 L-L 集聚模式。其中,以 2005 年为例,我国生态质量绩效局部莫兰指数位于第一象限的省级行政区有 13 个,分别为山西、安徽、福建、江西、山东、河南、湖北、湖南、广西、重庆、四川、贵州、云南,位于第三象限的省级行政区有北京、天津、河北、内蒙古、辽宁、吉林、黑龙江、上海、甘肃、青海、宁夏、新疆 12 个,而位于第二象限的省级行政区为江苏、浙江和广东,位于第四象限的省级行政区包括海南和陕西。

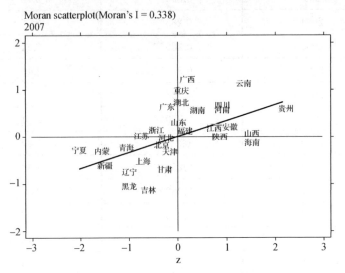

A.2007 年生态质量绩效局部莫兰指数散点图

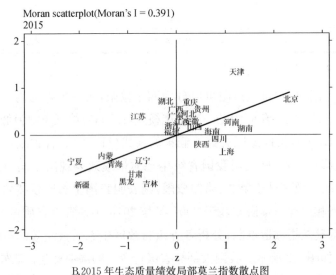

B.2015 年生态质量绩效局部莫兰指数散点图

图 6.8　生态质量绩效局部莫兰指数散点图

三、空间溢出效应

在分析环境规制对生态质量绩效的空间溢出效应之前,本研究首先对命令控制型、市场激励型和自愿参与型环境规制进行 LM 检验,以确定是否需要采用空间计量模型。由表 6.16 可知,三类环境规制 LM 检验和 Robust LM 检验结果均在 1％或 5％水平上显著,拒绝了将 SDM 模型转化为 SEM 模型和 SLM 模型的假设,因此,本研究将进一步基于 SDM 模型分析三类环境规制对生态质量绩效的空间溢出效应。

表 6.16　LM 检验

自变量	CER		MER		VER	
检验	LM	Robust LM	LM	Robust LM	LM	Robust LM
SEM	39.743 ***	12.565 ***	29.266 ***	5.497 **	43.896 ***	12.964 ***
SLM	37.762 ***	10.583 ***	40.409 ***	16.640 ***	43.910 ***	12.978 ***

注:Robust z-statistics in parentheses: *** $p<0.01$, ** $p<0.05$, * $p<0.1$。

三类环境规制对生态质量绩效的空间溢出效应如表 6.17 所示。首先,考察环境规制溢出效应的主效应。加入空间因素之后,三种环境规制的估计系数均为正,其中命令控制型环境规制系数为 0.037,市场激励型环境规制系数为 0.082,自愿参与型环境规制系数为 0.02,说明邻省的环境规制对本省的生态质量绩效有显著的正向影响,亦说明环境规制的空间溢出效应明显。生态环境是一种公共物品,环境规制本身具有正外部性,改善本省的环境同样有利于邻省的生态环境的改善。但三类环境规制中,只有市场激励型环境规制系数在 5％的显著性水平下显著。市场型环境规制通过市场的激励手段来保护环境,相较于各省政府的强制措施而言,市场的影响更易在各省之间传播,因此空间溢出效应更为明显。

表 6.17　异质性环境规制对生态质量绩效的空间溢出效应

	主效应			直接效应			间接效应		
	(1)	(2)	(3)	(4)	(5)	(6)	(7)	(8)	(9)
er	0.037 (1.099)	0.082** (2.500)	0.02 (0.251)	0.041 (1.178)	0.092*** (2.709)	0.051 (0.608)	0.06 (0.812)	0.218*** (3.385)	0.602*** (3.047)
gdp	−0.102* (−1.916)	−0.099* (−1.878)	−0.098* (−1.879)	−0.090* (−1.846)	−0.091* (−1.863)	−0.088* (−1.817)	0.280*** (3.726)	0.240*** (3.285)	0.273*** (3.686)
urb	−0.964*** (−8.356)	−0.917*** (−7.986)	−0.994*** (−8.670)	−0.957*** (−8.871)	−0.905*** (−8.406)	−0.987*** (−9.200)	−0.108 (−0.430)	−0.006 (−0.024)	−0.118 (−0.473)
ind	−0.031 (−0.668)	−0.052 (−1.142)	−0.032 (−0.691)	−0.059 (−1.383)	−0.078* (−1.857)	−0.057 (−1.365)	−0.565*** (−7.323)	−0.601*** (−7.975)	−0.534*** (−7.098)
ene	−0.081 (−1.320)	−0.09 (−1.508)	−0.089 (−1.468)	−0.095* (−1.684)	−0.104* (−1.881)	−0.103* (−1.841)	−0.298** (−2.346)	−0.341*** (−2.814)	−0.297** (−2.402)
rd	−0.008 (−1.137)	−0.01 (−1.437)	−0.007 (−1.035)	−0.008 (−1.108)	−0.01 (−1.391)	−0.0C7 (−1.013)	−0.001 (−0.122)	0.002 (0.233)	−0.002 (−0.156)

注：Robust *z*-statistics in parentheses：*** $p<0.01$，** $p<0.05$，* $p<0.1$。

　　Lesage 等人(2009)将空间效应分为直接效应和间接效应,这样可以有效避免空间回归模型点估计有偏性的缺陷[①]。由实证结果可知,三种环境规制的直接效应系数与间接效应系数均为正,这说明不仅本省环境规制对本省的生态质量绩效会产生正向影响,而且邻省的环境规制也会对本省的生态质量绩效产生正向影响。其中,市场型环境规制的直接效应估计系数为 0.092,间接效应估计系数为 0.218,且均在 1% 显著水平下显著,这也与前文的基准回归结果相呼应。李小平等(2020)研究发现在地区一体化和产业集聚的推动下,一省采用市场型环境规制会通过"学习效应""竞争效应""关联效应"等对邻省产生正向外溢效应,表现出明显的"近朱者赤,近墨者黑"的特点,反映出市场型环境规制水平越高,本省的生态质量绩效的提高就越明显,同时邻省的生态质量绩效也会因正向的溢出效应相应得到提高[②]。由实证结果还可发现,自愿型环境规制的间接效应最为明显,估计系数为 0.602,且在 1% 显著水平下显著,说明邻省采取自愿型环境规制会对本省的生态质量绩效产生显著的正向影响,当邻省鼓励企业采取环保措施,促进公众的环保意识形成时,其他省份会受到该省的媒体曝光影响,产生模仿行为,从而促进本省的生态质量绩效提高。

　　在影响生态质量绩效的控制变量中:第一,经济发展水平在三种类型的环境规制下,其估计系数均为负,且均在 10% 的显著水平下显著,负向影响从大到小依次为命令控制型、市场激励型、自愿参与型,这与基准回归结果吻合,说明在三种环境规制下邻省的经济发展水平提高会显著阻碍本省的生态质量绩效的提高。即经济发展水平的负向溢出效应明显,本地区经济发展水平越高,越容易产生"虹吸效应",人才、资本和技术等会源源不断地涌入经济发达的省份,对当地的生态治理产生正向作用,从而降低邻近省份的生态质量绩效,这一点也与郭炳南等(2021)的研究发现相同[③]。经济发展水平的直接效应在三种环境规制下均为负向显著,

① Lesage J P, Pace R K. Introduction to spatial econometrics. Boca Raton: CRC Press, 2009: 45-75.
② 李小平、余东升、余娟娟:《异质性环境规制对碳生产率的空间溢出效应——基于空间杜宾模型》,《中国软科学》2020 第 4 期,82—96 页。
③ 郭炳南、唐利、张浩:《环境规制与长江经济带生态经济高质量发展绩效的空间效应研究》,《经济体制改革》2021 年第 3 期,73—79 页。

系数分别为-0.09,-0.091,-0.088,即本省的经济发展水平高会降低本省的生态质量绩效。龙亮军等(2017)的研究结果也显示如此,说明一味地追求经济发展水平的提高而不注重环境保护,只会适得其反,给城市资源和生态环境造成负面影响[①]。经济发展水平的间接效应恰恰与直接效应相反,均呈正向显著,估计系数,分别为0.208,0.240,0.273,说明邻省的经济发展水平提高会对本省的生态质量绩效提高产生正向溢出效应。邻省经济发展水平高,对环境投入增加,对环境的管治能力增强,因此污染排放量会随之降低,从而可以使本省受益,本省的宜居性提高,即对本省的生态质量绩效产生正向影响。

第二,城镇化水平的主效应、直接效应、间接效应在三种环境规制下均为负向,且主效应与直接效应均在1%显著水平下显著,说明城镇化水平的提高不仅不利于本省的生态质量绩效提高,对其他省份也存在着负向溢出效应。虽然国家一直大力推行城镇化,但在城镇化的过程中仍存在着许多问题急需解决,人口大量涌入城市使城市不堪重负,城市的资源损耗加大,生态环境问题也愈发突出。因此,追求粗放式经济发展与一味地推进城镇化不利于本省的生态质量绩效提高。同时城镇化过程中工业污染严重,雾霾、酸雨等会蔓延至其他省份,对邻省的生态质量绩效提高也会产生阻碍作用,即城镇化水平提高会产生负向空间溢出效应。

第三,产业结构的主效应、直接效应、间接效应在三种环境规制下也均呈负向,其中间接效应的估计系数依次为-0.565,-0.601,-0.534,均在1%显著性水平下显著,说明第二产业比重的上升不仅不利于本省的生态质量绩效的提高,对邻省的生态质量绩效也存在着显著的负向溢出效应。方时姣等(2019)研究表明,工业产值占比每提高1个百分点,生态质量绩效下降0.007 3个百分点,目前我国"高能耗""高污染""高排放"现象突出,不利于生态质量绩效的提升,只有当我国的第三产业成为主导产业,即服务业占据主导地位时,产业结构才会对本省及邻省的生态质量绩效产生正向作用[②]。

---

① 龙亮军、王霞、郭兵:《基于改进DEA模型的城市生态经济高质量发展绩效评价研究——以我国35个大中城市为》,《自然资源学报》2017年第4期,595—605页。
② 方时姣、肖权:《中国区域生态经济高质量发展绩效水平及其空间效应研究》,《中国人口·资源与环境》2019年第3期,1—10页。

第四,能源消费结构同产业结构类似,在主效应、直接效应及间接效应下呈负向影响,其中直接效应和间接效应在 1%、5%、10% 水平下显著,市场型环境规制下能源消费结构的负向溢出效应最为明显,以煤炭为主要能源结构的经济发展模式对资源的损耗巨大,本省煤炭的消费比重增加会对本省生态质量绩效产生负向影响,对生态环境来说会造成更大的污染,同时由于污染的溢出,势必会降低其他邻近省份的生态质量绩效。

第五,技术进步的主效应在三种环境规制下均为负向但不显著,系数分别为 -0.008,-0.01,-0.007。说明邻省的技术进步对本省生态质量绩效的提高具有阻碍作用。"技术回弹效应"在经济生产活动中十分普遍,由于技术水平的提高,生产产品的效率提高,企业的生产规模扩大,生产产品的数量成倍上涨,即使生产单一产品所造成的污染减少,但由于庞大的产品规模总量,排放的总污染量不减反增,对提高生态质量绩效不利。同时,技术进步本身便存在外溢效应,邻省以较低的成本模仿或吸收本省的先进技术与经验,以期获得更高的经济发展水平,同样也会对其生态质量绩效产生负向影响,技术进步的直接效应与间接效应均不显著,其"双刃剑"特性得到充分体现。

第六节　结论与政策建议

本章首先通过构建三部门生产模型理论分析环境规制对生态质量绩效的影响,利用省际面板数据测算了我国 2003—2019 年 30 个省级行政区命令控制型、市场激励型和自愿参与型三类环境规制强度和生态质量绩效水平,采用 Tobit 模型分别探究了三种不同类型的环境规制对全国总体以及分东、中、西部三大区域的生态质量绩效水平的影响,最后分析了环境规制对生态质量绩效水平的时滞效应和空间溢出效应。本研究的主要结论如下:

第一,从全国层面看,不同类型环境规制对生态质量绩效的作用方向、力度和灵敏度均有所不同,只有市场激励型环境规制显著提高了生态质量绩效且作用较灵敏,命令控制型环境规制对生态质量绩效产生负向作用但有一定时滞性,自愿参与型环境规制则降低了生态质量绩效。此外,经济发展水平、产业结构和煤炭为主的能源结构总体降低生态质量绩效,技术进步则提高生态质量绩效水平。

第二,地区异质性分析表明,三类环境规制产生影响的作用方向和力度在我国东、中、西部三大区域生态质量绩效水平均有差异。命令型环境规制对东、中、西部生态质量绩效为负向作用且对西部作用更明显,但不显著;市场激励型环境规制对中部地区生态质量绩效的促进作用大于东部地区,而对西部地区的生态质量绩效产生了抑制作用;自愿参与型环境规制对中部地区生态质量绩效为促进作用,对东、西部地区生态质量绩效则为抑制作用,其中对东部地区影响最为显著。

从各区域生态质量绩效影响因素来看,经济发展水平的提高显著提高了东部地区生态质量绩效,却使得中、西部地区尤其是西部地区的生态质量绩效水平下降;城镇化和产业结构降低了东、中部地区生态质量绩效水平,但对西部地区生态质量绩效水平无影响;技术进步降低了东部地区生态质量绩效水平,但对中、西部地区生态质量绩效水平的改善作用明显。

第三,我国生态质量绩效呈现较强空间集聚性与依赖性和空间差异性,环境规制对生态质量绩效的影响存在空间溢出效应,其中市场型环境规制所产生的直接效应和间接效应最为显著。而城镇化、产业结构、能源结构、技术进步会对周边地区产生负向溢出效应。

依据不同类型环境规制对生态质量绩效水平的实证分析结果,本研究提出以下政策建议:

一是重视生态质量绩效水平的地位,强化市场在低碳转型中的作用。鼓励各地实行市场激励型环境规制,并在节能环保技术研发方面加大资金投入力度,充分发挥环境规制的"波特效应",兼顾经济发展与环境保护,尽可能降低经济发展对生态环境造成的损害,提高居民生态质量绩效水平。

二是因地制宜实施环境规制政策,灵活设计规制类型和力度。根据当地经济发展和环境状况灵活设计环境政策的类型和实施力度,对于经济发展水平较高的东部地区,发展经济的同时注重减少城镇化、能源结构等因素对生态环境的损害;对于处于发展中的中部地区,可采取市场激励型和自愿参与型环境规制相结合的环境治理手段,同时重视中部地区城镇化对生态质量绩效水平的破坏;对于经济发展水平落后的西部地区,在采用环境规制时注重尽可能减少对经济发展的损害,以提高生态质量绩效总体水平。

三是建立良好的区域间沟通协作机制,区域联动合力谋经济高质量发展。加大相邻地区间环境政策及其治理效果的宣传和交流力度,发挥地区间模范作用,增强地区间联动性,可通过区域合作协同、区域一体化等战略提高整体生态质量绩效水平,促进环境政策有效落实;同时也要注意防范周边地区城镇化、产业发展、能源消耗对本地生态质量绩效水平的负向影响,以提高环境保护、经济发展、社会经济高质量发展的协同性为区域间共同目标,促进地区间生态质量绩效水平的整体提升。

第七节　本章小结

本章第一部分说明了生态质量绩效研究现状,第二部分分析了环境规制影响生态质量绩效的机理,第三部分测算了环境规制强度和生态质量绩效,第四部分实证分析了环境规制对生态质量绩效的影响,第五部分分析了生态质量绩效的空间溢出效应,第六部分分析了环境规制协同效应对生态质量绩效的影响,第七部分总结了本章研究结果并针对结果提出了相关政策建议。

第一部分生态质量绩效研究现状中,介绍了生态质量绩效的内涵和影响因素,总结发现生态质量绩效受到经济发展水平、城镇化水平、产业结构、技术创新水平、对外开放程度、人口密度与能源结构等诸多因素的影响。现有关于环境规制与生态质量绩效、碳排放绩效、生态效率的关系研究主要有"遵循成本说""创新补偿说"和"不确定说"三类结论。

第二部分环境规制影响生态质量绩效的机理分析中,基于 Acemoglu (2012)的研究,构建了一个中性技术进步的两阶段三部门模型,包括中间产品生产部门、最终产品生产部门和要素供给部门三个部门[①]。模型的

---

① Acemoglu D, Aghion P, Bursztyn L, et al. The Environment and Directed Technical Change. American Economic Review, 2012: 102.

推导结果表明,环境规制能对生态型中间产品与污染型中间产品的相对利润产生影响,进而影响企业的节能减排活动,最终对区域的生态质量绩效水平产生作用。随后,本研究对不同类型环境规制对生态质量绩效的可能影响,以及环境规制对东部、中部、西部三大区域生态质量绩效的可能影响进行了简单分析。

第三部分环境规制与生态质量绩效的测度中,分别对环境规制强度和生态质量绩效进行测算。首先,构建了异质性环境规制指标体系,采用熵权法对全国 2003—2017 年 30 个省级行政区命令控制型、市场激励型、自愿参与型三类环境规制强度进行测算。总体来看,我国市场激励型环境规制强度略大于命令控制型环境规制强度,远大于自愿参与型环境规制强度;分区域看,我国东部、中部、西部地区二类环境规制强度大小和变动趋势差别较大。

其次,综合生态质量绩效相关研究的指标选取以及测算方法,以资源消耗为投入指标,人类发展指数(HDI)为期望产出,以环境污染为非期望产出,构建生态质量绩效指标体系,采用非径向、非角度的超效率 SBM 模型对 2003—2019 年全国 30 个省级行政区的生态质量绩效进行测算,测算结果从全国层面看,生态质量绩效整体水平不高,总体呈现先下降后上升的"U"形变化趋势;从区域层面看,2003—2009 年,生态质量绩效值呈现"中部最高、西部次之、东部最低"的格局,而到 2009 年之后,东部生态质量绩效超过中、西部,呈现"东部最高、中部次之、西部最低"的格局;从省域层面看,各省份生态质量绩效差异明显,2003—2019 年生态质量绩效均值最高的省级行政区是海南(0.900),最低的省级行政区为宁夏(0.191),两者相差 0.709,生态质量绩效值增长最快的地区为北京和上海。

第四部分环境规制对生态质量绩效的影响中,说明了模型设定和数据来源,对相关变量进行了描述性统计分析,基于 Tobit 模型,分别将命令控制型、市场激励型和自愿参与型三类环境规制对生态质量绩效的影响进行实证回归,回归结果发现市场激励型环境规制对生态质量绩效有促进作用,而自愿参与型环境规制不利于生态质量绩效水平的提高,命令控制型环境规制对生态质量绩效的影响负向但不显著。随后,更换生态质量绩效的指标体系进行稳健性分析,发现实证结果稳健。

在地区异质性分析中,样本被分为东部、中部、西部三个区域进行地区异质性分析,命令型环境规制在不同区域回归结果和基准回归结果一致,而市场激励型和自愿参与型环境规制对东、中、西三大区域生态质量绩效的作用方向和作用大小均有较大差异。

在时滞性分析中,将基准回归方程中环境规制强度滞后 1 期,进一步验证命令控制型、市场激励型和自愿参与型环境规制是否存在时间滞后效应,发现命令控制型环境规制产生效果需要一定时间,市场激励型环境规制调节较灵敏,而自愿参与型环境规制对当期产生的作用效果更佳。

第五部分生态质量绩效的空间溢出效应中,先是对空间溢出效应进行了简要的理论说明,随后进行空间自相关检验,根据 2003—2017 年我国生态质量绩效,基于地理距离权重矩阵计算全局莫兰指数,发现我国生态质量绩效表现出较强的空间集聚性与依赖性。此后,分析了命令控制型、市场激励型和自愿参与型三类环境规制对生态质量绩效影响的空间溢出效应,发现市场型环境规制对生态质量绩效存在显著的直接和间接空间溢出效应,说明采取市场激励型环境规制可对周边省份生态质量绩效产生正向作用。

第六部分结论与政策建议中,从全国层面的总体作用效果、地区异质性分析和空间溢出效应分析三个角度总结了命令控制型、市场激励型和自愿参与型环境规制这三种不同类型的环境规制对生态质量绩效的影响,并有针对性地提出了三个政策建议:一是重视生态质量绩效水平的地位,强化市场在低碳转型中的作用;二是因地制宜实施环境规制政策,灵活设计规制类型和力度;三是建立良好的区域间沟通协作机制,区域联动合力谋经济高质量发展。

第7章

环境规制与居民生活质量影响

第 4 章认为环境规制的影响可分为企业、生态、居民三层面,并就环境规制作用于此三种经济高质量发展的路径进行了理论层面的分析。本章则是聚焦于居民生活质量这一层面进行实证分析。首先,本章通过梳理居民生活质量水平测度与居民生活质量影响因素的相关研究,构建居民生活质量指标体系并对其合理性进行验证,继而通过熵权法测算 2005—2019 年中国各省级行政区居民生活质量水平。之后,通过实证分析探究环境规制与居民生活质量水平之间的关系,针对地区、受教育程度与产业结构水平展开异质性分析,并进一步考察是否存在空间溢出效应,以期全面探究环境规制的居民生活质量影响。

第一节　居民生活质量的影响因素

Allen 等(1995)[①]基于美国和德国的数据展开研究,发现居民储蓄与居民生活质量呈现负相关。Robeyns(2003)[②]基于性别不平等角度,认为性别也是影响居民生活质量的重要因素。Kuklys(2005)[③]通过对英国家庭固定样本进行研究,发现居民生活质量水平受性别、年龄以及婚姻状况

① Allen F, Gale D. A welfare comparison of intermediaries and financial markets in Germany and the US. European Economic Review, 1995, 39(2): 179 - 209.
② Robeyns I. Sen's capability approach and gender inequality: selecting relevant capabilities. Feminist Economics, 2003, 9(2 - 3): 61 - 92.
③ Kuklys W. An application of Sen's functioning approach using structural equation models. Journal of Development Studies, 2005(8): 1339 - 1368.

的影响较为显著,而学历和收入对居民生活质量水平几乎没有影响。Ruta 等(2006)[①]研究发现,资源公平是居民生活质量水平体系中较为重要的部分。Dick(2007)[②]研究发现,居民生活质量水平会受到利率等诸多银行属性的影响。雷鸣等(2013)[③]研究发现,利率显著负向影响居民生活质量。方福前等(2009)[④]利用结构方程模型研究发现,学历与收入对现阶段中国城镇居民影响较为显著,增加居民个人收入与受教育年限,能够正向影响居民生活质量水平。同时,他还发现,相较于自身的健康状况,居民更关注休闲状况与住房状况,建议中国社会保障制度的改善应向这两方面倾斜。成程等(2013)[⑤]对苏州市农民进行相关研究,发现学历与职业对农民生活质量水平的影响最为显著。周明月(2016)[⑥]研究发现,城镇化率显著正向影响居民生活质量,城镇化率越高,居民的居民生活质量水平越高。

赵鑫铖等(2020)[⑦]对区域居民生活质量水平进行研究,研究发现居民的消费水平、预期寿命以及闲暇状况与居民生活质量水平呈正相关,而不平等则与居民生活质量水平呈负相关。进一步研究发现,这四个因素中,居民消费水平的降低是导致居民生活质量水平的提高与经济增长脱钩的重要原因。倪瑶等(2020)[⑧]以 2010 年为时间节点,比较普惠金融数字化前后对居民生活质量水平的影响,研究发现,2010 年以前,即数字化前,普惠金融会扩大城乡居民生活质量水平,而数字化之后,则对城乡居民生活质量水平差距起到缩小作用,并且具有地区异质性,对于东部地区

① Ruta D, Camfield L, Donaldson C. Sen and the art of quality of life maintenance: Towards a general theory of quality of life and its causation. Journal of Socio-Economics, 2006, 36(3): 397 – 423.
② Dick A A. Demand estimation and consumer welfare in the banking industry. Journal of Banking and Finance, 2007, 32(8): 1661 – 1676.
③ 雷鸣、王军、叶五一:《跨期消费、利率水平与个人影响》,《金融论坛》2013 年第 4 期,48—52 页。
④ 方福前、吕文慧:《中国城镇居民经济高质量发展水平影响因素分析——基于阿马蒂亚·森的能力方法和结构方程模型》,《管理世界》2009 年第 4 期,17—26 页。
⑤ 成程、陈利根:《经济发达地区集中居住农民经济高质量发展水平影响因素分析——基于可行能力理论与结构方程模型》,《安徽农业大学学报(社会科学版)》2014 年第 2 期,1—9 页。
⑥ 周明月:《新型城镇化:居民经济高质量发展、测度与影响》,《中南民族大学》2016 年。
⑦ 赵鑫铖、梁双陆:《中国区域经济经济高质量发展的水平测度与增长测度研究》,《数量经济技术经济研究》2020 年第 7 期,26—47 页。
⑧ 倪瑶、成春林:《普惠金融数字化对城乡居民经济高质量发展差异影响的对比研究》,《金融发展研究》2020 年第 3 期,49—57 页。

影响更显著。

综上，居民生活质量具有多元性、层次性、差异性，受到多种因素影响，因此要考察居民生活质量水平，需要从多方面综合研究。

在诸多影响因素中，环境因素是影响居民生活质量的重要因素。基于环境规制视角，认为环境规制可从健康、就业、收入等多方面对居民生活质量产生影响(郑芳等，2012)①。环境规制不仅能够从身体层面对居民健康产生正向影响，还能够改善居民心理健康(李卫兵等，2018；张国兴等，2018)②③，且该影响还呈现空间溢出效应(宋丽颖等，2019)④；环境规制与就业之间的关系也受到诸多学者研究，尽管研究结果不尽相同，但多数研究表明，其呈现"U"形关系，即环境规制达到一定程度后(存在门槛效应)，可以实现环境改善与稳定就业的双赢(闫文娟等，2012；崔立志等，2018)⑤⑥；并且由于环境污染具有"亲贫性"，导致收入不平等性持续发生，即拥有充足资本的群体会经历增长和环境治理的持续改善，初始条件不利的群体则会陷入"低资本和低收入—低环境质量"的循环中(祁毓等，2015)⑦。

各个城市建设以全面提高居民幸福感、获得感、满足感为奋斗目标和价值追求，居民生活质量是城市社会经济发展综合状况的直接体现。研究环境规制如何影响居民生活质量具有一定现实意义。研究创新点在于：第一，关于居民生活质量影响的指标选取较为全面，且将其构建成一个统一指标体系居民生活质量进行衡量，现有文献多数只研究环境规制对居民生活质量的个别影响；第二，较少有文献从环境规制角度出发，研究其对居民医疗负担以及居民收入分配的影响，本研究希望丰富相关文献。

---

① 郑芳、侯迎、陈田：《海南省居民经济高质量发展指标体系构建及筛选方法选择》，《统计与决策》2012年第3期，35—38页。
② 李卫兵、邹萍：《空气污染与居民心理健康——基于断点回归的估计》，《北京理工大学学报(社会科学版)》2019年第6期，10—21页。
③ 张国兴、张振华、高杨等：《环境规制政策与公共健康——基于环境污染的中介效应检验》，《系统工程理论与实践》2018年第2期，361—373页。
④ 宋丽颖、崔帆：《环境规制、环境污染与居民健康——基于调节效应与空间溢出效应分析》，《湘潭大学学报(哲学社会科学版)》2019年第5期，60—68页。
⑤ 闫文娟、郭树龙、史亚东：《环境规制、产业结构升级与就业效应：线性还是非线性?》，《经济科学》2012年第6期，23—32页。
⑥ 崔立志、常继发：《环境规制对就业影响的门槛效应》，《软科学》2018年第8期，20—23页＋48页。
⑦ 祁毓、卢洪友：《污染、健康与不平等——跨越"环境健康贫困"陷阱》，《管理世界》2015年第9期，32—51页。

第二节　居民生活质量的测度与分析

居民生活质量则是指能够使人获得幸福感的物质或利益。阿玛蒂亚·森可行性理论强调了居民生活质量水平的多维性特征,充分阐释从单一变量考察居民生活质量水平是远远不够的,居民生活质量是健康水平、就业、生活质量等的综合反映①。为此,本章节通过建构综合指标体系多维度有效衡量居民生活质量水平。

一、居民生活质量指标体系的建立

马斯洛需求层次理论指出,只有当人满足较低层次的需求,才可能出现更高级的社会化程度更高的需求。同时,经济基础决定上层建筑,居民的经济状况是居民生活质量的基础性内容,夯实百姓幸福物质基础,为居民获得更高层次居民生活质量水平需求提供根本支撑力。有鉴于此,本章将居民生活质量划分成基础性生活质量和发展性生活质量两个维度。

李云(2017)②表明,减少贫困、提高收入或是扩大内需、提速发展,充分的劳动就业都是经济社会发展最基本的支撑,亦是居民的基本民生需求。但随着经济转型和产业结构的调整,我国就业结构发生重构以及对低技能劳动力需求的减少、对高技能劳动力激励的增加会导致不同城市化区域、不同受教育程度居民间产生明显收入差异③④。因此,本研究从就业指数和收入差异指数两方面来衡量居民的基础性居民生活质量水平,参考郑芳等(2012)⑤和万广华等(2018)⑥,我们以就业人员数

① 方福前、吕文慧:《中国城镇居民经济高质量发展水平影响因素分析——基于阿马蒂亚·森的能力方法和结构方程模型》,《管理世界》2009年第4期,17—26页。
② 李云:《习近平就业优先战略思想述论》,《求实》2017年第11期,14—23页。
③ 阮杨、陆铭、陈钊:《经济转型中的就业重构与收入分配》,《管理世界》2002年第11期,50—56页+77页。
④ 陈斌开、林毅夫:《重工业优先发展战略、城市化和城乡工资差距》,《南开经济研究》2010第1期,3—18页。
⑤ 郑芳、侯迎、陈田:《海南省居民经济高质量发展指标体系构建及筛选方法选择》,《统计与决策》2012年第3期,35—38页。
⑥ 万广华、吴婷、张琰:《中国收入不均等的下降及其成因解析》,《劳动经济研究》2018年第3期,22—53页。

(EM)和基尼系数(Gini)分别对居民就业指数和居民收入差异指数予以度量。

在基础性居民生活质量水平得到满足后，人们才会由"需要、依赖性"转向"想要、期待性"(侯冰，2018)[1]，从而对自身健康水平、生活环境质量等方面产生更高期待值。借鉴宋丽颖(2019)[2]、黄晓宁等(2016)[3]、郑芳等(2012)[4]和王祖山(2018)[5]等的研究，本研究选用死亡率(Hd)和医疗负担(FD)来反映居民健康指数，死亡率和医疗负担愈低，居民整体健康状况愈好，越有助于增加居民生活质量水平；对于居住环境指数，主要从环境质量和环境建设投资两个方面进行衡量，其中，城市绿地面积(CGA)和建成区绿化覆盖率(GcB)是测度环境质量的重要指标，园林绿化投资(GI)能够反映城市在环境基础设施建设方面的投入，有助于城市的可持续发展和提升城市生态环境质量。

综上，本研究将居民就业和收入纳入"基础性居民生活质量水平"范畴，将居民健康、生活环境纳入"发展性居民生活质量水平"范畴。故初步建立的居民生活质量水平指标体系共涉及 7 个指标，且所有指标均为宏观数据，与本章的主要研究内容——居民整体生活质量水平相适应。

二、指标体系的合理性检验与确立

初步构建指标体系时，需要秉承整体性、全面性以及可行性等指标选取原则，并未考虑到由于全面性可能带来的指标重叠问题，因此本章节利用相关系数分析和方差膨胀系数(VIF)检验指标间的独立性，为最终确立指标体系提供可靠依据，具体结果见表 7.1 和表 7.2。

由表 7.1 可见，相关系数绝对值大多数显著小于 0.5，仅有 1 项大于

---

① 侯冰：《老年人社区居家养老服务需求层次及其满足策略研究》，《社会保障评论》2019 年第 3 期，147—159 页。

② 宋丽颖、崔帆：《环境规制、环境污染与居民健康——基于调节效应与空间溢出效应分析》，《湘潭大学学报(哲学社会科学版)》2019 年第 5 期，60—68 页。

③ 黄晓宁、李勇：《新农合对农民医疗负担和健康水平影响的实证分析》，《农业技术经济》2016 年第 4 期，51—58 页。

④ 郑芳、侯迎、陈田：《海南省居民经济高质量发展指标体系构建及筛选方法选择》，《统计与决策》2012 年第 3 期，35—38 页。

⑤ 王祖山：《城镇居民经济高质量发展的测度、健康关联及改进路径》，《湖南师范大学社会科学学报》2018 年第 2 期，84—91 页。

0.5,其相关系数绝对值为 0.654,但也小于 0.7,因此该指标体系整体上独立性较强,无高度相关(>0.7)的情况。其次,将 7 个指标相关数据导入至 Stata 16.0,利用 collin 指令计算各指标的 VIF 值,具体结果见表 7.2:各指标的方差膨胀因子均远远小于经验判断值 10,且其容忍度高于 0.1,表明指标间不存在多重共线性,无须剔除指标。

表 7.1　各变量的相关系数

	EM	Gini	Hd	FD	CGA	GcB	GI
EM	1						
Gini	−0.005	1					
Hd	0.316***	0.098	1				
FD	−0.299***	0.329***	0.041	1			
CGA	0.654***	0.132***	−0.122***	−0.306***	1		
GcB	0.315***	0.409***	−0.031	−0.280***	0.411***	1	
GI	0.400***	0.278***	0.131***	−0.168***	0.403***	0.474***	1

注:*、**、***分别表示相关系数在 10%、5%和 1%的水平上显著。

表 7.2　初步构建指标体系的 VIF 检验

变　量	VIF	容忍度	相关性
EM	2.66	0.376	0.624
Gini	1.78	0.562	0.438
Hd	1.51	0.661	0.339
FD	1.56	0.641	0.358
CGA	2.53	0.396	0.604
GcB	1.85	0.541	0.459
GI	1.48	0.675	0.325
Mean VIF	1.91		

上述两种方法验证了居民生活质量指标选择的合理性,具体居民生活质量测度指标体系构建如表 7.3 所示。

表 7.3　居民生活质量测度指标体系

一级指标	二级指标	定　义	单　位	指标属性
基础性居民生活质量水平	就业指数	就业人员数(EM)	万人	正向指标
	收入差异指数	基尼系数(Gini)	1	负向指标
发展性居民生活质量水平	健康指数	死亡率(Hd)	‰	负向指标
		医疗负担(FD)	%	负向指标
	居住环境指数	城市绿地面积(CGA)	公顷	正向指标
		建成区绿化覆盖率(GcB)	%	正向指标
		园林绿化投资(GI)	亿元	正向指标

居民生活质量指标体系中(见表 7.3)部分指标的测算方法如下:

(1) 基尼系数(Gini):为克服城镇与农村不同收入区间分组在统计口径上存在的差异,本研究参照田卫民(2012)[①]与 Sundrum(1990)[②]相关研究测度基尼系数,其计算公式为:

$$G_u = 1 - \frac{1}{P_u Y_u} \sum_{n=1}^{N} (Y_n - 1 + Y_n) \times P_n \tag{7.1}$$

$$G_r = 1 - \frac{1}{P_r Y_r} \sum_{n=1}^{N} (Y_n - 1 + Y_n) \times P_n \tag{7.2}$$

$$Gini_i = P_{iu}^2 * \left(\frac{y_{iu}}{Y_i}\right) * G_{ir} + P_{ir}^2 * \left(\frac{y_{ir}}{Y_i}\right) * G_{ir} + P_{iu}P_{ir}\left(y_{iu} * \frac{y_{ir}}{Y_i}\right) \tag{7.3}$$

式中,i 表示不同省份,u 表示城镇,r 表示农村,P_u、P_r 分别表示城镇与农村总人口,Y_u、Y_r 分别表示城镇居民与农村居民的人均可支配收入,按 N 等份分组,Y_n 表示第 n 组收入区间人均可支配收入。G_u、G_r 分别表示城镇与农村基尼系数,p_u、p_r 分别表示城镇与农村人口占省份总人口数的比重,y_u、y_r 分别表示城镇与农村居民人均可支配收入,Y_i 表示省份所有居民人均可支配收入。

(2) 死亡率(Hd):即人口死亡率,也称为粗死亡率,指在一定时期内

---

① 田卫民:《省域居民收入基尼系数测算及其变动趋势分析》,《经济科学》2012 年第 2 期,48—59 页。

② Sundrum R M. Income distribution in less developed countries. London and New York: Routledge, 1990: 50.

(通常为一年)一定地区的死亡人数与同期内平均人数的比值。参照宋丽颖(2019)[①]的方法,本研究中的死亡率指年死亡率,其计算公式为:

$$死亡率=年死亡人口÷年平均人口×1\,000‰$$

(3) 医疗负担(FD):指居民为某种病伤或所有病伤承担的经济支出和损失。参照黄晓宁等(2016)[②]的研究,本研究选用居民医疗支出占家庭总收入的比重作为衡量医疗负担(FD)的指标,其计算公式为:

$$居民医疗负担=居民医疗保健支出÷居民可支配收入$$

因为上述指标体系中各变量的计量单位并不统一,为更加客观准确地测度居民生活质量水平,本研究采用熵值法对其进行归一化处理并对各个指标进行确权,具体计算方法如下:

(1) 归一化处理。

正向指标的计算公式:

$$X'_{tf}=\frac{X_{tf}-\min\{X_{tf}\}}{\max\{X_{tf}\}-\min\{X_{tf}\}} \tag{7.4}$$

负向指标的计算公式:

$$X'_{tf}=\frac{\max\{X_{tf}\}-X_{tf}}{\max\{X_{tf}\}-\min\{X_{tf}\}} \tag{7.5}$$

经处理后,指标值的范围为0~1。

(2) 计算第 t 年第 f 项指标的比重。

$$P_{tf}=\frac{X'_{tf}}{\sum\limits_{t=1}^{m}X'_{tf}} \tag{7.6}$$

(3) 计算第 f 项指标的熵值。

$$e_f=-(\ln m)^{-1}\sum_{t=1}^{m}(P_{tf}×\ln P_{tf}),\quad 0\leqslant e_f\leqslant 1 \tag{7.7}$$

[①] 宋丽颖、崔帆:《环境规制、环境污染与居民健康——基于调节效应与空间溢出效应分析》,《湘潭大学学报(哲学社会科学版)》2019 年第 5 期,60—68 页。
[②] 黄晓宁、李勇:《新农合对农民医疗负担和健康水平影响的实证分析》,《农业技术经济》2016 年第 4 期,51—58 页。

（4）计算差异常数。

$$g_f = 1 - e_f \qquad (7.8)$$

该常数越大，指标越重要。

（5）计算第 f 项指标的权重。

$$w_f = \frac{g_f}{\sum_{f=1}^{n} g_f} \qquad (7.9)$$

基于熵值法，运用 Stata 16.0 软件计算得到居民生活质量各项指标的权重信息（见表 7.4）。

表 7.4　2005—2019 年居民生活质量指标体系权重

	W_EM	W_Gini	W_Hd	W_FD	W_GcB	W_CGA	W_GI
2005 年	0.139	0.084	0.068	0.086	0.081	0.248	0.293
2006 年	0.144	0.123	0.070	0.112	0.061	0.197	0.293
2007 年	0.161	0.123	0.076	0.084	0.071	0.251	0.235
2008 年	0.152	0.110	0.084	0.090	0.091	0.245	0.228
2009 年	0.160	0.106	0.108	0.059	0.078	0.237	0.252
2010 年	0.120	0.080	0.084	0.060	0.057	0.172	0.426
2011 年	0.158	0.109	0.129	0.101	0.048	0.216	0.239
2012 年	0.170	0.093	0.183	0.069	0.063	0.220	0.202
2013 年	0.170	0.081	0.134	0.056	0.091	0.244	0.224
2014 年	0.159	0.102	0.146	0.072	0.067	0.226	0.228
2015 年	0.170	0.065	0.150	0.105	0.061	0.230	0.218
2016 年	0.165	0.071	0.162	0.109	0.066	0.221	0.206
2017 年	0.170	0.052	0.144	0.137	0.071	0.212	0.214
2018 年	0.164	0.052	0.108	0.074	0.079	0.208	0.315
2019 年	0.161	0.054	0.122	0.065	0.082	0.208	0.307

三、居民生活质量水平的测算与分析

本节基于熵值法确定综合评价指标的各项权重，进而测算中国居民生活质量水平[1][2]：

$$\text{Welfare}_{it} = \sum_f (\omega_f \chi'_{itf}) \tag{7.10}$$

式中,表示第 i 个省份在第 t 年的居民生活质量水平,表示第 f 项指标权重,表示第 i 个省份的第 f 项指标在第 t 年标准化后的值。

根据居民生活质量水平评价指标和居民生活质量水平测算模型计算全国 30 个省级行政区的居民生活质量水平,并依据中国行政区划将研究样本划分为东部、中部、西部三个地区。测度结果如表 7.5、图 7.1 和图7.2 所示。

由表 7.5 和图 7.1 可知,各省级行政区居民生活质量水平基本呈现出上升或持平态势(除江苏省呈明显下降趋势),变化程度及总体水平在各省级行政区间有所差异。其中,东部地区的北京市居民生活质量指数水平增速最快,其次是中部地区的河南省和西部地区的云南省。广东、江苏、山东地区的居民生活质量水平一直保持在较高水平,而吉林、甘肃、青海、黑龙江地区居民生活质量水平一直处于低水平状态。截至 2019 年,北京、山东、广东、江苏、河南、浙江等地区的居民生活质量水平已经在达到了较高水平。

由表 7.5 和图 7.2 发现,从宏观的时间序列来看,全国居民生活质量均值基本呈波动状,但总体趋势大致向上。2010 年的第六次人口普查显示,区域发展的不平衡使得农村人口大规模流向大中城市,人口的大量迁移导致城市人口、资源、环境矛盾突出,造成居民生活舒适感、幸福感不断下降[3]。分地区来看,居民生活质量水平在空间上呈自东向西递减态势。本研究认为地区居民生活质量水平存在差异性主要是因为各地区本身的异质性导致的,各地区初始资源禀赋不同,并且处于不同的经济发展阶段。例如,东部地区的京津冀地区、长三角地区均是国家改革开放后的"先富地区",其经济发展水平带来的社会发展程度、生态环境保护等各方面都明显优于其他地区,由此带来这些区域的居民生活质量水平也高于全国平均水平。

---

[1] 杨丽、孙之淳:《基于熵值法的西部新型城镇化发展水平测评》,《经济问题》2015 年第 3 期,115—119 页。
[2] 张坤:《物价变动对农村居民经济高质量发展影响的统计研究》,《太原理工大学》2015 年。
[3] 侯志阳:《新型城镇化背景下的国民经济高质量发展研究》,《中国行政管理》2013 年第 6 期,68—72 页。

表 7.5　2005—2019 年中国居民生活质量水平测度结果

地　区	2005	2006	2007	2008	2009	2010	2011	2012	2013	2014	2015	2016	2017	2018	2019
上海	0.234	0.307	0.305	0.213	0.291	0.242	0.361	0.364	0.359	0.385	0.417	0.382	0.396	0.277	0.292
北京	0.234	0.255	0.272	0.263	0.362	0.186	0.309	0.480	0.423	0.415	0.412	0.480	0.546	0.577	0.578
天津	0.180	0.126	0.112	0.155	0.197	0.142	0.240	0.223	0.206	0.227	0.260	0.269	0.281	0.204	0.213
山东	0.623	0.572	0.560	0.604	0.633	0.350	0.609	0.553	0.631	0.551	0.601	0.558	0.590	0.602	0.485
广东	0.666	0.639	0.701	0.711	0.663	0.922	0.720	0.740	0.696	0.711	0.755	0.763	0.758	0.651	0.658
江苏	0.734	0.715	0.711	0.672	0.638	0.389	0.634	0.594	0.651	0.600	0.638	0.636	0.628	0.605	0.550
河北	0.320	0.291	0.322	0.371	0.382	0.238	0.493	0.412	0.340	0.321	0.375	0.370	0.380	0.354	0.392
浙江	0.357	0.343	0.382	0.422	0.358	0.252	0.403	0.451	0.450	0.462	0.503	0.620	0.582	0.539	0.494
海南	0.212	0.239	0.276	0.289	0.239	0.190	0.257	0.276	0.257	0.246	0.226	0.252	0.265	0.190	0.209
福建	0.325	0.338	0.349	0.333	0.295	0.272	0.420	0.403	0.379	0.348	0.397	0.384	0.438	0.380	0.355
辽宁	0.305	0.272	0.367	0.386	0.343	0.187	0.368	0.355	0.335	0.276	0.275	0.235	0.230	0.189	0.197
东部地区	0.381	0.372	0.396	0.402	0.400	0.306	0.438	0.441	0.430	0.413	0.442	0.450	0.463	0.415	0.402
吉林	0.177	0.162	0.168	0.168	0.188	0.105	0.147	0.192	0.179	0.135	0.200	0.186	0.147	0.174	0.141
安徽	0.321	0.389	0.392	0.388	0.388	0.275	0.459	0.442	0.487	0.463	0.551	0.569	0.583	0.511	0.454
山西	0.178	0.178	0.182	0.203	0.196	0.156	0.253	0.274	0.263	0.221	0.261	0.300	0.291	0.275	0.277
江西	0.270	0.252	0.278	0.297	0.296	0.238	0.378	0.399	0.363	0.365	0.399	0.433	0.486	0.513	0.398
河南	0.387	0.399	0.413	0.414	0.371	0.262	0.374	0.401	0.405	0.419	0.446	0.471	0.564	0.594	0.574

续　表

地　区	2005	2006	2007	2008	2009	2010	2011	2012	2013	2014	2015	2016	2017	2018	2019
湖北	0.331	0.310	0.343	0.341	0.327	0.231	0.326	0.345	0.350	0.300	0.369	0.312	0.335	0.277	0.269
湖南	0.256	0.263	0.286	0.285	0.297	0.203	0.286	0.283	0.296	0.307	0.354	0.334	0.349	0.275	0.249
黑龙江	0.179	0.187	0.376	0.202	0.247	0.183	0.208	0.246	0.252	0.176	0.157	0.171	0.152	0.140	0.130
中部地区	0.262	0.268	0.305	0.287	0.289	0.207	0.304	0.323	0.324	0.298	0.342	0.347	0.363	0.345	0.312
云南	0.148	0.161	0.201	0.218	0.233	0.178	0.244	0.255	0.255	0.274	0.293	0.297	0.305	0.300	0.310
内蒙古	0.168	0.163	0.185	0.205	0.225	0.136	0.304	0.348	0.314	0.313	0.430	0.377	0.421	0.267	0.242
四川	0.383	0.375	0.415	0.392	0.381	0.254	0.358	0.345	0.341	0.328	0.361	0.435	0.430	0.463	0.398
宁夏	0.174	0.241	0.264	0.264	0.267	0.178	0.250	0.321	0.271	0.292	0.249	0.278	0.267	0.195	0.201
广西	0.316	0.358	0.368	0.371	0.402	0.288	0.439	0.369	0.362	0.392	0.399	0.432	0.402	0.329	0.297
新疆	0.246	0.239	0.292	0.257	0.269	0.18	0.296	0.347	0.294	0.326	0.361	0.375	0.352	0.292	0.313
甘肃	0.147	0.134	0.127	0.119	0.092	0.099	0.134	0.165	0.165	0.191	0.187	0.171	0.143	0.121	0.141
贵州	0.216	0.283	0.297	0.277	0.221	0.159	0.210	0.185	0.205	0.233	0.252	0.299	0.291	0.244	0.235
重庆	0.168	0.166	0.236	0.286	0.302	0.220	0.420	0.295	0.296	0.261	0.276	0.274	0.296	0.266	0.268
陕西	0.170	0.179	0.226	0.273	0.289	0.200	0.230	0.251	0.260	0.270	0.277	0.309	0.310	0.255	0.256
青海	0.082	0.083	0.087	0.117	0.106	0.071	0.141	0.137	0.120	0.137	0.099	0.105	0.099	0.093	0.116
西部地区	0.202	0.217	0.245	0.253	0.253	0.178	0.275	0.274	0.262	0.274	0.289	0.305	0.301	0.257	0.252

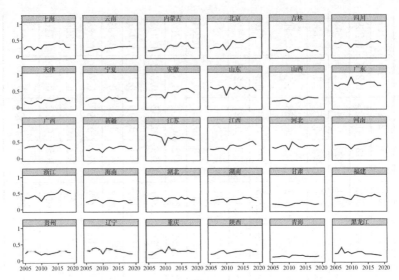

图 7.1

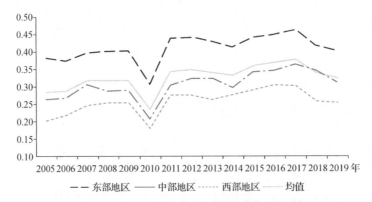

图 7.2　全国及分地区居民生活质量水平变化

进一步对 2005—2019 年各省份的居民生活质量水平状况进行分析（见图 7.3），发现各省级行政区居民生活质量水平均值波动范围在 0.106～0.717，差异显著。30 个省级行政区的居民生活质量水平均值为 0.326，高于全国平均水平以上的省级行政区共有 12 个，其中居民生活质量水平最高的 5 个省级行政区是广东（0.717）、江苏（0.626）、山东（0.568）、安徽（0.445）、浙江（0.441），主要以东部地区为主；在全国平均水平以下的省级行政区有 18 个，其中居民生活质量水平最低的 3 个省份是青海（0.106）、甘肃（0.142）、吉林（0.165），主要以西部地区为主。因此，应同时关注区域间居民生活质量水平差异和省级行政区之间居民生活质量水平的巨大差距。

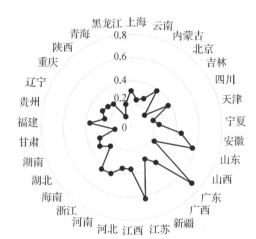

图 7.3 2005—2019 年各省级行政区居民生活质量水平均值

第三节 环境规制对居民生活质量影响的实证研究

通过实证研究,环境规制对居民生活质量具有显著的正向影响。政府可以制定更加科学、合理的环境规制政策,以平衡环境保护与经济发展之间的关系,进而达到提升居民的身体健康状况、心理幸福感以及降低生活成本的目的。

一、模型构建

结合环境规制对居民生活质量的相关影响研究发现,环境污染与居民生活质量分指标,如就业、收入分配等可能存在非线性关系,基于此,本研究推论环境规制对居民整体生活质量有影响,且其影响很可能是非线性的。为验证上述推论,在模型设定时引入了核心解释变量环境规制强度的平方项和三次项,具体如下:

$$\text{Welfare}_{i,t} = \alpha_0 + \alpha_1 \text{Enr}_{i,t} + \alpha_2 \text{Enr}^2_{i,t} + \alpha_3 \text{Enr}^3_{i,t} + \beta \text{Control}_{i,t} + u_i + \varepsilon_{i,t} \quad (7.11)$$

式中,i 代表地区,t 代表年份。Enr、Enr^2 和 Enr^3 分别为环境规制强度的

一次项、二次项和三次项，Control 为控制变量，u_i 为个体 i 的非时变异质性以及个体效应，$\varepsilon_{i,t}$ 为随机扰动项。

考虑到环境规制政策对居民生活质量影响的滞后性，我们将被解释变量滞后一期作为回归解释变量，同时可消除由被解释变量 $\text{Welfare}_{i,t}$ 与核心解释变量 $\text{Enr}_{i,t}$ 之间可能存在的反向因果关系导致的内生性问题，因此本章节用来估计环境规制对居民生活质量影响的计量模型如下：

$$\text{Welfare}_{i,t} = \alpha_0 + \text{Welfare}_{i,t-1} + \alpha_1 \text{Enr}_{i,t} + \alpha_2 \text{Enr}_{i,t}^2 + \alpha_3 \text{Enr}_{i,t}^3 + \beta \text{Control}_{i,t} + u_i + \varepsilon_{i,t} \tag{7.12}$$

二、数据来源与变量说明

（一）数据来源

本章节的研究样本为中国 30 个省级行政区（西藏因部分数据缺失不包含在内）2006—2019 年的面板数据，探析环境规制与居民生活质量水平之间的关系，因居民生活质量水平还受到经济发展水平（pGDP）、产业结构（InS）、人均受教育程度（Edu）的影响，故将其作为控制变量引入模型。模型涉及所有变量的描述性统计见表 7.6，且上述变量相关数据均来源于《中国统计年鉴》《中国环境统计年鉴》以及各省级行政区统计年鉴。

表 7.6 显示，2005—2019 年中国居民生活质量水平变化范围为 0.071～0.922，均值和中位数分别为 0.329 和 0.296，说明各地区间的居民生活质量水平存在较大差异。环境规制强度的变化范围为 0.037～24.361，且标准差为 2.548，表明地区之间环境污染治理力度有较大差异。

表 7.6 变量的描述性统计

变 量	样本数	均 值	中位数	标准差	最小值	最大值
Welfare	420	0.329	0.296	0.147	0.071	0.922
Enr	416	2.235	1.420	2.548	0.037	24.361
ln(pGDP)	420	10.476	10.503	0.604	8.716	12.011
InS	420	0.440	0.416	0.096	0.286	0.835
Edu	420	8.933	8.873	0.975	6.594	12.681

（二）变量说明

（1）被解释变量：将中国 30 省级行政区（不含西藏）2005—2019 年的居民生活质量水平作为被解释变量。

（2）解释变量：环境规制强度。根据众多学者关于环境规制强度的测度研究，本研究选取人均 SO_2 排放量、人均工业化学需氧量、人均固体废弃物产生量三个指标构建环境规制综合指数，以单位污染物的治理投入作为环境规制强度的衡量指标（王勇等，2015；王芳，2021），具体计算方法如下：

$$\mathrm{Enr}_{i,t} = \frac{\mathrm{Et}_{i,t}}{\mathrm{Td}_{i,t}} = \frac{\dfrac{T_{i,t}}{\overline{T}_t}}{\sum \mathrm{SE}_{i,t}} \tag{7.13}$$

$$\mathrm{SE}_{i,t} = \frac{E_{i,t} - \min(E_t)}{\max(E_t) - \min(E_t)} \tag{7.14}$$

式中，$\mathrm{Enr}_{i,t}$ 是 i 地区在 t 年的环境规制强度；$\mathrm{Et}_{i,t}$ 为污染治理项目本年完成投资标准化值；$\mathrm{Td}_{i,t}$ 为 i 地区 t 年的排污总量标准化值；$T_{i,t}$ 为 i 地区 t 年的污染治理项目本年完成投资总额；$\overline{T}_t$ 为 t 年全国平均环境污染治理投资总额；$\mathrm{SE}_{i,t}$ 为 i 地区 t 年的污染物排放量标准化值。

（3）控制变量。① 经济发展水平：经济发展水平选用人均地区生产总值作为指标，人均国内生产总值是指国内生产总值的绝对值与该年平均人口的比值，是衡量一个国家或地区每个居民对该国家或地区的经济贡献或创造价值的指标。② 产业结构：参照崔立志（2018）的做法，采用第三产业产值占生产总产值的比值来衡量。③ 人均受教育年限：借鉴刘生龙（2016）、周熙登（2014）等的做法，且考虑到统计局部分年份统计口径的变化，将大专以上文化程度均按 16 年计算，中职和高中记为 12 年，其余按照现行学制计算 6 岁及 6 岁以上人口平均受教育年数，具体计算公式为：文盲比重×0＋小学比重×6＋初中比重×9＋（高中比重＋中职比重）×12＋（大专比重＋本科比重＋硕博比重）×16。

三、实证结果分析与讨论

（一）基准回归结果

面板数据模型的选择通常有三种形式，即混合回归模型（OLS）、固定效应模型（FE）和随机效应模型（RE）。为选择更为恰当的方法，我们采取两两比较的方法。首先，使用 F 检验方法比较固定效应模型和混合 OLS 模型孰优孰劣，结果显示 $P=0.000\,0$，即不接受原假设，选择固定效应模型；其次，通过 Hausman 检验确定是选择固定效应模型还是随机效应模型，检验结果为 $P=0.000\,0$，即在 0.01 的置信水平下拒绝原假设，选择使用固定效应模型。因此，本研究采用固定效应模型进行实证分析，模型回归结果见表 7.7。

表 7.7　全样本固定效应模型估计结果

变　量	模型(1)	模型(2)	模型(3)	模型(4)	模型(5)	模型(6)
L. Welfare	0.405 *** (6.71)	0.410 *** (6.88)	0.404 *** (6.54)	0.372 *** (6.94)	0.379 *** (7.00)	0.374 *** (6.68)
Enr	0.010 *** (7.31)	0.016 *** (5.02)	0.023 *** (3.57)	0.009 *** (7.50)	0.014 *** (4.58)	0.020 *** (3.38)
Enr^2		−0.000 4 *** (−2.82)	−0.001 ** (−1.90)		−0.000 3 ** (−2.26)	−0.001 * (−1.79)
Enr^3			0.0000 (1.52)			0.0000 (1.52)
ln (pGDP)				0.048 ** (2.61)	0.046 ** (2.48)	0.045 ** (2.42)
lnS				−0.080 (−1.03)	−0.073 (−0.96)	−0.059 (−0.76)
Edu				−0.028 (−1.44)	−0.028 (−1.44)	−0.029 (−1.49)
常数项	0.174 *** (8.71)	0.163 *** (7.59)	0.158 *** (7.09)	−0.033 (−0.46)	0.023 (−0.34)	−0.018 (−0.27)
R‑sq	0.286	0.294	0.297	0.307	0.312	0.314
N	416	416	416	416	416	416

注：L. Welfare 表示被解释变量的滞后项，Robust z-statistics in parentheses；*** $p<0.01$，** $p<0.05$，* $p<0.1$；下同

　　模型(1)(2)(3)分别逐步引入环境规制强度一次项、二次项和三次项，且均不包含控制变量。模型(4)(5)(6)在控制一系列变量后，逐步加

入核心解释变量。从全样本回归结果中可以发现,经济发展水平对居民
生活质量具有显著正向影响。仅加入环境规制强度一次项发现,环境规
制强度与居民生活质量影响存在显著正相关,表明环境规制强度的增强
对居民生活质量水平呈现积极作用。加入环境规制强度的二次项和三次
项后,结果显示二次项系数显著为负,三次项系数不显著,表明居民生活
质量水平随环境规制强度的提升存在先增加后减少的倒"U"形曲线特
征,二者之间存在非线性关系,且其拐点值为 23.333[＝ 0.014 ÷ (2 ×
0.000 3)]。即当环境规制强度低于 23.333 时,污染治理力度的提升会对
居民生活质量产生积极影响;当跨过拐点值时,过强的环境规制会抑制居
民生活质量水平的提升。本章研究样本中的环境规制强度均值为 2.235,
远小于 23.333,表明中国 30 个省级行政区的环境规制程度绝大多数未达
到拐点,且环境规制力度需达到一个相对高的水平才能呈现出对居民生
活质量的净抑制作用。所以当下的中国需要进一步加强环境规制强度,
有利于地区绿色发展和居民生活质量实现。

(二) 异质性分析

参照李珊珊(2015)[①]相关研究,按照样本期间省级行政区人均受教
育年限平均值进行三等份划分,分为高等、中等以及低等教育水平地区,运
用固定效应模型对三个地区的面板数据进行分析(低等教育地区:贵州、云
南、青海、甘肃、四川、安徽、广西、宁夏、福建、重庆;中等教育地区:河南、江
西、山东、河北、浙江、湖南、海南、新疆、湖北、陕西;高等教育地区:内蒙古、
江苏、黑龙江、吉林、广东、山西、辽宁、天津、上海、北京)。表 7.8 显示环境
规制对低等教育水平地区居民生活质量水平影响不显著,正向影响中等教
育水平地区居民生活质量,对高等教育水平地区影响最显著,且呈"N"形,
拐点值为 8.389 2 与 18.277 5。即当 Enr 值小于 8.389 2 时,正向影响高等教
育水平地区居民生活质量;当 Enr 值位于 8.389 2 到 18.277 5 之间时,负向
影响高等教育水平地区居民生活质量;Enr 值大于 18.277 5 时,正向影响高
等教育水平地区居民生活质量。目前高等教育水平地区 Enr 值普遍低于第
一个拐点,即环境规制强度对居民生活质量产生正向影响。

---

① 李珊珊:《环境规制对异质性劳动力就业的影响——基于省级动态面板数据的分析》,《中国人
口・资源与环境》2015 年第 8 期,135—143 页。

表 7.8　异质一：不同受教育程度地区固定效应结果

变量	低等教育水平			中等教育水平			高等教育水平		
	模型(1)	模型(2)	模型(3)	模型(4)	模型(5)	模型(6)	模型(7)	模型(8)	模型(9)
L.Welfare	0.378*** (4.25)	0.380*** (4.36)	0.368*** (4.66)	0.339*** (2.49)	0.333** (2.48)	0.334** (2.49)	0.328*** (4.53)	0.336*** (4.72)	0.307*** (3.74)
Enr	0.010 (1.79)	0.016 (0.72)	-0.020 (-0.52)	0.009** (3.06)	0.013 (1.60)	0.010 (0.66)	0.009*** (4.90)	0.019*** (5.94)	0.046*** (4.93)
Enr^2		-0.001 (-0.33)	0.017 (0.93)		-0.000 3 (-0.55)	0.000 4 (0.14)		-0.001*** (-3.69)	-0.004*** (-4.48)
Enr^3			-0.002 (-0.99)			-0.000 (-0.24)			0.000 1*** (4.72)
ln(pGDP)	0.026* (2.09)	0.025* (2.03)	0.029** (2.91)	0.121** (2.62)	0.121** (2.61)	0.122** (2.61)	-0.002 (-0.06)	-0.004 (-0.11)	-0.014 (-0.39)
lnS	-0.102 (-0.79)	-0.095 (-0.70)	-0.099 (-0.71)	0.033 (0.27)	0.051 (0.41)	0.042 (0.29)	-0.212 (-1.52)	-0.217 (-1.59)	-0.196 (-1.38)
Edu	-0.006 (-0.40)	-0.006 (-0.39)	-0.010 (-0.74)	-0.121** (-2.76)	-0.122** (-2.83)	-0.123** (-2.86)	0.037 (0.78)	0.036 (0.80)	0.038 (0.83)
常数项	-0.001 (-0.01)	-0.002 (-0.03)	0.009 (0.12)	0.000 (0.00)	0.010 (0.07)	0.009 (0.06)	-0.021 (-0.10)	-0.018 (-0.09)	0.034 (0.19)
R-sq	0.281	0.282	0.290	0.393	0.393	0.393	0.316	0.334	0.362
N	140	140	140	140	140	140	136	136	136

注：0.000 并不完全为 0，而是表示近似为 0.000。下同。

　　本研究认为,不同受教育水平地区居民生活质量受环境规制强度的影响,主要来源于就业方面。低等教育水平地区多分布于西部地区,环境规制强度明显弱于中部和东部地区,非技术劳动人口占总人口比重较大,市场化程度较低,居民就业可能更多受到地方政府相关政策的干预。而中高等教育水平的地区,技术劳动人口相对高于低等教育水平地区,当环境规制强度增加时,企业需要更多的技术劳动力进行生产过程或生产末端的污染治理,因此环境规制强度对中高等教育水平地区的影响更为显著。《科学发展观学习读本》中指出:"教育是民生之基",因此国家应加大教育投入力度,培养更多高质量人才。

　　参照冯永琦等(2021)[①]相关研究,以第三产业占比的高低作为衡量产业结构异质性的标准,按照样本期间省级行政区第三产业产值占生产总值的比值平均值进行划分,分为高等、中等和低等第三产业水平地区,运用固定效应模型对三个地区的面板数据进行分析(低等:河南、江西、陕西、河北、安徽、青海、广西、新疆、吉林、内蒙古;中等:四川、山东、福建、湖北、辽宁、宁夏、湖南、云南、山西、黑龙江;高等:重庆、江苏、甘肃、贵州、浙江、广东、海南、天津、上海、北京)。表 7.9 表明环境规制对第三产业占比较低与第三产业占比中等的地区居民生活质量几乎无显著影响,对第三产业占比较高的地区居民生活质量影响显著,且呈"N"形,但该"N"形曲线呈平滑上升趋势,不存在拐点,故从目前来看,环境规制强度正向影响第三产业水平较高的地区的居民生活质量。

　　张车伟等(2002)[②]研究发现,第一产业对就业拉动作用最小,第三产业的拉动作用最大,并且具有较大潜力;当经济总量一定,产业结构是影响就业规模的重要因素,产业结构的优化调整会带来就业人数的增加。本研究认为各地区第三产业水平不同,对居民生活质量的影响不同,主要来源于就业方面。就业是民生之本,因此,第三产业占比提高,能够吸纳更多居民就业,同时产业结构的调整也能够进一步减轻环境污染。因此,要加大产业结构的调整力度,处理好三大产业之间的关系。

---

① 冯永琦、邱晶晶:《科技金融政策的产业结构升级效果及异质性分析——基于"科技和金融结合试点"的准自然实验》,《产业经济研究》2021 年第 2 期,128—142 页。
② 张车伟、蔡昉:《就业弹性的变化趋势研究》,《中国工业经济》2002 年第 5 期,22—30 页。

表 7.9 异质二:不同产业水平地区固定效应结果

变 量	第三产业占比低			第三产业占比中			第三产业占比高		
	模型(1)	模型(2)	模型(3)	模型(4)	模型(5)	模型(6)	模型(7)	模型(8)	模型(9)
L.Welfare	0.396*** (4.25)	0.399*** (4.52)	0.400*** (4.51)	0.258* (1.91)	0.263* (1.96)	0.264* (1.99)	0.369*** (4.11)	0.388*** (4.22)	0.381*** (3.89)
Enr	0.009* (1.90)	0.017 (1.78)	0.039 (1.72)	0.006 (1.76)	0.000 (0.00)	−0.006 (−0.25)	0.009*** (5.79)	0.017*** (5.14)	0.031** (2.91)
Enr^2		−0.001 (−1.06)	−0.006 (−1.35)		0.001 (1.05)	0.302 (0.35)		−0.000 4** (−3.13)	−0.002* (−2.10)
Enr^3			0.000 3 (1.32)			−0.000 1 (−0.26)			0.000 1* (1.95)
ln(pGDP)	0.071* (1.90)	0.068 (1.75)	0.062 (1.55)	0.616 (1.72)	0.061 (1.68)	0.060 (1.72)	0.006 (0.23)	0.009 (0.34)	0.009 (0.35)
lnS	−0.063 (−0.89)	−0.043 (0.70)	0.005 (0.07)	−0.122 (−0.62)	−0.141 (−0.68)	−0.144 (−0.67)	−0.092 (−0.95)	−0.110 (−1.31)	−0.106 (−1.24)
Edu	−0.045 (−1.23)	−0.048 (−1.30)	−0.048 (−1.29)	−0.047 (−1.27)	−0.045 (−1.19)	−0.044 (−1.18)	0.013 (0.41)	0.011 (0.33)	0.010 (0.31)
常数项	−0.147 (−0.93)	−0.107 (−0.70)	−0.065 (−0.44)	0.042 (0.35)	0.045 (0.38)	0.052 (0.45)	0.057 (0.55)	0.036 (0.35)	0.028 (0.28)
R-sq	0.420	0.423	0.431	0.125	0.128	0.129	0.355	0.373	0.386
N	140	140	140	140	140	140	136	136	136

基于地区差异性视角,发现环境规制对东部地区居民生活质量的影响呈现"N"形,但该"N"形曲线呈平滑上升趋势,不存在拐点,故从目前来看,环境规制强度正向影响东部地区的居民生活质量,对中部地区居民生活质量呈现显著正向促进作用,对西部地区居民生活质量几乎无显著影响(见表 7.10)。根据环境库兹涅茨曲线 EKC,只有当经济发展到一定程度时,居民的基本生活已经得到保障,环境污染才会开始得到重视,地区发展差距可以解释地区间环境负担不均等的 50％以上[①]。在三个地区中,东部地区经济最为发达,环境规制强度对东部地区居民生活质量影响最为显著。

从异质性分析结果总体来看,高教育水平与高第三产业水平地区多集中在东部地区,环境规制强度对居民生活质量影响呈现"N"形;低教育水平地区多集中在西部地区,环境规制强度对居民生活质量影响几乎无显著影响;中西部地区第三产业水平相差不多,但中部地区教育程度略高于西部地区,环境规制强度对居民生活质量呈现显著正向影响。

四、稳健性检验

基于基准回归结果,进一步进行稳健性分析,以期保证本研究实证结论的可靠性。

第一,为排除省份效应所带来的影响,我们引入了省份虚拟变量,结果如表 7.11 所示。在模型(1)～(6)中,关键自变量环境规制强度的符号仍为正,且在 1％水平上显著,与基准回归结果保持一致,说明是否固定省份效应并不影响本研究的实证结论。

第二,由于北京、上海、广东等地区发展水平较高,居民所享受的生活质量水平也相对较高,为排除地区差异所带来的影响,我们剔除了北上广样本后再分析,结果如表 7.12 所示。在模型(1)～(5)中,关键自变量环境规制强度的符号仍为正,且在 1％水平上显著,与基准回归结果保持一致,说明上述地区差异并不影响本研究的实证结论。

[①] 钟茂初、赵志勇:《城乡收入差距扩大会加剧环境破坏吗?——基于中国省级面板数据的实证分析》,《经济经纬》2013 年第 3 期,125—128 页。

表 7.10 异质三:不同地区固定效应结果

变量	东部地区			中部地区			西部地区		
	模型(1)	模型(2)	模型(3)	模型(4)	模型(5)	模型(6)	模型(7)	模型(8)	模型(9)
L.Welfare	0.280** (2.81)	0.295** (2.86)	0.273** (2.48)	0.479*** (13.21)	0.480*** (13.09)	0.481*** (13.47)	0.414*** (4.54)	0.399*** (4.35)	0.407*** (4.48)
Enr	0.010*** (6.07)	0.016*** (4.65)	0.032*** (4.11)	0.011** (3.31)	0.010 (0.87)	0.022 (1.40)	0.003 (0.29)	0.023 (0.90)	0.093 (1.48)
Enr^2		-0.000 3** (-2.29)	-0.002** (-3.06)		0.000 (0.03)	-0.003 (-1.10)		-0.006 (-0.89)	-0.049 (-1.71)
Enr^3			0.000 1** (2.97)			0.000 1 (1.15)			0.007* (1.85)
ln(pGDP)	0.062 (1.33)	0.063 (1.38)	0.065 (1.45)	0.059 (1.61)	0.059 (1.60)	0.059 (1.61)	0.029* (1.93)	0.026 (1.58)	0.021 (1.38)
lnS	-0.218 (-1.16)	-0.232 (-1.29)	-0.219 (-1.22)	-0.021 (-0.18)	-0.022 (-0.18)	-0.005 (-0.03)	-0.094 (-0.80)	-0.093 (-0.80)	-0.085 (-0.72)
Edu	-0.027 (-0.60)	-0.029 (-0.65)	-0.034 (-0.76)	-0.047 (-1.27)	-0.047 (-1.27)	-0.049 (-1.36)	-0.009 (-0.45)	-0.006 (-0.28)	-0.002 (-0.12)
常数项	-0.049 (-0.26)	-0.056 (-0.31)	-0.057 (-0.32)	-0.035 (-0.28)	-0.036 (-0.30)	-0.036 (-0.30)	-0.038 (-0.48)	-0.036 (-0.45)	-0.046 (-0.58)
R-sq	0.269	0.281	0.298	0.453	0.453	0.455	0.273	0.281	0.300
N	150	150	150	112	112	112	154	154	154

表 7.11　稳健一:引入省份虚拟变量

	模型(1)	模型(2)	模型(3)	模型(4)	模型(5)	模型(6)
welfare_lag1	0.405 *** (6.71)	0.410 *** (6.88)	0.404 *** (6.54)	0.372 *** (6.94)	0.379 *** (7.00)	0.374 *** (6.68)
enr	0.010 *** (7.31)	0.016 *** (5.02)	0.023 *** (3.57)	0.009 *** (7.50)	0.014 *** (4.58)	0.020 *** (3.38)
enr2		−0.000 *** (−2.82)	−0.001 * (−1.90)		−0.000 ** (−2.26)	−0.001 * (−1.79)
enr3			0.000 (1.52)			0.000 (1.52)
Ln(pgdp)				0.048 ** (2.61)	0.046 ** (2.48)	0.045 ** (2.42)
ins				−0.080 (−1.03)	−0.073 (−0.96)	−0.059 (−0.76)
edu				−0.028 (−1.44)	−0.028 (−1.44)	−0.029 (−1.49)
常数项	0.174 *** (8.71)	0.163 *** (7.59)	0.158 *** (7.09)	−0.033 (−0.46)	−0.023 (−0.34)	−0.018 (−0.27)
省份效应	控制	控制	控制	控制	控制	控制
R - sq	0.286	0.294	0.297	0.307	0.312	0.314
N	416	416	416	416	416	416

表 7.12　稳健二:剔除北上广样本

	模型(1)	模型(2)	模型(3)	模型(4)	模型(5)	模型(6)
welfare_lag1	0.436 *** (6.75)	0.433 *** (6.57)	0.433 *** (6.55)	0.400 *** (6.53)	0.398 *** (6.40)	0.398 *** (6.41)
enr	0.012 *** (4.81)	0.017 *** (3.29)	0.020 * (1.72)	0.011 *** (4.33)	0.016 *** (2.89)	0.016 (1.37)
enr2		−0.000 (−1.11)	−0.001 (−0.45)		−0.000 (−1.02)	−0.000 (−0.19)
enr3			0.000 (0.29)			0.000 (0.02)
ln(pgdp)				0.056 *** (2.93)	0.056 *** (2.94)	0.056 *** (2.90)
ins				−0.074 (−0.95)	−0.061 (−0.75)	−0.060 (−0.72)

续　表

	模型(1)	模型(2)	模型(3)	模型(4)	模型(5)	模型(6)
edu				−0.040** (−2.08)	−0.042** (−2.13)	−0.042** (−2.12)
常数项	0.153*** (6.87)	0.149*** (6.55)	0.147*** (6.08)	−0.034 (−0.46)	−0.029 (−0.40)	−0.029 (−0.40)
R—sq	0.270	0.272	0.272	0.297	0.298	0.298
N	378	378	378	378	378	378

第三,由于2005—2019年样本期时间窗口跨度较大,在保证数据可得的情况下,本研究将时间窗口调整至新近10年(2010—2019年)进行分析,结果如表7.13所示。在模型(1)~(6)中,关键自变量环境规制强度仍显著为正,与基准回归结果保持一致,说明缩短窗口后并不影响本研究的实证结论。

表 7.13　稳健三:缩短时间窗口至 2010—2019 年数据

	模型(1)	模型(2)	模型(3)	模型(4)	模型(5)	模型(6)
welfare_lag1	0.295*** (3.59)	0.308*** (3.70)	0.308*** (3.60)	0.183** (2.34)	0.194** (2.55)	0.191** (2.49)
enr	0.010*** (5.62)	0.017*** (4.03)	0.025** (2.68)	0.010*** (5.32)	0.018*** (4.86)	0.028*** (3.86)
enr2		−0.000** (−2.37)	−0.002 (−1.38)		−0.000*** (−3.33)	−0.002** (−2.07)
enr3			0.000 (1.12)			0.000 (1.63)
Ln(pgdp)				0.128*** (4.36)	0.130*** (4.48)	0.130*** (4.63)
ins				−0.306** (−2.37)	−0.312** (−2.39)	−0.289** (−2.22)
edu				−0.013 (−0.52)	−0.010 (−0.39)	−0.014 (−0.52)
常数项	0.210*** (7.57)	0.195*** (6.28)	0.185*** (5.42)	−0.859*** (−3.49)	−0.923*** (−3.50)	−0.917*** (−3.58)
R—sq	0.192	0.201	0.206	0.288	0.302	0.308
N	296	296	296	296	296	296

综上所述,本研究采用了引入省份虚拟变量、剔除北上广样本、缩短时间窗口三种方法进行了稳健性检验,回归结果均与基准回归结果保持一致,验证了实证结论的可靠性。

第四节　居民生活质量的空间溢出效应

居民生活质量的空间溢出效应研究是一个复杂而多维的课题,它涉及人口、经济、社会、环境等多个方面。空间溢出效应指的是某一区域的发展对周边地区产生的扩散性影响,值得深入探讨和研究。

一、居民生活质量的空间效应

空间效应是指各地区之间的经济地理行为存在一定程度上的空间相互作用,这种空间相互作用的表现形式一般可以分为两种,一种是空间自相关性,也叫空间依赖性,即一个地区的相关观测指标不仅受本地区条件的影响,还受该空间邻近地区相关条件的影响,具体表现为该空间上的观测值缺乏独立性。空间效应的另一种表现形式为空间异质性。借鉴国内学者姚小薇等(2015)[①]的检验方法,以莫兰指数(Moran's I)作为全局自相关计量,识别我国各地区居民生活质量的空间效应,计算公式如下:

$$I = \frac{\sum_{i=1}^{n} \sum_{j \neq 1}^{n} W_{ij}(Y_i - \bar{Y})(Y_j - \bar{Y})}{S^2 \sum_{i=1}^{n} \sum_{j \neq 1}^{n} W_{ij}} \tag{7.15}$$

本研究根据 2006—2019 年中国居民生活质量,基于地理临近权重矩阵计算全局莫兰指数,分析各省之间居民生活质量的空间依赖性,结果如表 7.14 所示。自 2006—2019 年中国 30 个省级行政区的全局莫兰指数均显著为正,说明研究期内中国居民生活质量表现出较强的空间集聚性与依赖性。各地区的居民生活质量不仅受到自身经济发展水平等因素的影响,同时也会受到相邻地区经济发展等的影响,居民生

---

① 姚小薇、曾杰、李旺君:《武汉城市圈城镇化与土地生态系统服务价值空间相关特征》,《农业工程学报》2015 年第 9 期,249—256 页。

活质量较高的地区与同样高居民生活质量地区相邻,居民生活质量较低的地区与同样低居民生活质量地区相邻。总体上莫兰指数在(0.105,0.294)区间内波动,位于较低水平区间内,2013 年中国居民生活质量的空间相关性最强,系数为 0.294,2006 年次之,系数为 0.283,而2010 年中国居民生活质量的空间相关性最弱,系数为 0.105。

表 7.14　中国居民生活质量全局莫兰指数分析

年　份	莫兰指数	z 值
2006	0.283***	3.686
2007	0.163**	1.663
2008	0.205**	2.014
2009	0.183**	1.828
2010	0.105**	1.717
2011	0.267***	2.490
2012	0.200**	1.964
2013	0.294***	2.737
2014	0.275***	2.583
2015	0.236**	2.235
2016	0.233**	2.199
2017	0.281***	2.563
2018	0.246**	2.253
2019	0.207**	1.958

　　莫兰指数的局部散点图可以分为四个象限,第一象限为高—高集聚模式(H-H),第二象限为低—高集聚模式(L-H),第三象限为低—低集聚模式(L-L),第四象限为高—低集聚模式(H-L)。若省级行政区处于第一、第三象限,则表明中国居民生活质量表现出正向空间相关性;若省级行政区处于第二、第四象限,则表明中国居民生活质量表现出负向空间相关性。本研究基于 2006 年、2010 年、2015 年与 2019 年各省级行政区居民生活质量值,做出局部莫兰指数散点图,分析各省级行政区居民生活质量的空间差异性,结果如图 7.4 所示。从局部相关

的角度来看,无论是 2006 年还是 2019 年,第一、第三象限的点明显多于第二、第四象限的点,即中国大部分省级行政区的局部莫兰指数处于 H-H 集聚和 L-L 集聚模式。更简单地说,即居民生活质量较低(高)的省级行政区在空间上更易聚集。其中,以 2019 年为例,中国居民生活质量局部莫兰指数位于第一象限的省级行政区有 8 个,包括山东、安徽、浙江、江苏、河南、河北、福建、江西;位于第三象限的省级行政区有 12 个,包括贵州、陕西、云南、重庆、青海、甘肃、辽宁、黑龙江、吉林、宁夏、内蒙古、新疆;位于第二象限的省级行政区包括四川、北京、广东;位于第四象限的省级行政区包括海南、上海、天津、湖南、湖北、广西、山西。即 2019 年位于“高—高”类型的省级行政区主要以东部省级行政区为主,而位于“低—低”类型则以西部省级行政区为主,因此,居民生活质量的空间交互特征不容忽视,空间交互程度处于低水平,如何更好实现高居民生活质量水平地区引领示范作用,打通空间溢出通道,发挥“1+1＞2”的空间协同效果是中国提高居民生活质量的重要课题。

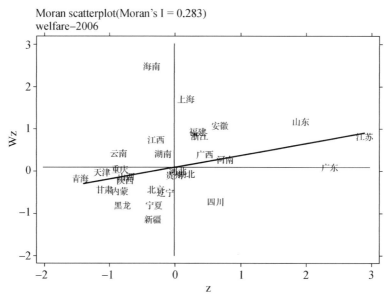

A. 2006 年居民生活质量莫兰指数散点图

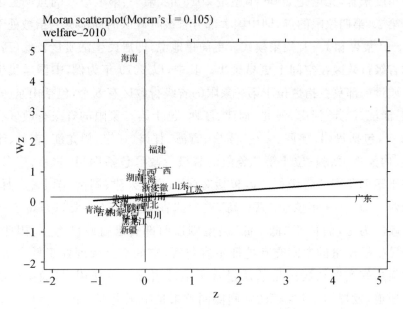

B. 2010 年居民生活质量莫兰指数散点图

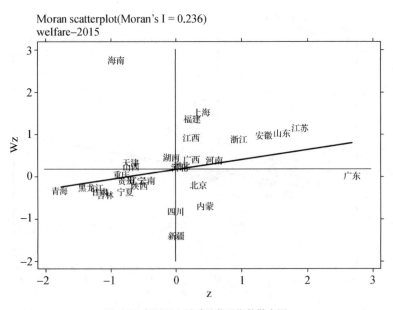

C. 2015 年居民生活质量莫兰指数散点图

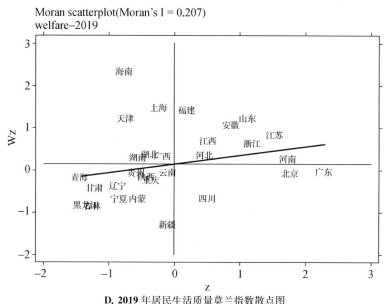

D. 2019 年居民生活质量莫兰指数散点图

图 7.4　居民生活质量局部莫兰指数散点图

二、模型选择与构建

（一）空间模型的选择

由前文分析可知,各地区的居民生活质量存在空间相关效应,各个省份居民生活质量会受到其他省份的影响,用普通的静态面板估计模型对中国环境规制强度与居民生活质量之间的关系进行探究,不能对不同区域间二者之间的空间交互关系进行刻画,可能会导致模型估计结果产生偏误。因此,在探究环境规制强度对居民生活质量影响时,应引入空间计量模型进行分析。

不同类型的空间计量模型其假定的目标变量在各个研究对象之间的空间传导机制有所差别,代表的经济含义也有不同。目前在空间计量的相关研究中,应用比较广泛的几种空间计量模型分别为:含有空间因变量滞后的空间自相关模型,即空间滞后面板(SAR)模型、只包含空间误差项自相关的空间误差面板(SEM)模型和同时考虑发生于因变量的空间滞后效应以及随机冲击下产生误差项的变化而导致的空间误差效应的空间杜宾(SDM)模型。

空间滞后面板(SAR)模型假设被解释变量会通过空间相互作用对其他地区产生影响,其空间相关性主要体现在因变量的滞后项中;空间误差面板(SEM)模型假设是由于随机冲击条件下产生的误差项导致居民生活质量的空间溢出效应发生,其空间相关性主要体现在误差项中;空间杜宾面板(SDM)模型同时考虑了因变量通过空间作用对其他地区居民生活质量的影响和随机冲击条件下产生的误差项导致的居民生活质量空间溢出效应的影响,而且空间杜宾面板(SDM)模型还考虑了空间交互作用的影响。

根据上述模型所代表的空间传导机制与经济含义的不同可以看出,在空间计量研究中,空间计量模型的选择至关重要。因此,为了选取适合的空间计量模型,获得较为准确的实证回归结果,需要事先对模型进行一定的检验,确定最优的模型选择。

空间滞后(SAR)模型与空间误差(SEM)模型的选择可以用标准面板回归 PLS 估计残差的拉格朗日乘子(LM)检验和稳健的拉格朗日乘子(Robust-LM)检验来判断。由 LM 检验及 Robust-LM 检验结果(见表7.15)可知空间误差(SEM)模型的 LM 检验结果及 Robust-LM 检验结果在 1% 的显著性水平下均显著,空间滞后(SAR)模型的 LM 检验结果及 Robust-LM 检验结果均未能通过显著性检验,因此从 LM 检验及 Robust-LM 检验结果来看,应选择空间误差(SEM)模型。

表 7.15　LM 及 Robust-LM 检验结果

检验类型	系　数	P 值
Spatial error:		
Lagrange multiplier	67.628	0.000
Robust Lagrange multiplier	68.590	0.000
Spatial lag:		
Lagrange multiplier	0.543	0.461
Robust Lagrange multiplier	1.506	0.220

判断空间杜宾(SDM)模型是否能够退化为空间误差(SEM)模型,可以通过空间滞后杜宾面板模型的 Wald 检验和似然比(LR)检验来进行判

断。从检验结果来看,Wald 检验和似然比(LR)检验均通过显著性检验,因此,可以拒绝原假设,空间滞后杜宾面板模型不可以退化为空间滞后模型。

通过空间霍斯曼(Hausman)检验来检验在个体空间效应对居民生活质量的影响因素是否相关,从而确定进行空间计量估计时应该采用固定效应还是随机效应。霍斯曼检验的 P 值为 0.000,通过显著性检验,因此空间滞后杜宾面板模型在估计时应该选择固定效应。

(二) 空间模型的构建

空间杜宾模型(SDM)将被解释变量和解释变量的空间滞后项均考虑在内,是空间滞后模型(SLM)和空间误差模型(SEM)的更一般形式。考虑到环境规制对居民生活质量影响可能存在空间相关性,在式(7.12)的基础上,构建空间杜宾模型,设定模型如下:

$$Y_{i,t} = \alpha_i + \mu_t + \rho WY_{i,t} + \beta X_{i,t} + \theta WX_{i,t} + \varepsilon_{i,t} \tag{7.16}$$

式中,Y 和 X 分别为被解释变量和解释变量,WY 和 WX 分别为被解释变量和解释变量的空间滞后项,ε 表示随机变量,α_i 和 μ_t 是个体和时期固定效应系数,ρ、β、θ 表示参数。代入环境规制等变量,得模型为:

$$
\begin{aligned}
Welfare_{i,t} = {} & \alpha_i + \mu_t + \beta_1 Welfare_{i,t-1} + \beta_2\, Enr_{i,t} + \beta_3 Enr_{i,t}^2 + \\
& \beta_4 Enr_{i,t}^3 + \beta_5\, Control_{i,t} + \theta_1 WWelfare_{i,t-1} + \\
& \theta_2 WEnr_{i,t} + \theta_3 WEnr_{i,t}^2 + \theta_4 WEnr_{i,t}^3 + \theta_5 WControl_{i,t} + \varepsilon_{i,t}
\end{aligned}
$$

$$\tag{7.17}$$

三、实证结果

表 7.16 是 SDM 模型的参数估计以及解释变量直接、间接与总效应的估计结果。模型(1)(4)(7)为个体固定效应回归,模型(2)(5)(8)为时间固定效应回归,模型(3)(6)(9)为双固定效应回归。Wwelfare_lag1 在时间固定与双固定效应情况下,参数估计值显著为正,表明一个省份自身的居民生活质量增长将引起其相邻省份居民生活质量的增长变动,中国居民生活质量的空间协同效应正在形成。也进一步证实空间互动应作为重要的特征纳入居民生活质量中,SDM 模型结果修正了普通面板模型结论。

表 7.16 空间杜宾模型估计结果

	模型(1)	模型(2)	模型(3)	模型(4)	模型(5)	模型(6)	模型(7)	模型(8)	模型(9)
				参数估计					
welfare_lag1	0.404*** (0.04)	0.860*** (0.02)	0.483*** (0.04)	0.404*** (0.04)	0.844*** (0.02)	0.481*** (0.04)	0.407*** (0.04)	0.845*** (0.02)	0.481*** (0.04)
enr	0.007*** (0.00)	0.006*** (0.00)	0.006*** (0.00)	0.013*** (0.00)	0.010*** (0.00)	0.009*** (0.00)	0.014** (0.01)	0.009** (0.00)	0.009* (0.01)
enr2				−0.000** (0.00)	−0.000* (0.00)	−0.000 (0.00)	−0.000 (0.00)	−0.000 (0.00)	−0.000 (0.00)
enr3							0.000 (0.00)	−0.000 (0.00)	0.000 (0.00)
ins	−0.117 (0.09)	−0.053 (0.04)	−0.143* (0.09)	−0.123 (0.09)	−0.049 (0.04)	−0.152* (0.09)	−0.122 (0.09)	−0.050 (0.04)	−0.151* (0.09)
edu	0.020 (0.01)	−0.003 (0.01)	0.012 (0.01)	0.019 (0.01)	−0.003 (0.01)	0.013 (0.01)	0.019 (0.01)	−0.003 (0.01)	0.013 (0.01)
pgdp	0.000** (0.00)	0.000* (0.00)	0.000** (0.00)	0.000*** (0.00)	0.000* (0.00)	0.000** (0.00)	0.000*** (0.00)	0.000* (0.00)	0.000** (0.00)
Wwelfare_lag1	−0.283*** (0.07)	0.172** (0.08)	0.236** (0.10)	−0.258*** (0.07)	0.167** (0.08)	0.241** (0.10)	−0.253*** (0.07)	0.162** (0.08)	0.239** (0.10)
Wenr	0.000 (0.00)	−0.001 (0.00)	−0.000 (0.00)	0.004 (0.00)	−0.003 (0.00)	−0.005 (0.01)	0.009 (0.01)	0.002 (0.01)	−0.004 (0.01)
Wenr2				−0.000 (0.00)	0.000 (0.00)	0.000 (0.00)	−0.001 (0.00)	−0.001 (0.00)	0.000 (0.00)

续　表

	模型（1）	模型（2）	模型（3）	模型（4）	模型（5）	模型（6）	模型（7）	模型（8）	模型（9）
Wenr3								0.000 (0.00)	0.000 (0.00)
Wins	0.126 (0.11)	−0.000 (0.07)	0.086 (0.17)	0.139 (0.11)	−0.006 (0.07)	0.106 (0.18)	0.153 (0.11)	−0.003 (0.07)	0.112 (0.18)
Wedu	−0.033* (0.02)	0.012 (0.01)	−0.032 (0.03)	−0.041** (0.02)	0.013 (0.01)	−0.034 (0.03)	−0.042** (0.02)	0.013 (0.01)	−0.034 (0.03)
Wpgdp	−0.000 (0.00)	−0.000 (0.00)	−0.000 (0.00)	−0.000 (0.00)	−0.000 (0.00)	−0.000* (0.00)	−0.000 (0.00)	−0.000 (0.00)	−0.000* (0.00)
直接效应									
welfare_lag1	0.392*** (0.04)	0.859*** (0.02)	0.479*** (0.00)	0.395*** (0.04)	0.844*** (0.02)	0.477*** (0.04)	0.398*** (0.04)	0.845*** (0.02)	0.478*** (0.04)
enr	0.007*** (0.00)	0.006*** (0.00)	0.005*** (0.00)	0.013*** (0.00)	0.009*** (0.00)	0.008*** (0.00)	0.015*** (0.00)	0.008** (0.00)	0.008* (0.00)
enr2				−0.000 4** (0.00)	−0.000 2* (0.00)	−0.000 1 (0.00)	−0.000 5 (0.00)	−0.000 (0.00)	−0.000 1 (0.00)
enr3							0.000 (0.00)	−0.000 (0.00)	−0.000 (0.08)
ins	−0.099 (0.08)	−0.049 (0.01)	−0.135 (0.08)	−0.112 (0.08)	−0.049 (0.04)	−0.155* (0.08)	−0.109 (0.08)	−0.049 (0.04)	−0.155* (0.08)
edu	0.017 (0.01)	−0.003 (0.00)	0.012 (0.01)	0.015 (0.01)	−0.003 (0.00)	0.013 (0.01)	0.015 (0.01)	−0.003 (0.00)	0.014 (0.01)

续　表

	模型 (1)	模型 (2)	模型 (3)	模型 (4)	模型 (5)	模型 (6)	模型 (7)	模型 (8)	模型 (9)
pgdp	0.000*** (0.00)	0.000** (0.00)	0.000*** (0.00)	0.000*** (0.00)	0.000* (0.00)	0.000*** (0.00)	0.000*** (0.00)	0.000* (0.00)	0.000 (0.00)
间接效应									
welfare_lag1	−0.177* (0.09)	0.023 (0.03)	0.177** (0.07)	−0.147 (0.10)	0.023 (0.04)	0.184** (0.08)	−0.142 (0.10)	0.014 (0.04)	0.179** (0.08)
enr	0.005 (0.00)	−0.001 (0.00)	−0.0007 (0.00)	0.014** (0.00)	−0.003 (0.00)	−0.005 (0.00)	0.023 (0.01)	0.0007 (0.00)	−0.003 (0.00)
enr2				−0.000 5 (0.00)	0.0001 (0.00)	0.000 2 (0.00)	−0.001 (0.00)	−0.000 5 (0.00)	−0.000 (0.00)
enr3						0.000 (0.00)	0.000 (0.00)	0.000 (0.00)	0.000 (0.00)
ins	0.109 (0.15)	0.004 (0.06)	0.089 (0.15)	0.143 (0.15)	0.003 (0.06)	0.117 (0.16)	0.173 (0.16)	0.007 (0.06)	0.126 (0.17)
edu	−0.038 (0.02)	0.011 (0.00)	−0.029 (0.02)	−0.052** (0.02)	0.011 (0.00)	−0.034 (0.02)	−0.055** (0.02)	0.011 (0.00)	−0.034 (0.02)
pgdp	−0.000 (0.00)	−0.000 (0.00)	−0.000* (0.00)	0.000 (0.00)	−0.000 (0.00)	−0.000* (0.00)	−0.000 (0.00)	−0.000 (0.00)	−0.000* (0.00)
总效应									
welfare_lag1	0.215* (0.11)	0.882*** (0.04)	0.657*** (0.09)	0.248** (0.12)	0.867*** (0.05)	0.662*** (0.09)	0.256** (0.11)	0.859*** (0.05)	0.658*** (0.09)

续　表

	模型(1)	模型(2)	模型(3)	模型(4)	模型(5)	模型(6)	模型(7)	模型(8)	模型(9)
enr	0.012*** (0.00)	0.004** (0.00)	0.004** (0.00)	0.028*** (0.00)	0.005 (0.00)	0.003 (0.00)	0.038** (0.01)	0.009 (0.00)	0.005 (0.01)
enr2				-0.000 9** (0.00)	-0.000 1 (0.00)	0.000 (0.00)	-0.002 (0.00)	-0.000 5 (0.00)	-0.000 1 (0.00)
enr3							0.000 (0.00)	0.000 (0.00)	0.000 (0.00)
ins	0.010 (0.16)	-0.044 (0.06)	-0.045 (0.17)	0.030 (0.16)	-0.045 (0.06)	-0.037 (0.18)	0.064 (0.17)	-0.042 (0.03)	-0.028 (0.19)
edu	-0.021 (0.02)	0.007 (0.00)	-0.016 (0.02)	-0.037 (0.02)	0.008 (0.00)	-0.021 (0.02)	-0.039 (0.02)	0.007 (0.00)	-0.020 (0.02)
pgdp	0.000 (0.00)	0.000 (0.00)	-0.000 (0.00)	0.000 (0.00)	-0.000 (0.00)	-0.000 (0.00)	0.000 (0.00)	-0.000 (0.00)	-0.000 (0.00)
R-sq	0.740	0.840	0.715	0.743	0.842	0.709	0.743	0.843	0.711
N	420.000	420.000	420.000	420.000	420.000	420.000	420.000	420.000	420.000

由于存在空间滞后项,空间杜宾(SDM)模型的点估计值并不能直接反映自变量对于因变量的影响程度,因此还需要计算出空间杜宾(SDM)模型的直接效应、间接效应和总效应来反映自变量的边际效应,其中直接效应揭示了自变量对于本地区因变量的平均影响,间接效应也就是空间溢出效应代表了本地区的自变量对于其他地区因变量的影响程度,总效应反映了自变量对于所有地区因变量的平均影响。

直接效应是环境规制对本地居民生活质量的空间效应,环境规制强度一次项均显著为正,二次项则显著为负,表明中国各省市居民生活质量受环境规制影响,且影响呈现倒"U"形,经济发展水平对本地居民生活质量的空间效应显著为正,受教育水平对邻近省市有正向影响。间接效应是环境规制对相邻地区居民生活质量的空间效应,当纳入环境规制强度一次项与二次项,使用个体固定效应时,与直接效应的倒"U"形影响不同,环境规制强度一次项在95%置信水平下显著为正,即某省市的环境规制强度对邻近省市的居民生活质量有正向影响。但整体上来看,该影响较弱,本省环境规制强度几乎不影响邻近省市居民生活质量。从直接效应与间接效应的总体回归情况与总效应结果来看,目前中国直接效应表现明显好于间接效应,表明对于研究期内,各省市环境规制强度影响居民生活质量的本地发展效应较强,而空间溢出效应较弱,还未形成较强的空间协同效应。因此,在制定针对本省的环境规制政策时,应注重多省份的协同治理减排,建立跨区域沟通、学习和交流的规制联防体系,深化各个区域的通力合作,共同构建和完善高效、共享、共赢的环境污染治理规划体系。

第五节　结论与政策建议

本章着眼于探讨环境规制对居民生活质量的影响,首先从以往研究分析了居民生活质量的内涵以及环境规制对居民就业、收入、健康等方面产生的影响,其次从理论的角度分析环境规制影响居民生活质量的机理,再次通过构建居民生活质量水平指标体系,借助面板固定效应模型对环

境规制如何影响居民生活质量进行实证分析,最后通过空间杜宾模型
(SDM)进行进一步实证分析。

通过引入省份虚拟变量、剔除北上广样本、缩短时间窗口三种方法进
行了稳健性检验,回归结果均与基准回归结果保持一致,验证了实证结论
的可靠性,主要得出以下研究结论:

第一,从 2005—2019 年,全国居民生活质量均值基本呈波动状,但总
体趋势大致向上,变化程度及总体水平在各省份间有所差异。分地区来
看,居民生活质量水平在空间上呈自东向西递减态势,认为地区居民生活
质量水平的差异性是由各地区资源禀赋、经济基础和发展阶段的不同而
造成的。因此,不仅要关注区域间居民生活质量水平差异,同时也应重点
关注省份之间居民生活质量水平的巨大差距。

第二,全样本回归结果显示,经济发展水平对居民生活质量具有显著
正向影响。居民生活质量水平随环境规制强度的提升存在先增加后减少
的倒"U"形曲线特征,二者之间存在非线性关系,且其拐点值为 23.333,
本研究样本中的环境规制强度均值为 2.235(<23.333),表明中国目前整
体上还未跨过拐点。

第三,异质性分析结果显示,环境规制对低等教育水平地区居民生活
质量水平影响不显著,正向影响中等教育水平地区居民生活质量,对高等
教育水平地区影响最显著,且呈"N"形,拐点值为 8.389 2 与 18.277 5,目
前高等教育水平地区 ENR 值普遍低于第一个拐点,即环境规制强度对居
民生活质量产生正向影响。环境规制对第三产业占比较低与第三产业占
比中等的地区居民生活质量几乎无显著影响,对第三产业占比较高的地
区居民生活质量影响显著,且呈"N"形,但该"N"形曲线呈平滑上升趋势,
不存在拐点,故从目前来看,环境规制强度正向影响第三产业水平较高的
地区的居民生活质量。环境规制对东部地区居民生活质量的影响呈现
"N"形,但该"N"形曲线呈平滑上升趋势,不存在拐点,故从目前来看,环
境规制强度正向影响东部地区的居民生活质量,对中部地区居民生活质
量呈现正向显著影响,对西部地区居民生活质量几乎无显著影响。

第四,中国各省份居民生活质量存在较强的空间集聚性与依赖性,总
体上莫兰指数位于较低水平区间内,中国大部分省份的局部莫兰指数处
于 H-H 集聚和 L-L 集聚模式。其中,居民生活质量呈现"高—高"集

聚模式的省份多集中在东部地区,呈现"低—低"集聚模式的省份多集中在西部地区。

第五,环境规制对本省的居民生活质量空间影响呈现倒"U"形,本省环境规制强度的提高与空间关联省份居民生活质量之间则几乎不存在影响,即本省的环境规制强度提高,不能够提升邻近省份居民生活质量。同时,经济发展水平显著正向影响本省居民生活质量空间影响,受教育水平则存在一定的正向空间溢出效应。

针对上述结论,拟提出以下建议:

一是逐步加强环境规制强度,持续提升居民生活质量水平。环境规制强度与居民生活质量水平之间存在"先扬后抑"的关系,中国目前环境规制强度均值仅为 2.235,距离拐点 23.333 较远,因而现阶段应做好环境政策的顶层设计,持续完善环境规制体系,循序渐进地增进环境规制强度,逐步建立起强度适宜的环境规制政策,加强政策可执行性,推动高质量发展与社会福祉增进,从而实现居民生活质量绩效提升效果的可持续发展。

二是完善政策针对性建设,促进影响广泛性提升。我国幅员辽阔,东中西部在生态环境、经济发展等方面本身存在较大差异,"一刀切"的环境规制政策往往不能达到预期的效果。高教育水平与高第三产业水平地区多集中在东部地区,且此三种情况下环境规制均显著促进居民生活质量。因此,可进一步加大中西部地区教育投入,以实现与环境规制促进居民生活质量提升的双赢;加大产业结构的调整力度,处理好三大产业之间的关系,使环境规制增进居民生活质量的效应在更广泛区域内显现;充分发挥东部地区经济增长的辐射效应,适当地将劳动密集型产业转移至中西部地区,并向其传输先进的技术和管理经验,以实现东中西部协调发展。

三是加强区域间协调合作,共享环境规制影响。目前环境规制促进居民生活质量提升的空间溢出效应较弱,还未形成较强的空间协同效应,构建环境管理共同体势在必行。为此,应加强区域内各级政府之间的联络,建设常态化的联络工作机制,共享治理心得,协调设计环境治理方面的政策;鼓励相邻地区企业间形成绿色联盟,共享资源平台,创建绿色环境。构建政府和市场的双重协调,以期在区域内形成环境规制对居民生活质量提升的"良性循环"。

第六节　本章小结

本章第一部分归纳了关于居民生活质量的相关研究,第二部分进行了居民生活质量水平的测度与分析,第三部分构建模型实证分析了环境规制对居民生活质量的影响,第四部分析了居民生活质量的空间溢出效应,第五部分总结了本章研究结果并针对结果提出了相关政策建议。

第一部分居民生活质量研究现状中,总结发现居民生活质量具有多元性、层次性、差异性,受到储蓄、性别、年龄、健康状况、预期寿命、环境等多种因素影响。

第二部分对居民生活质量水平的测度与分析中,首先构建了居民生活质量的指标体系,从基础性生活质量与发展性生活质量两方面出发,基于就业指数、收入差异指数、健康指数、居住环境指数,采用熵权法对全国 2005—2019 年 30 个省级行政区的居民生活质量进行了测算。总体来看,各省份居民生活质量水平基本均呈现出上升或持平态势(除江苏省呈明显下降趋势),各省份居民生活质量水平均值波动范围在 0.106~0.717,差异显著,其中居民生活质量水平最高的 5 个省份是广东(0.717)、江苏(0.626)、山东(0.568)、安徽(0.445)、浙江(0.441),主要以东部地区为主;分地区来看,居民生活质量水平在空间上呈自东向西递减态势,可能原因在于各地区资源禀赋、经济基础和发展阶段的不同。

第三部分环境规制对居民生活质量的影响研究中,说明了模型设定和数据来源,对相关变量进行了描述性统计分析,基于面板固定效应模型进行实证回归,发现居民生活质量水平随环境规制强度的提升存在先增加后减少的倒"U"形曲线特征,二者之间存在非线性关系,且其拐点值为23.333。随后,采用了引入省份虚拟变量、剔除北上广样本、缩短时间窗口三种方法进行了稳健性检验,发现实证结果稳健。进一步从教育水平、第三产业占比与地区三方面展开异质性分析,发现环境规制对低等教育水平地区居民生活质量水平影响不显著,正向影响中等教育水平地区居民生活质量,对高等教育水平地区影响呈"N"形;环境规制对第三产业占比较低与第三产业占比中等的地区居民生活质量几乎无显著影响,正向影响第三产业占比较高的地区居民生活质量;环境规制正向影响东部地区的居民生活质量,对中部地区居民生活质量呈现正向显著影响,对西部地区居民生活质量几乎无显著影响。

第四部分居民生活质量的空间溢出效应中,先是对空间溢出效应进行了简要的理论说明,随后进行空间自相关检验,根据2005—2019年我国居民生活质量绩效,基于地理临近权重矩阵计算全局莫兰指数,发现我国居民生活质量绩效表现出较强的空间集聚性与依赖性。此后,分析了环境规制对居民生活质量影响的空间溢出效应,发现环境规制对本省的居民生活质量空间影响呈现倒"U"形,本省环境规制强度的提高与空间关联省份居民生活质量之间则几乎不存在影响,即本省的环境规制强度提高,不能够提升邻近省份居民生活质量。

第五部分结论与政策建议中,总结了环境规制对居民生活质量的影响,并提出了三个政策建议:一是逐步加强环境规制强度,持续提升居民生活质量水平。二是完善政策针对性建设,促进影响广泛性提升。三是加强区域间协调合作,共享环境规制影响。

第8章

结论与建议

本研究首先基于阿玛蒂亚·森可行性理论、马斯洛需求层次理论、熊彼特创新理论、庇古税理论、可持续发展理论和生态效率理论六大理论基础,阐述了环境规制福利效应的核心依据;接着梳理了国内外环境规制与居民、企业、生态福利的研究现状,分析了环境规制的福利分配机理,最后探讨了环境规制政策对居民、企业、生态福利绩效之间的定量关系,主要得出以下结论。

第一节　结　论

一、环境规制福利分配机理

本研究分别从居民、企业、生态三个层面对环境规制的福利分配进行分析。具体包括环境规制主要通过影响居民健康、就业和收入来提升居民幸福感;环境规制对企业福利水平产生影响,其作用路径主要为企业利润率和企业绿色技术创新;而环境规制主要通过影响生态环境质量和经济发展质量来影响生态福利水平。

二、环境规制对居民福利具有非线性影响

第一,2005—2019 年全国居民福利均值呈波动状,但总体趋势向上,且在空间上呈自东向西递减态势。全样本回归结果显示,我国环境规制对居民福利水平的影响为倒"U"形,拐点为 23.333,而中国目前整体上还未跨过拐点。

第二,异质性分析发现,环境规制对高等教育水平地区、第三产业占比较高的地区以及东部地区的居民福利影响最显著,且呈"N"形。对中等教育水平地区以及中部地区的居民福利有正向影响,但对低等教育水平地区,第三产业占比较低和中等的地区以及西部地区的居民福利几乎无显著影响。

第三,各省份居民福利存在较强的空间集聚性与依赖性,总体上莫兰指数位于较低水平区间内。其中东部地区的省份居民福利多呈现"高—高"集聚模式,而呈现"低—低"集聚模式的省份多集中在西部地区。环境规制对本省的居民福利空间影响呈现倒"U"形,但对邻近省份居民福利几乎不存在影响。同时,经济发展水平对本地居民福利的空间效应显著为正。

三、环境规制对企业福利具有延续性影响

第一,从全国层面来看,短期内命令控制型和市场激励型环境规制对企业福利发挥积极作用,但长期内自愿参与型环境规制积极作用更明显,且三类环境规制均存在时滞性,对企业福利的影响具有延续性。此外,企业规模、产权结构降低了企业福利,产业结构提升了企业福利。

第二,分东中西部地区来看,东部地区企业福利主要受到市场激励型环境规制的作用,呈"U"形趋势;中部地区企业福利同时受到命令控制型、市场激励型环境规制的作用,西部地区主要受到市场激励型环境规制的作用,均呈倒"U"形趋势。分高煤炭和低煤炭地区来看,高煤炭地区同时受到命令控制型和市场激励型环境规制的显著影响,呈倒"U"形趋势;低煤炭地区与高煤炭地区正好相反。

第三,引入产业结构优化作用机制,发现命令控制型环境规制长短期内均可同时作用于产业结构合理化、高级化进而影响企业福利;市场激励型环境规制主要通过作用于产业结构合理化影响企业福利;自愿参与型环境规制短期内主要与产业结构高级化共同促进企业福利,长期内与产业结构合理化有共同的积极影响。

四、环境规制对生态福利具有异质性影响

第一,市场激励型环境规制对生态福利有促进作用及较灵敏的调节作用,而自愿参与型环境规制会显著降低生态福利绩效,且对当期产生的

作用效果更佳。命令控制型环境规制对生态福利的影响负向但不显著，其产生效果具有滞后性。

第二，地区异质性分析发现，命令控制型环境规制对东、中、西部生态福利绩效的影响均负向不显著，这与全国层面回归结果一致。市场激励型环境规制显著提高了东部和中部地区生态福利绩效，对西部地区生态福利绩效则产生了抑制作用。自愿参与型环境规制对东部和西部地区的生态福利绩效存在负向作用，而对中部地区的生态福利存在正向作用。

第三，我国生态福利绩效呈现较强的空间集聚性与依赖性。环境规制对生态福利绩效的影响存在空间溢出效应，其中只有市场激励型环境规制对生态福利绩效具有显著的空间溢出效应、直接效应和间接效应，说明采取市场环境规制可对邻近省份生态福利绩效产生正向作用。

第二节　建　议

针对上述研究结论，本研究提出以下政策建议：

一是重视环境规制政策工具的选择和实施力度。环境规制政策作为当下的研究热点，其给各个地区居民、企业、生态带来的福利效应值得关注。从全国层面来看，目前可通过适当增加环境规制强度来提升居民福利绩效水平；长期来看选择自愿参与型环境规制政策更有利于企业福利水平的提升；市场激励型环境规制政策对提高生态福利绩效的积极作用更明显。故而，科学把控环境规制实施力度，选择合适的环境规制类型对提高福利绩效水平是行之有效的。

二是根据地区特点制定差异化环境规制政策。实证研究结果表明，环境规制政策的福利效应因不同地区的经济发展水平、产业结构等因素的不同而存在差异。因此，地方政府在制定具体的环境规制政策时应充分考虑到地区异质性，根据地区的不同特征在环境规制的收紧程度、收紧速度方面有所区别。同时基于"全国一盘棋"的思维对于福利绩效较低地区应给予相应的政策扶持，深入实施"西部大开发""中部崛起"战略，致力于提升各个地区的福利绩效水平。

　　三是充分发挥环境规制政策的正向空间溢出效应，协同发展提升福利绩效水平。根据空间杜宾模型分析结果可知环境规制对居民福利、生态福利都有一定的空间溢出效应，但效应较弱，也未形成较强的空间协同效应。为有效提高各地区的福利效应，除因地制宜外，也要重视福利绩效较高省份的空间溢出和带动作用。要充分发挥福利绩效较高地区的优势，加强合作，进一步扩大辐射范围；对于福利绩效较低地区，要遵循该地区的客观发展规律，在适宜环境规制政策的支持下，促进福利绩效水平的整体提升。